김소영, 합격DREAM

공무원면접
4주완성

지방직 9·7급 / 서울시 9·7급

행정직·사회복지·세무직·기술직 전 직렬 대비

김소영 편저

OUTPUT

2024

eduwill × 박영사

머리말

「2024 김소영 합격 DREAM 공무원면접 4주완성」은 지방직 및 서울시 9·7급, 지방직 연구사·지도사 공무원면접을 준비하는 수험생을 위해 집필한 수험서입니다. **본 교재의 핵심은 '독학완성'입니다.** 스터디를 하지 않고 혼자서 면접을 준비하는 수험생분들도 책 한 권으로 완벽한 면접준비를 할 수 있도록 **정보수집부터 분석·풀이법까지 상세히 정보를 공개하였습니다.**

「2024 김소영 합격 DREAM 공무원면접 4주완성」은 Input과 Output으로 분권화하였습니다. Input은 2024 면접전략 수립, 2024 필수지식 및 핵심정책 그리고 직렬별 기출에 초점을 맞추었고, Output은 개별면접, 사전조사서, 5·3분스피치, 독서발표, 토론면접 등 지역별 면접유형을 상세히 다루었습니다. 지방직·서울시 면접의 전략적인 합격을 위해 Ouput은 다음과 같은 사항에 중점을 두어 집필하였습니다.

▶ **1단계: 개별면접 답변전략·분석 및 324개 우수사례 [PART 01~02]**

개별면접 답변의 완성도를 높여드리겠습니다. 공직형 / 지역·시정·직렬형 / 인성·조직형 등 개별면접의 '주제별 접근법 → 논리법 → 우수답변'의 준비과정은 개별면접의 확실한 대비책이 될 것입니다. 또한 324개의 우수사례는 면접에서 [우수]를 받은 합격자의 사례를 중점적으로 수록하였습니다. 이는 개별면접을 준비하는 데 있어 유용한 팁과 답변의 통찰력을 얻을 수 있습니다.

▶ **2단계: 지역별 면접유형별 전략·분석·우수사례 [PART 03~06]**

지역별 면접유형별 전략·분석·우수사례를 확인할 수 있습니다. 유형별로 단계별 준비전략부터 김소영만의 면접 분석법, 2023 기출풀이 및 우수사례를 교재에 담았습니다. 특히 사전조사서 및 5분·3분스피치는 연도별·지역별 주요기출을 한눈에 확인할 수 있고, 구체적인 해결방안의 엑기스를 꾹꾹 눌러 담았습니다.

본 교재가 지방직·서울시 면접을 준비하는 모든 수험생들의 합격으로 향하는 길을 비추는 밝은 등불이 되었으면 좋겠습니다. 예비 공무원 수험생분들께 도움이 되길 바라며 감사의 인사를 전하고자 합니다. 책이 만들어지기까지 많은 분들의 도움이 있었습니다. 책의 출간을 위해 혼신의 힘을 다해주신 박영사 조성호 이사님, 김경수 과장님, 이영경 대리님 및 직원분들께 진심으로 감사의 말씀을 드립니다.

2024년 6월

김소영

김소영 합격 Dream 카페 ▶

3단계 구성 (책 활용법)

01 지방직·서울시 면접 이해
2024 면접전략 수립

02 면접유형별 전략·분석·
324개 우수사례

03 공직 10대 필수지식 및
2024 핵심정책, 직렬별 기출

PART 06 | 토론면접 [인천]

PART

01

개별면접 스피치 (1) 이론

01 합격답변: 구상전략

POINT 01 답변분석: 불합격자 vs 합격자

01 '불합격' 수험생 특징: 정답이 뭔가요?

불합격 수험생들은 "이 질문에는 어떤 대답이 좋을까요?", "이 질문의 정답이 뭔가요?", "누구를 얘기해야 면접관이 좋아할까요?"를 묻는다. 면접은 수학공식이 아니다. 2×2＝4처럼 정확한 답이 있으면 좋겠지만 아쉽게도 면접에는 정답이 없다.

정답찾기 놀이를 선호하는 수험생들은 새로운 질문의 대응능력이 취약하다. 늘 정답만 찾았기 때문에 새로운 질문에는 어떤 대답을 해야 할지 전혀 알지 못하기 때문이다. 이는 면접을 비효율적으로 준비하게 되어 결과적으로는 면접 당일까지 불안한 마음이 지속된다. 자신이 준비한 질문이 나오지 않으면 당황할 것이라고 생각하기 때문이다.

02 '합격' 수험생 특징: 질문의 의도는 무엇일까?

필자는 '면접에 정답은 없지만 방향성은 존재한다!'라고 늘 강조한다. 즉, 질문의 의도를 파악하는 것을 의미한다. 이는 면접에서 고득점을 받는 비결이 되고, 핵심답변만 준비하면 어떤 질문이든 대응할 수 있는 장점이 있다.

예를 들어 "존경하는 인물이 누구인가요?"의 질문에는 어떻게 접근해야 할까? 역사적 인물, 현직 공무원과 같은 특정 '대상'을 말하는 것이 좋을까? 질문의 의도를 파악해야 한다. 면접관은 특정 '대상'이 궁금한 것이 아니라 '(공무원으로서 적합한) 신념, 가치관'을 지닌 지원자인지를 확인하는 것이다. 즉, 면접 평정요소 '(가) 공무원으로서의 정신자세'를 묻고 있다. 이처럼 질문의 의도를 파악하는 방법은 해당 질문이 어떤 평정요소를 묻는지를 살펴보면 된다.

> **"존경하는 인물이 누구인가요?"**

아버지입니다. 가정적이셨던 아버지는 …	"아버지입니다. 도덕성과 청렴한 태도를 가르쳐 주신 아버지는 …"

지원자 A, B 모두 아버지를 언급했지만 A가 아버지를 존경하는 이유는 '가정적'이기 때문이고, B가 아버지를 존경하는 이유는 '도덕성과 청렴한 태도'를 가르쳐 주셨기 때문이라고 했다.

면접관이라면 어떤 지원자가 '(가) 공직자로서의 정신자세'에 더 적합해 보이는가? 당연히 B이다. 물론 가정적인 모습의 아버지는 존경할 만한 부분이 있지만 공직자로서 공직업무 수행에 가정적인 모습은 도움이 되지 않는다. 면접관은 결혼을 앞둔 예비신랑을 채용하는 것이 아니라, 공직자로서 걸맞은 지원자를 채용하기 때문에 공직업무를 수행할 때 결이 맞는 B지원자에게 높은 점수를 줄 수밖에 없다.

POINT 02 구상전략: What이 아니라 Why가 핵심이다

■■ 합격을 부르는 답변전략

구상 접근방법
'정답'이 아닌 '질문 의도' 파악

▼

질문의도 파악: 평정요소 적용
"면접에 정답은 없지만 방향성은 존재한다."

[평정요소]

소통·공감	헌신·열정
창의·혁신	윤리·책임

▼

답변 콘텐츠 구성
의도에 맞는 답변 사례 구성

01 존경하는 인물

BAD

제가 존경하는 인물은 '아버지'입니다.
아버지는 직무특성상 야근이 많아 주중에는 밤 9시~10시쯤 집에 들어오곤 하셨습니다. 주중엔 바쁜 회사생활을 하셨지만 매주 주말에는 가족과 함께하는 시간을 보내셨습니다. 캠핑여행, 꽃놀이, 한강피크닉 등 가족과 시간 보내는 것을 중요하게 생각하셨던 분입니다. 학업준비, 아르바이트, 자격증 취득을 위해 고군분투하는 하루를 보내는 지금 제가 당시 아버지의 모습을 돌이켜보면 어릴 때 당연하게 생각했던 아버지의 모습은 결코 당연한 것이 아니었음을 깨닫게 되면서 아버지에 대한 존경심이 더 커졌습니다.
→공무원 면접은 가정적인 모습을 갖춘 공직자를 채용하는 자리가 아니다.

▼

제가 존경하는 인물은 저의 '아버지'입니다.

졸업을 앞두고 취업준비를 위해 아버지와 함께 정장을 구매하러 백화점에 갔던 적이 있습니다. 약 50만 원의 정장을 구매하고 집으로 돌아와 영수증을 살펴보니 15만원으로 잘못 계산된 영수증을 발견하게 되었습니다. 아버지께서는 영수증을 보고난 후 백화점 매장에 전화해 결제가 잘못되었다는 사실을 알리셨고 그제야 직원 분께서는 타 손님의 결제와 혼선이 있었다는 사실을 알게 되었습니다. 저희는 다시 백화점으로 가 50만 원으로 재결제하고 집으로 돌아왔던 적이 있습니다. 이렇듯 아버지는 제게 도덕과 정직, 청렴한 태도의 삶을 강조하셨고 몸소 실천하셨던 분입니다. 아버지의 영향을 받아 성인된 지금까지 무단횡단 등 생활법규를 어겼던 적이 단 한 차례도 없었습니다. 공직자가 되어서도 항상 시민에게 모범이 되도록 하겠습니다.

→ '정직, 도덕, 청렴'의 태도를 보이는 아버지의 사례가 표현되었다. 공직가치의 윤리관을 살펴볼 수 있는 답변이다.

02 성격의 장점

BAD

제 성격의 장점은 '긍정적인 생각을 하는 것'입니다.

어떤 환경에서도 긍정적으로 생각하고 행동하기 때문에 어려움도 잘 극복하고는 합니다. 대학생활 중 프로젝트 수업을 하다 갈등이 생길 때도 '잘 이겨낼 수 있어. 해결방법을 찾아보자.'라는 저의 긍정적 태도는 팀원들에게 동기부여가 되었을 뿐만 아니라 원만한 갈등해결에도 큰 도움이 되었습니다. 이처럼 직업상담직 공무원이 된다면 어떤 환경에서든지 긍정적 태도로 근무하는 공직자가 되겠습니다.

→ 위 사례의 문제점은 무엇일까? 긍정적인 사고는 삶을 살아가는 데 중요한 태도이다. 하지만 직업상담직 공무원에게 필요한 장점인지, 우선순위가 될 수 있는 장점인지 살펴봐야 할 문제이다. 또한 긍정적인 태도가 어떠한 측면에서 갈등해결에 도움이 되었는지 구체적으로 표현되어 있지 않다. 위 답변이 100% 잘못된 것은 아니지만, 지원직무에 꼭 필요한지, 구체적으로 기여한 점이 무엇인지 명확하게 표현할 때 면접관은 지원자의 역량을 좀 더 변별력 있게 판단할 수 있을 것이다.

▼

GOOD

저의 장점은 '소통능력'입니다.

사회복지직 공무원은 여성, 아동, 청소년, 중장년, 노인 등 다양한 대상의 민원인을 응대해야 합니다. 따라서 대상별 민원응대능력은 가장 기본적으로 갖추어야 할 역량이라고 생각합니다.

저는 장기간 편의점과 음식점 아르바이트를 하면서 다양한 연령대의 고객들을 응대했습니다. 예를 들어 중장년층, 고령층 고객 중에는 편의점 택배 포스기나 무인 키오스크 등 디지털 기기를 사용하는 데 어려움을 호소하시는 분들이 종종 계셨습니다. 따라서 설명할 때 좀 더 친절하고 자세하게 여러 번 설명해 드린 것과 같이 각 연령대에 따라 소통방식을 달리하며 고객들이 원하는 서비스를 제공했습니다. 위와 같은 경험을 통해 저는 소통능력을 함양하였고 이런 능력들이 공무원으로서 국민과의 소통에도 큰 도움이 될 것입니다.

→ 답변이 우수한 이유는 '소통능력'에 대한 자신의 '경험'만을 답변한 것이 아니라, '사회복지직"의 직무적 특성까지 풀어내어 연결시켰기 때문이다. 이처럼 직무적 특성과 경험을 엮어 대답하면 직무맞춤답변이 될 수 있다.
[응용하기] 위 질문은 '지원자의 장점'을 물어봤지만 '사회복지직 공무원에게 필요한 역량 및 자세'의 답변에도 대체 가능하다.

03 직무강점

BAD

업무에 도움이 될 수 있는 점은 두 가지입니다.
첫째, 성실함입니다. 학창시절부터 단 한 번도 지각을 해 본적이 없으며 …
둘째, 소통능력입니다. 봉사를 다니면서 어르신들과 많은 소통을 했습니다. 특히 농촌 봉사활동에서 제가 이야기를 하면 제 주변으로 많은 어르신들이 모였습니다. 그 이유는 그분들과 이야기를 나눌 때의 제 반응 때문이라고 생각합니다. 반응을 잘 해드렸더니 다른 어르신들도 저와 대화를 나누고 싶어 하셨습니다.
→ 직무특성에 맞는 맞춤강점으로 해석하지 않고, 어떤 직렬에도 적용되는 강점을 표현하였다.

▼

GOOD

첫째, 행정업무 시 조직효율성을 높일 수 있습니다.
교육서비스 매니저로서 해외 발주업무가 포함된 교육은 직원들에게 생소한 업무였습니다. 제가 자리를 비울 경우를 대비하여 업무노하우를 매뉴얼화하여 조직 전체에 공유하여 대체업무를 수월하게 하는 데 기여했습니다. 이처럼 행정업무 수행에 있어 개인보다 조직효율을 높일 수 있도록 노력하겠습니다.
둘째, 타인을 이해하는 역량입니다. 사회복지직 공무원은 장애인, 여성, 노인 등 다양한 대상자들을 대하는 일을 합니다. 따라서 획일적인 대응보다 각 개인이 지닌 경제적·환경적 특성에 초점을 맞춰 업무를 하는 것이 중요하다고 생각합니다. 대학교 2~3학년 때 상담학 실습에서 다양한 학우들을 상담할 당시 내담자마다 돈, 직업 전망 등 최우선으로 중요하게 생각하는 가치가 모두 달랐습니다. 그때 저는 각각의 다양한 생각과 다름을 존중하고 수용하는 태도를 배웠습니다.
셋째, 소통능력입니다. 봉사를 다니면서 어르신들과 많은 소통을 했습니다. 특히 농촌 봉사활동에서 제가 이야기를 하면 제 주변으로 많은 어르신들이 모였습니다. 그 이유는 그분들과 이야기를 나눌 때의 제 반응 때문이라고 생각합니다. 반응을 잘 해드렸더니 다른 어르신들도 저와 대화를 나누고 싶어 하셨습니다.
→ 직무강점은 업무를 수행할 때 필요한 직무적합성을 묻는 질문이다. 두 사례 모두 사회복지직역량에 필요한 답변을 했지만, 여기서 살펴봐야 할 것은 답변키워드의 적절성이다. 직무특성에 맞는 강점을 제시했을 뿐만 아니라, 면접평정요소의 다양성까지 고려한 답변이므로, 우수한 답변이라고 평가할 수 있다.

CHAPTER 02

합격답변: 논리전략

▌ POINT 01 │ 최악의 답변

Q1 수질문제 중 개선이 필요한 점은 무엇이라고 생각하는가?

> 환경부 홈페이지를 확인했을 때 수질개선을 위한 연구가 많이 이뤄지고 있다는 사실을 알게 되었습니다. 특히 수도권 내 수돗물 유충사태 재발을 방지하기 위해 철저하게 물 공급을 관리해야 한다고 생각합니다.

▶ 물 공급 관리와 수질문제의 인과관계에 대한 설명이 부족하고, 물 공급을 구체적으로 관리하기 위한 방안을 언급하지 않았다.

Q2 복지제도에서 개선이 필요한 제도에 대해 말해보세요.

> 최근 ○○시에서 청년을 위한 많은 제도를 시행하고 있는 것으로 알고 있습니다. 최근 MZ세대와 기성세대와의 갈등문제도 생각해 봐야 하는 부분이 있고, 기존 청년정책을 살펴봤을 때 많은 청년들이 일자리에 대한 부정적인 시각을 갖고 있다는 것을 확인했습니다.

▶ 개선이 필요한 제도(정책)명을 언급하지 않았고, 언급한 청년 일자리 관련 정책에 대한 구체적인 문제점 또한 답변하지 않았다.

Q3 취약계층을 위한 제도가 있는데, 코로나로 인해 직접 방문이 어렵게 되었다. 이런 문제개선을 위한 대안책이 무엇이라고 생각하는지?

> 코로나19라는 팬데믹 상황에서 주민들은 더욱 고립되고 있는 상황입니다. 지방자치단체와 협업하여 이러한 문제를 인지하고 도움을 주는 것이 중요하다고 생각합니다.

▶ 지방자치단체와의 협업이 직접방문의 대안책으로 적절한지, 적절하다면 그 근거는 무엇인지 구체적으로 답변하지 않았다.

POINT 02 1분 스피치: 구조화

구조화 프레임이란 말하고자 하는 내용을 논리적으로 전개하는 과정으로, 4가지 논리적 구성으로 나뉜다.

기본논리형	대중적으로 사용하는 스피치 기법으로 30~40초 내로 답변할 때 사용
그룹핑형	다양한 관점과 사고를 어필할 때 사용하는 스피치 기법
문제해결형	'○○문제점과 개선방안에 대해 답변하라'는 질문에 대한 맞춤답변 논리구성
경험형	'○○경험에 대해 말하라'는 경험질문에 대한 맞춤답변 논리구성
상황형	'○○상황에 처하면 어떻게 대처하시겠습니까' 등 상황에 대한 맞춤답변 논리구성

01 기본논리형

1. 기본논리형

기본논리형이란 1분 내로 논리적인 답변을 하는 방법이다. 1분에 딱 맞춰서 답변하기보다는 보통 30~40초 내로 답변하기 위해 가장 많이 사용되는 기술이다.

2. 구조화

구조	소재
결론	주장
부연설명	개념, 개요, 계기
근거	사례, 지식, 경험
의견정리	다짐, 각오, 계획

① 결론

구조	소재
결론	주장

공식적으로는 '두괄식 말하기'로 불린다. 두괄(頭括)은 머리 '두', 묶을 '괄'을 사용해 머리에 내용을 묶어 두라는 의미이다. 즉, 말하고자 하는 핵심을 먼저 이야기하라는 뜻이다. 핵심을 먼저 답변할 경우, 다음 내용에 대해 구체적으로 말할 수 있고 답변의 방향성도 잃지 않게 된다.

결론 ×	결론 ○
Q. 개선이 필요하다고 느끼는 청년제도에 대해 말해 보세요. A. 청년을 위해서 많은 제도가 시행되고 있는 것으로 알고 있습니다. 일자리, 고립화, 젠더갈등 등 청년들이 여러 문제를 겪고 있고 … 음 … 제 주변에도 취업이 안 돼서 힘들어 하는 친구들이 많습니다. … (질문이 뭐였더라?)	Q1. 지원자의 좌우명에 대해 말해 보세요. A1. 저의 좌우명은 '역지사지'입니다. (결론) Q2. 지원자가 존경하는 인물에 대해 말해 보세요. A2. 제가 존경하는 인물은 '세종대왕'입니다. (결론)

결론 말하기: A = B

결론을 쉽게 말하는 방법은 'A는 B입니다(A = B).'로 말하는 것이다. 가장 명료하면서 깔끔하게 대답할 수 있는 답변 형식이다. A는 질문의 핵심이고 B는 답변이다. 특히 이 구조의 장점은 면접관이 긴 질문을 하더라도 질문의 핵심을 빠르게 파악할 수 있다는 점이다.

Q. [꼬리질문] 교내방송국 활동을 하다 보면 계속 같은 실수를 반복하는 후배들이 있었을 텐데, 어떻게 대처하셨는지?

A. 네. 실수를 반복했던 후배에 대한 대처방법은 ○○○이었습니다.
              (A)   =   (B)

② 부연설명

구조	소재
부연설명	• 개념: 정의 • 개요: 줄거리, 사례요약 • 계기: 근거를 갖게 된 이유 및 동기 + 의견

부연설명은 결론의 일부로서 결론에 살을 붙이는 과정으로, 상대가 잘 알지 못하는 핵심을 폭넓게 또는 깊이 있게 이해할 수 있도록 말하는 설명방식이다. 참고로 부연설명은 10초 이상 말하지 않는 것이 좋다. 부연설명보다는 사실적 내용을 다루는 근거를 길게 말할 때 설득력이 높아지기 때문이다.

Q1.   지원자의 좌우명에 대해 말해보세요.

A1-1. 저의 좌우명은 '역지사지'입니다. 역지사지란 상대편의 입장에서 먼저 생각하고, 그 사람의 처지에서 이해하라는 의미입니다. (개념)

A1-2. 저의 좌우명은 '불가능이란 없다'입니다. 업무를 할 때마다 문제가 생기면 여러 가지 방법을 생각해 개선점을 찾곤 했습니다. (개요)

A1-3. 저의 좌우명은 '애기애타'입니다. 도산 안창호 선생님이 남기신 글씨로, '나를 사랑하듯 남을 사랑하라'는 의미입니다. 이러한 태도는 국민의 신뢰를 얻는 기반이 될 수 있을 것이라 생각합니다. (개념·장점)

Q2.   지원자가 존경하는 인물에 대해 말해보세요.

A2.   제가 존경하는 인물은 '세종대왕'입니다. 한국사를 공부하면서 세종대왕의 업적을 알게 된 후 그의 애민정신과 애국심에 감명하여 깊이 존경하게 되었습니다. (계기)

③ 근거(= 증거)

구조	소재
근거	• 사례: 사실적 이슈, 통계 • 지식: 공직·직무 관련 법, 정책 등 • 경험: 스토리

근거는 논리의 '꽃'이라고 생각한다. 주장을 가장 설득력 있게 만들어 주는 역할을 하기 때문이다. 근거는 '증거'라고 표현하기도 하며 가장 큰 장점은 사실을 뒷받침하기 때문에 가장 객관적인 설득을 할 수 있다는 점이다.

Q1. 화성시에서 개선이 필요하다고 생각하는 정책은 무엇인가요.

A1. 화성시의 아동학대 방지대책이 개선될 필요가 있다고 생각합니다. 화성시는 폭발적인 인구증가와 함께 아동학대 건수 또한 5년 새 2배 이상으로 크게 늘었습니다. 하지만 아동학대 전담 공무원은 6명에 불과하고 관련 시설도 부족하다는 기사를 보았습니다. 현재 화성시는 여아 학대피해아동쉼터 만 있으며, 남아 학대피해아동쉼터는 준비하고 있고, 시설이 부족할 경우에는 경기도 남부와 북부 에 경기도 아동일시보호소를 이용하는 것으로 알고 있습니다. 하지만 경기도 보호소를 이용하게 된 다면 심리적으로 안정되지 못한 피해아동이 더 불안해 할 수 있을 것이라 생각합니다. 아동학대 예 방과 재발을 방지하기 위해서 인력충원과 피해아동을 보호하기 위한 시설부족이 개선되었으면 좋겠 습니다. (사례)

Q2. 순천시에서 잘 했다고 생각하는 것이 있다면 무엇인가요.

A2. 최근 정부에서는 국민과의 소통을 강조하고 있는 만큼, 순천시에서 시민들이 시정에 적극적으로 참 여할 수 있도록 참여정보들을 담은 '2022 순천시 시민참여 가이드북'을 발간한 것입니다. 자치 분야 는 '순천e민주정원'을 통한 시민제안, 공공시설·공유공간 이용방법, 주민참여예산제도, 청년의 시 정참여활동을 확산시키는 청년활동 포인트제 등을 소개하고, 복지 분야에서는 올해 신설된 어르신 품위유지를 위한 건강바우처를 안내하고 있습니다. 그 외에도 정주, 경제 분야별로 시민들이 참여 할 수 있는 정보를 담고 있습니다. 이는 순천시민들의 시정참여를 통해 순천시에 대한 신뢰도 향상, 지역적 발전으로 이어질 수 있다고 생각합니다. (지식)

Q3. 지원자의 강점은 무엇인가요.

A3. 첫째, 민원인 맞춤 대응능력입니다. (고객응대기술·고객분석능력) 회사의 서비스 센터인 인사총무 부에 재직하면서 내부직원들을 응대할 일이 많았습니다. 특히 휴양시설 이용이나 인사에 관한 문의 사항이 있을 때 성격이 급하신 분이나 높은 직급의 분들은 메신저보다는 전화로 설명해 드렸습니다. 제대로 해결이 안 되면 직접 가서 설명해 드리는 것을 선호했습니다. (경험)

TIP

근거 말하기

근거를 한 가지만 이야기할 경우 구체화하여 답변해야 설득력이 높아진다. 근거가 2~3개 이상일 경우에는 각 근거의 핵심을 나열해 답변을 완성시켜 보자.

④ **의견정리**

구조	소재
의견정리	다짐 및 각오, 배운 점, 향후계획

마무리 단계이다. 의견정리로 끝맺음을 할 때 마무리된 답변이 완성된다. '결론-부연설명-근거'의 답변이 길어질 경우, 생략하기도 한다.

Q1. 세무직 공무원에게 필요한 자세

A1. 세무직 공무원으로서 가장 필요한 역량은 '전문성'입니다. … 저는 이러한 노력들을 기울이며 세무직 공무원이 되기 위한 초석을 다져왔습니다. 입직 이후에도 국민들께 질 좋은 서비스를 드리기 위해 이러한 전문성을 갈고 닦는 데 노력을 게을리하지 않겠습니다. (의견정리)

Q2. 일반행정직 합격 후 어떤 일을 하고 싶은지?

A2. 저는 일반행정직렬 합격 후 사회적 약자의 사각지대를 해소하는 일을 하고 싶습니다. … 최근 보건복지부에서 아동복지법을 개정하여 기존 보호대상아동 보호 종료시점을 18세에서 25세로 연장한 사례를 보았습니다. 이처럼 제도 내에 사각지대를 개선하여 더욱 실효성 있는 정책을 실현하고 싶습니다. (의견정리)

기본논리형(인적성)

Q. 지원자의 장점은?

- 결론: 저의 장점은 '꼼꼼함'입니다.
- 부연설명: 군대시절 수송반 행정병을 하면서부터 많은 서류와 문서작업을 하게 되면서 나 하나의 실수로 나뿐만이 아니라 부대 전체에 흠이 될 수 있다는 생각이 들었습니다. 그래서 업무가 완료되더라도 한 번씩 더 점검해 보는 계기가 되었습니다.
- 근거: 이는 과거 직장에서도 문서작업 완료 후 2, 3번 확인하게 되는 모습으로 변했습니다. 또한, 매일 아침 6시 30분이면 사무실에 출근하여 새벽에 현장에서 있었던 주요 이슈 등과 그날 해야 하는 업무리스트를 6년째 작성하고 있습니다.
- 의견정리(느낀 점, 배운 점 및 직무다짐): 앞으로 공무원이 되어 누구보다 성실한 자세로 직무에 임할 자신이 있으며, 스펀지 같이 업무를 체득하고 끊임없이 저의 직무능력을 발전시켜 나갈 것입니다.

기본논리형(직무)

Q. 사회복지직 공무원에게 필요한 역량

- 결론: 사회복지직에서 필요한 역량은 첫째 '봉사정신과 책임감'이며, 둘째 '전문적인 지식'입니다.
- 부연설명·근거: 사회복지직 공무원은 나를 희생하여 도움이 필요한 시민에게 언제든지 달려갈 수 있는 봉사정신을 가져야 합니다. 봉사정신을 바탕으로 '나의 노력으로 한 분이라도 더 복지혜택을 받을 수 있다'는 책임감을 가지고 그분들이 위기에서 벗어나 스스로 자립할 수 있도록 이끌어야 합니다. 그러기 위해서는 전문적인 지식을 바탕으로 시민들에게 필요한 맞춤 복지혜택을 제공해야 합니다.
- 의견정리(느낀 점, 배운 점 및 직무다짐): 국내 빨래, 목욕 봉사부터 국외 영어교육 봉사까지 다양한 봉사활동 경험을 바탕으로 쌓아올린 투철한 봉사정신을 가지고, 시민 한 분이라도 더 스스로 자립할 수 있도록 책임감을 가지고 일하겠습니다. 또한 전문적인 지식을 쌓기 위해 임용 후에도 사회복지사 1급을 취득하여 업무에 활용하겠습니다.

Q. 가평군에서 인상 깊게 본 정책
- 결론: 제가 인상 깊게 생각하는 가평군 정책은 '찾아가는 건강지킴이 아기맘 홈케어'입니다.
- 부연설명: 임신 32주 이상 또는 출산 1년 이내의 산모를 대상으로 연간 4회 실시하고 있습니다. 의료 시설의 지리적 접근성이 떨어지는 가평지역의 특성상 지역에 있는 산모의 불편함을 완화시켜 사회적 약자를 배려하는 정책이라는 점이 인상 깊습니다.
- 근거: 특히 출산 관련 정책이 가평군에서 활성화되어야 하는 이유를 말씀드리자면 현재 가평군에서는 신생아 수보다 사망자 수가 더 많은 데드크로스 현상이 일어나고 있습니다. 현상이 지속되면 그만큼 지역 인구수가 감소하여 징수할 수 있는 납세의무자의 수도 감소될 것입니다. 이 문제는 지방자치단체에서 충당할 수 있는 재원을 감소시켜 지역발전에 악영향을 줄 수 있을 거라고 생각합니다.
- 의견정리(느낀 점, 배운 점 및 직무다짐): 저출산에 대한 지자체의 노력은 출산율 감소 예방뿐만 아니라 지역인구 감소도 함께 예방할 수 있다는 점에서 주도적으로 해결해야 하는 문제라고 생각합니다.

02 그룹핑형

1. 그룹핑형

그룹핑형은 요점을 특정 기준으로 분류해 말하는 방법이다. 예를 들어 시간을 기준으로 분류할 경우 과거, 현재, 미래로 나눌 수 있다. 주장이 기준이라면 찬성과 반대가 되며, 사회 현상이 기준일 경우 경제적, 사회문화적 관점으로 분리할 수 있다. 공간을 기준으로 둔다면 내부, 외부로 나눌 수 있다.

그룹핑형은 다양한 관점을 분류해 이야기하는 것이기 때문에 면접관에게 비판적·분석적 사고력을 가진 지원자로 인식될 수 있다. 하지만 답변 비율 조절에 실패할 경우 내용이 길어지기 때문에 답변 내용이 지루하게 느껴질 수 있다. 항상 1분 10초 이내로 분류해 말하는 연습을 해야 한다.

2. 용도

▮▮ 그룹핑형이 적용되는 질문

공직·직무·인성	정책
• 1분 자기소개 • 1분 지원동기 • 본인의 장점 • 공무원이 되기 위해 노력한 점 • 중요하게 생각하는 공직가치 3가지 • ○○직 공무원으로서 지원자의 강점 • 입직 후 담당하고 싶은 업무 2가지	• ○○시(군)의 인상적인 정책 2가지 • ○○정책의 문제점과 개선방안 • ○○관련 사회적 문제의 개선방향

3. 분류법

그룹핑형의 분류방법이 수학공식처럼 정해진 것은 아니다. 하단 내용을 참고하여 상황별로 적절히 적용하도록 하자.

공직·직무·인성	• 지식－역량(기술)－태도 • 담당업무 1－담당업무 2－담당업무 3 • 관계측면－업무측면
정책	• 유형: 인프라(물적－인적－시적), 제도－인프라－인식, 사회－경제－인식－기술－교육－제도 • 주체: 정책대상자(환경단체－주민－전문가), 정책대상자(학생－교사－교육부), 개인－조직, 공급자－수요자 • 기준: 학교폭력(신체－언어－정서－사이버), 연령별(청년－중장년－고령), 업무환경(업무량 －업무효율－비용), 인프라(물적－인적－시적) • 절차·단계: 사전예방－중간관리－사후보완, 핵심확인－담당자 확인－사후보완

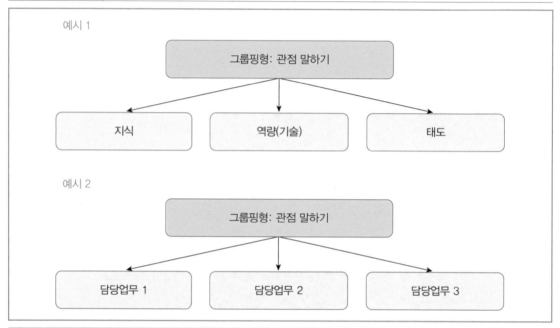

Q1. 일반행정직 공무원이 되기 위해 어떤 노력을 했나요?

A1. ○○시(군) 행정직공무원이 되기 위해 세 가지 노력을 했습니다. 첫째, 의사소통능력입니다. … 둘째, 행정 관련 지식습득입니다. … 셋째, 봉사정신입니다. …

　→ 이 사례는 어떤 기준으로 분류된 걸까? 역량, 지식, 태도로 분류한 것이다. 첫째는 직무 환경에서 꼭 필요한 민원인, 동료관계에서의 소통역량을 말하고 있고 둘째는 직무 관련 지식습득 노력과정을 이야기하고 있으며 마지막으로는 공직업무에 필요한 태도를 말하고 있다. 정리하면 직무와 태도로 분류하고 직무를 역량과 지식으로 한 번 더 분류한 케이스이다.

Q2. 일반행적직 공무원으로서 필요한 역량은 무엇이라고 생각하는지?

A2. 첫째, 고객응대기술과 분석능력을 통한 민원인 맞춤 대응능력이라고 생각합니다. … 둘째, 꼼꼼한 정산 관리능력 및 부과능력입니다. (중략)

　→ 어떤 기준으로 분류된 걸까? 업무유형이다. 첫째는 민원인 응대업무적 관점을 풀어 냈고, 둘째는 행정처리능력을 말하고 있다.

Q3. 메타버스 관련 교육프로그램이 필요한 이유는 무엇인가?

A3. 메타버스 이해도 향상을 위한 공급자 측면, 이용자 측면의 교육프로그램이 필요하다고 생각합니다. 공급자 측면에서는 메타버스를 국제적으로 활성화하기 위함입니다. 이를 위해선 메타버스에 활용되는 데이터에 관하여 이용·분석하는 역량을 가진 인력이 많이 필요합니다. 역량강화를 위해 메타버스 신기술 관련 전문가와 협의하여 그와 관련된 프로그램 및 교육을 제공하는 해결방안이 있다고 생각합니다. 이용자 측면에서 코로나19의 유행으로 비대면 커뮤니티의 필요성이 증가하였습니다. 예를 들어, 일반 시민 대부분은 직장에서 시간을 보내는 비중이 높습니다. 대면활동이 제한될 시 이러한 메타버스산업 활성화에 따른 직장 플랫폼을 구축한다면 직접 만나지 않고도 업무의 진행과 보고를 실시간으로 할 수 있습니다. 이와 같은 기술은 여러 실생활 분야로도 응용되어 시민에게 더 좋은 삶의 질을 제공할 것이기 때문에 그와 관련된 배경지식과 추세에 관해 깨어 있어야 한다고 생각합니다.

→ 메타버스 교육프로그램의 필요성을 공급자 측면과 이용자 측면으로 나눠 설명하고 있다.

그룹핑형(직무)

Q. 토목직 공무원으로서의 강점
- 개요: 성남시와 함께 발전해 나가는 토목직 공무원이 되고 싶은 지원자 ○○○입니다. 제가 토목직 공무원으로서 갖춘 소양 2가지를 말씀드리겠습니다.
- 그룹핑 1: 첫째, 성실성입니다. 어렵게 느껴지던 토목 과목을 친구들과 조교님께 물어보며 성실히 공부한 결과 과석차 1등과 장학금을 받았습니다. 이후 자격증을 취득하며 전문성을 갖추기 위한 노력을 했습니다.
- 그룹핑 2: 둘째, 전문성입니다. 대학수업 중에도 평판측량, 수준측량 실습을 해 보았고, 수자원 관련 서포터즈 활동을 하면서 물과 우리나라의 상하수도 시스템에 대해서도 공부하였습니다. 이러한 활동들을 하면서 팀원과의 업무분담과 자신이 맡은 일에 대한 책임을 다하였습니다.
- 의견정리(느낀 점, 배운 점 및 직무다짐): 저의 이러한 강점을 이용하여 끊임없이 발전해 나가는 토목직 공무원이 되겠습니다.

03 문제해결형

1. 문제해결형

문제해결형이란 사회이슈·제도(정책)의 문제점 및 개선방안을 말하는 방법이다. 구조는 기본논리형과 비슷하지만 답변의 소재가 달라질 수 있어 별도로 문제해결형 스피치를 소개하고자 한다. 또한 그룹핑형의 내용을 문제해결형에도 적용하면 더욱 구체적인 답변이 완성될 수 있다.

2. 구조화

구조	소재
문제점	문제의 현황·추세, 개념
	원인, 문제점
해결방안	(원인·문제점의 반대) 해결방안
기대효과	효과 및 의견

① **문제점**: 문제점의 정의는 '제시된 주제의 문제가 되는 점'을 의미한다. 질의응답을 할 때 문제점을 바로 이야기하고 시작해도 되지만 대개는 문제의 배경지식을 설명하기 위해 문제의 '현황·추세'나 문제핵심의 '개념'을 이야기하고 시작하는 경우가 많다.

> Q. 저출산 문제의 원인이 무엇이라고 생각하는지?
> A. 현대 대한민국의 출산률은 OECD 국가 중 최하위를 기록하고 있는 만큼 저출산은 대한민국에서 시급하게 해결해야 할 사회적 문제라고 생각합니다. 저출산 문제의 원인은 다양하지만 주요 문제 2가지를 말씀드리자면 첫째, 육아비용의 부담입니다. … 둘째, 결혼관의 변화로 인한 딩크족 증가입니다. …
> → 문제점을 말할 때 '그룹핑 스피치'를 적용하면 다양한 관점의 문제현상을 제시하여 분석적 사고력을 보여줄 수 있다.

② **해결방안**

구조	소재
해결방안	(원인·문제점 반대) 해결방안

해결방안　＝　문제점　＋　반대점

> Q. 청년실업 문제의 해결방안에 대해 말해보세요.
> A. 청년실업 문제는 여러 원인으로 발생하지만 첫째, 중소기업에 대한 부정적 인식입니다. … 이에 대한 해결방안으로는 중소기업에 대한 인식개선이 있습니다. …
> 둘째, 불필요한 스펙 쌓기 문화입니다. … 해당 문제해결을 위해 기업 차원에서 직무 중심의 채용문화를 활성화해야 한다고 생각합니다. …
> → 중소기업의 부정적 인식의 '반대'는 중소기업의 인식개선, 불필요한 스펙 쌓기 문화의 '반대'는 필요한 스펙 쌓기 문화 활성화(직무 중심의 채용 양산)이다. 이처럼 개선방안은 '반대'의 측면으로 접근해 보자.

문제해결형

> Q. 아동학대 문제점 개선방안
> • 개요: 아동학대란 성인이 아동에게 신체적·정신적·성적 폭력이나 가혹행위를 하거나, 보호자가 아동을 유기하거나 방임하는 것입니다.
> • 문제점: 아동학대의 원인은 맞벌이나 가족관계의 약화와 같은 가정의 구조적인 원인과, 부모의 잘못된 양육관과 같은 개인적인 원인이 있습니다. 아동학대는 특별한 보호를 받아야 하는 아동의 인권이 짓밟히는 심각한 문제가 있고, 아동이 성인이 되었을 때 올바른 사회구성원으로 성장할 가능성을 낮추는 문제점이 있습니다.
> • 해결방안: 이에 대한 해결방안을 말씀드리겠습니다. 첫째는 학대예방을 위한 부모역할 강화입니다. 복지센터를 중심으로 부모교육을 강화하는 것이 중요하다고 생각합니다. 둘째는 아동학대 신고의무제를 도입하는 것입니다.
> • 의견정리(느낀 점, 배운 점 및 직무다짐): 현재는 교사나 의료종사자와 같은 특정 직군만 신고의무자이지만, 아동학대의 의심이 있다면 국민 누구나 신고하여 아동을 안전하게 보호하는 것이 무엇보다 중요하다고 생각합니다.

04 경험형

1. 경험형

경험형은 자신이 직접 겪은 사례(스토리)를 말하는 방법이다. 경험을 말할 때 면접관이 가장 만족하는 답변은 구체적이고 구조화가 잘 된 답변이다. 구체적이기만 한 답변은 생동감이 느껴지지만 불필요한 부분까지 이야기할 수 있어 답변이 삼천포로 빠질 수 있기 때문에 핵심만 답변할 수 있는 논리구조를 익힐 필요가 있다.

2. 구조화

① 문제상황 有

구조	핵심키워드	개념
개요	언제, 어디서, 무엇을 + 주제	경험의 대략적인 정보 제공
상황	일반상황 + 문제상황	문제상황이 발생한 배경(원인) • 일반상황: 목표와 역할 • 문제상황: 사건의 원인
해결과정 및 결과	문제를 극복한 행동 + 결과	문제해결을 위해 구체적으로 노력한 점 및 결과
의견정리	느낀 점, 배운 점, 직무다짐	• 느끼고 배운 것 • 직무에 어떻게 적용할 것인지

> **TIP**
>
> **문제상황 有 적용질문**
> • 갈등 경험
> • 조직·타인을 위해 희생했던 경험
> • 살면서 힘들었던 경험
> • 성취감을 느꼈던 경험
> • 문제를 해결했던 경험
> • 팀워크·리더십을 발휘했던 경험
> • 목표를 달성했던 경험

② 문제상황 無

구조	핵심키워드	개념
개요	언제, 어디서, 무엇을 + 주제	경험의 대략적인 정보 제공
상황	일반상황	목표와 역할
인상적인 점	• 인상적인 에피소드 • 기억에 남는 에피소드	• 터닝포인트(생각 및 행동변화에 영향을 준) 사례 • 새롭게 알게 된 점(결과적으로 한층 더 성장하게 된 사례)
의견정리	느낀 점, 배운 점, 직무다짐	• 느끼고 배운 것 • 직무에 어떻게 적용할 것인지

문제상황 無 적용질문

• 봉사활동 경험
• 목표를 달성했던 경험

• 팀워크·리더십을 발휘했던 경험
• 성취감을 느꼈던 경험

문제상황 有

Q1. 학창시절이나 사회생활을 하면서 자신이 속한 조직을 위해서 희생했던 경험이 있나요?

[질문의도]

개인보다 조직을 우선시하는 지원자의 가치관 및 태도를 확인하는 질문이다. 봉사, 배려, 책임감과 관련된 경험을 이야기하면 된다.

• 개요(언제, 어디서, 무엇을 + 주제): 2022년 대학수업에서 팀프로젝트를 준비하며 팀을 위해 희생을 한 경험이 있습니다.
• 상황(일반상황 + 문제상황): 당시 4인 1조로 6개월간 발표과제를 준비해야 했습니다. 그런데 1달을 남기고 조원 중 1명이 급성위염으로 입원을 해야 하는 상황이 발생했습니다. 6개월의 긴 과제인 만큼 각자 준비한 자료를 직접 발표해야 했기에 누군가는 입원한 친구의 발표를 대신해야 했습니다.
• 해결과정 및 결과(문제를 극복한 행동 + 결과): 다들 부담을 느끼는 상황에서 저도 쉽진 않았지만 제가 해 보겠다고 나섰습니다. 1달간 발표과제를 위해 입원한 친구의 자료를 숙지하고 매일 4시간 이상 발표 연습을 했습니다. 그 결과 성공적으로 발표를 마치게 되었고 개인적으로 발표실력 향상에도 도움이 되었습니다.
• 의견정리(느낀 점, 배운 점, 직무다짐): 팀을 위한 희생은 모두에게 좋은 결과로 이어질 뿐만 아니라 개인역량 향상에도 큰 도움이 된다는 사실을 배우게 되었습니다.

결과 말하기

경험에서 특히 중요한 것은 '결과'이다. 성과는 지원자의 역량수준과 발전가능성을 확인할 수 있는 중요한 척도가 된다. 결과를 말할 수 있는 소재를 살펴보고 레벨 1부터 레벨 3까지 해당되는 사항을 꼭 말하도록 하자.

레벨 1. [역량] 업무효율성 및 노하우 습득 → 역량향상, 또 다른 지식 보유
       [관계] 상사로부터 인정, 팀원 간의 신뢰 확보
레벨 2. [성과] 1등, 우수상, 수주성공
레벨 3. [기여] 성과와 역량향상을 넘어 타인·조직에 공유하고, 커뮤니티 전문성 향상에 기여

문제상황 有

Q2. 뚜렷한 규칙이 없는 상황에서 문제를 해결한 경험이 있나요?

[질문의도]

조직생활에서 규정과 규칙은 조직 내 문제가 발생하거나 업무를 처리할 때 해결할 수 있는 가이드라인이 된다. 만약 증명서 발급을 위해 관련 담당자를 찾는데, 공무원들이 담당자를 찾기 어렵다며 일 처리를 서로에게 미루는 상황이라면 민원인으로서는 답답하고 공무원에 대한 신뢰감이 떨어질 것이다. 이처럼 뚜렷한 규칙이 없는데 문제를 해결한 경험은 규칙이 없어 문제가 발생했을 때 창의적으로 혹은 가이드라인을 만들어 해결했던 경험에 대해 이야기하면 된다. 가이드라인을 위해 어떤 내용을 참고했는지, 전문가에게 도움을 받았는지 등 다양한 노력 사례를 언급하도록 하자.

- 개요(언제, 어디서, 무엇을 + 주제): 2019년 대학교 2학년이었을 때 여행동아리에서 문제를 해결한 경험이 있습니다.
- 상황(일반상황 + 문제상황): 당시 동아리에는 특별한 내부규정도, 가입제약도 없었습니다. 동아리 회장의 방침은 '자유방임형'이었는데, 문제는 동아리 모임시간 및 규정, 참여의 기준이 없어 향후 동아리의 존립 자체도 불투명한 상황이었습니다.
- 해결과정 및 결과(문제를 극복한 행동 + 결과): 저는 동아리의 활성화를 위해 회원들을 강력하게 규제하진 않되, 최소한의 규정을 만들자고 제안했습니다. 또한 규정의 기준을 정확하고 구체적으로 만들기 위해 동아리 회원 중 법학과에 다니는 동기에게 자문을 구했고, 동기의 도움으로 법조문의 형식을 띈 간략한 동아리의 내부규정을 만들었습니다. 그 결과 동아리의 참여도도 조금씩 올라갔습니다.
- 의견정리(느낀 점, 배운 점, 직무다짐): 이 경험을 통해 조직의 활성화를 위해서는 기본적인 규정 및 규칙이 중요하다는 것을 알게 되었습니다.

TIP

꼬리질문 살펴보기
ㄴ 법학과에 다니는 동기에게 자문을 구한 이유는?
ㄴ 만약 입직 후에도 ○○직무를 수행하는 도중 매뉴얼에 없는 업무를 담당하게 된다면 어떻게 처리할 것인지?

문제상황 有

Q3. 본인의 단점을 극복한 경험 또는 문제를 해결했던 경험이 있나요?

[질문의도]

자기성장과 자기계발에 관련된 질문이다. 본인의 단점을 인지한 상태로 머무는지, 혹은 단점을 개선해 역량을 강화하고자 하는지를 확인하는 내용으로 단점을 극복하기 위해 노력했던 사례를 이야기하자.

- 개요(언제, 어디서, 무엇을 + 주제): 4년 전 첫 직장에서 화장품 미생물 분석을 할 때 저의 단점을 극복한 적이 있습니다.
- 상황(일반상황 + 문제상황): 다른 팀원들은 하루에 20건 정도의 시료를 처리하는 반면, 저는 10건 정도의 시료밖에 처리하지 못했습니다. 저로 인하여 다른 팀원들의 업무부담이 증가하고 개인적으로도 야근을 자주 해야 했기에 정신적으로 힘든 시기를 보내야 했습니다.
- 해결과정 및 결과(문제를 극복한 행동 + 결과): 그 후 저는 다른 팀원들에게 피해가 가지 않도록 야근과 특근을 활용하여 저의 실험숙련도를 향상시키기 위해 부단히 노력하였습니다. 피펫팅 연습, 빨리빨리 정확하게 훈련, 동선을 최대한 줄여서 업무효율성 높이기 등의 노력이 그 예입니다.

- 의견정리(느낀 점, 배운 점, 직무다짐): 이를 통해 업무숙련도가 향상되었고, 이후 이직한 회사에서는 제가 다른 사람에게 가르쳐 줄 수 있을 만큼 역량을 쌓을 수 있었습니다.

TIP

꼬리질문 살펴보기
└ 입직 후 직무수행에 있어 지원자가 가장 부족하다고 생각하는 업무는 무엇인지?
└ 부족한 점을 개선하기 위한 향후 노력은 무엇인지?

문제상황 無

Q4. 봉사활동을 했던 경험이 있나요?

[질문의도]
지원자의 봉사정신, 배려, 희생, 나눔, 도덕성 등을 평가하고자 함이다. 단순이 봉사활동 경험의 유무를 묻기보다는 봉사활동을 하면서 어떤 가치를 배우게 되었는지 그리고 그 가치를 바탕으로 어떤 사람으로 성장했는지 등을 표현해보자.
- 개요(언제, 어디서, 무엇을 + 주제): 작년 1년간 지역 독거노인을 위한 봉사활동을 했습니다.
- 상황(일반상황): 봉사활동에서 저의 역할은 거동이 불편한 저소득층 노인들을 상대로 도시락을 직접 만들어 배달하고 어르신들에게 말벗이 되어드리는 것이었습니다.
- 인상적인 점(인상적인 에피소드 / 기억에 남는 에피소드): 주말마다 도시락 배달을 하며 어르신들의 외로움을 나누고, 최근 노인 고독사 문제도 예방할 수 있다는 점이 가장 뿌듯했습니다. 특히, 봉사활동을 하며 알게 된 사실은 저소득층에 가까울수록 노인 치매발생률이 높다는 것이었습니다. 평소 건강검진을 제대로 받지 못해 질환이 악화되어 발생하는 경우가 많기 때문이었습니다.
- 의견정리(느낀 점, 배운 점, 직무다짐): 봉사활동의 현장에서 사회적 약자의 어려움이 무엇인지 직접 확인할 수 있는 시간이었으며, 공무원이 되어서 더욱 사회적 약자의 시선에서 바라보고 그들을 위한 지원책이 무엇인지 늘 고민하고 실행할 수 있는 공직자가 되겠습니다.

TIP

꼬리질문 살펴보기
└ 노인 고독사 감소를 위해 해당 부처에서 할 수 있는 일은?
└ 사회적 약자에 대해 아는 대로 말해 보아라.
└ 사회적 약자의 정의는?
└ 해당 부처에서 사회적 약자를 위해 노력하고 있는 제도(사업)에 관해 아는 대로 말해보아라.

05 상황형

1. 문제해결형

경험형 스피치가 자신이 직접 겪은 사례를 말하는 방법이라면, 상황형 스피치는 공직생활 중 발생할 수 있는 여러 가지 사례에 관한 질문에 답변하는 방법이다. 따라서 경험형 질문이 지원자의 과거 모습을 통해 공무원 적합도를 판단한다면, 상황형 질문은 '만약 상사가 부정한 행위를 하는 것을 알 게 되었을 때의 대처방법'처럼 미래 상황에 지원자가 대처하는 행동을 통해 공무원으로서의 올바른 가치관 및 문제해결 등 공무원 적합도를 판단한다.

2. 상황유형

■■ 상황형 질문 유형

유형	내용
공직형	[금품수수, 청탁 등 공무원의 위법행위 및 공직 직업윤리 평가] Q. 상사의 위법한 행동을 목격했을 때 어떻게 행동하겠는가?
조직민원형	[상사, 동료, 민원인 등 조직생활에서 발생하는 갈등·관행문제 평가] Q. 상사가 휴일에 카카오톡으로 업무지시를 한다. 어떻게 대처할 것인가 Q. 민원인이 고래고래 소리를 지르면서 욕을 한다. 어떻게 대처할 것인가?
직무형	[직렬 특수성 질문으로, 지원직렬에서 직무수행 중 발생하는 상황에 대한 문제해결능력 평가] Q. (건축직) 공정 80%일 때, 설계변경을 요구한다면 어떻게 대처할 것인가?

3. 구조화

판단		[문제상황에 대한 견해 및 신념] • [판단 1] 원칙 및 규정준수 • [판단 2] 상황별 판단 [상황별 판단 예시] **시급성(긴급)성, 시의성, 공정성, 공익성, 손익성, 일회/지속(반복) 등**
필요성 / 근거		법령, 규정, 사례, 경험 등
해결방안	절차별	• [사실확인] 현장조사, 우수사례 검토(유사사례·해외사례 등), 전문가 자문 등 • [의견수렴 및 설득] 공청회(공무원, 전문가, 지역주민 등) • [문제해결] 제도·법, 인프라(물적, 인적, 예산), 홍보·교육 등 → 단계적 적용
	대상별	질문에 등장한 인물별 해결방안 제시
사후대처 / 다짐	재발방지	• [인식개선] 카드뉴스, 블로그, 캠페인 등 실시 • [자료제작] 매뉴얼화, 선례집 작업, 가이드 마련 등 • [관리강화] 모니터링(수시점검 및 관리), 대응방안(비상계획) 수립, 업무단계별 점검사항 기준 수립 및 파악 • [역량강화] 교육프로그램 실시, 전문인력 강화 등
	공직다짐	공무원으로서의 올바른 자세 및 각오

Q1. 상사의 위법한 행동을 목격했을 때 모른 척할 것인지?

판단	• 공직자로서 잘못된 상황을 보고 모른 척하는 것은 옳지 않음(준법정신)
근거	• 공직근거: 공무원의 성실의무 위반 • 질문추론: 모른 척하는 행위는 잘못된 관행으로 이어질 가능성
해결방안	• [사실확인] 위법한 행위의 여부 및 관련 법규 확인 • [설득진행] 상사에게 의심정황 설명 후 잘못된 행위 자진보고 설득 • [상사·공무원행동강령관 보고] 설득되지 않을 경우 상사의 윗 직급 보고 및 공무원행동강령관 제보 및 상담
재발방지	• [사후대처·재발방지] 문제예방을 위해 위법행위 여부의 반복성 확인 및 규정명확화, 주기적 모니터링 • [공직다짐] 공무원으로서 준법정신을 의무화하는 자세로 공직이행

"상사라고 할지라도 공직자로서 불법적인 행동을 보고 모른 척하는 것은 옳지 않다고 생각합니다. 위법행위는 법에 반하는 행위입니다. 공무원은 모든 법령을 준수하며 성실히 직무를 수행해야 한다는 성실의 의무에도 어긋나는 행위라고 판단됩니다. 문제해결을 위해 상사의 불법적인 행동이 위법인지 정확하게 파악한 후 위법행위가 맞는다면 스스로 잘못을 뉘우치고 보고할 수 있도록 돕겠습니다. 설득을 했음에도 보고하지 않는다면 제가 직접 상부에 보고하겠습니다. 평소 상사분만 아니라 동료들과도 원만한 소통을 하며 공무원 태도에 어긋나는 생각을 갖고 있지 않은지, 개인적으로 힘든 상황은 없는지 등을 살펴 사전에 위법한 행위가 벌어지지 않도록 노력하겠습니다."

Q2. [조직형] 업무시간 외 카카오톡 지시에 대해 어떻게 생각하는지?

판단	• 사안의 긴급성 유무에 따라 달라질 수 있음(상황별로 다르게 판단)
근거	• 공직근거: 「헌법」 제7조 제1항 • 공직사례: 코로나19 사태(사안의 긴급성 및 중요성)
해결방안	• 긴급한 사안이 아닌 경우에 대응방안 • [반복지시] 상사에게 사안에 대한 건의
공직다짐	• [공직다짐] 업무효율성 강화를 위해 모두가 만족하는 업무환경 조성

"업무시간 외 카카오톡 지시는 사안의 긴급성 유무에 따라 달라질 수 있다고 생각합니다. 「헌법」 제7조 제1항을 보면 공무원은 국민 전체의 봉사자라고 명시되어 있습니다. 최근 코로나19 사태처럼 사안의 긴급성 및 중요성과 같은 문제일 경우, 공무원은 언제 어디서든 일할 수 있는 사명감을 가지고 근무해야 한다고 생각합니다. 반면 퇴근 후 카카오톡 지시가 긴급성을 띄지 않고 다음 날 근무시간에 지시를 내려도 되는 사안이며, 팀원들 모두가 불편해 한다면 개선해야 할 필요는 있다고 생각합니다. 특히 지시가 지속적이고 반복적으로 이뤄질 경우, 상사 분께 조심스럽게 사안에 대한 건의를 해 보겠습니다. 업무효율성을 끌어올리는 방안 중 하나는 팀워크라고 생각합니다. 팀원들 모두 만족할 수 있는 근무환경에서 일할 수 있도록 팀원으로서 최선을 다하겠습니다."

조직민원형

Q3. [민원형] 반복적인 민원전화를 받게 되면 어떻게 대처할 것인가?

판단 및 근거	• [판단 1] 봐주기식 태도는 잘못된 관행으로 이어져 정중하게 사양·거절 • [판단 2] 질서유지를 위해 의견수용이 불가하다는 것을 재차 안내
해결방안	• [방안 1] 요구사항에 관한 객관적 자료 검토 • [방안 2] 의견수용 불가 시 감정의 완화를 위해 경청 및 공감하는 태도 • [방안 3] 폭언·폭행·반복전화 등 특이민원 시 잘못된 행위가 불리하게 작용할 수 있음을 안내
공직다짐	친절공정의 의무는 준수하되, 규정을 준수하는 태도

"반복적인 민원전화가 민원인이 원하는 규정사안에 어긋난 내용이라면 정중하게 거절하도록 하겠습니다. 또한 특정 민원인에 대한 봐주기식 태도는 공직 내 잘못된 관행으로 이어질 수 있고, 타 민원인과의 질서유지를 위해 의견수용이 불가하다는 것을 재차 안내해 드리겠습니다. 단, 민원인이 요구하는 사안에 있어 무조건적 거절이 아니라 타 기관에 도움을 받을 수 있는지, 도와줄 수 있는 방법에 대해 객관적으로 자료를 다시한 번 검토하겠습니다. 이후에도 민원인의 의견을 수용할 수 없는 상황이라면 민원인의 상황을 충분히 경청하고 공감하는 태도를 본인 후 반려사항에 대해 안내하겠습니다. 이후에도 반복적으로 전화가 온다면 민원인의 행위가 불리하게 작용할 수 있음을 안내하겠습니다. 공직자로서 친절공정의 의무는 준수하되, 규정을 준수하며 민원인을 응대하겠습니다."

직무형

Q3. A지역에서 청년창업 푸드트럭을 지원하는 상황이다. 고용안전성과 지역경제 활성화가 예상되나 주변 상권에서 업종중복 및 매출저하를 우려하며 반대하고 있다. 담당 주무관으로서 어떻게 대처할 것인가?

판단 및 근거	• 판단(주변상권 설득의 필요성): A지역의 판단대로 청년창업 푸드트럭 지원을 고려함 • 근거: 제도의 취지 및 목적, 배경지식 활용 − [근거 1] 고용안정성 효과 − [근거 2] 지역경제 활성화 효과
해결방안	• 주변상권 반발 해결 • [방안 1] 사실확인: 업종중복 문제 및 매출저하 요인의 객관적 사실 판단 • [방안 2] 업종중복: 판매업종 조정 • [방안 3] 매출해결: 푸드트럭 운영 시 지역상권 인센티브 경제혜택 기여 • [방안 4] 단계적 조정: 대책의 효과성 입증을 위해 즉각적 시행이 아닌 시범적·단계적 시행·운영
재발방지	[사후대처] 효과성 입증을 위해 주기적 모니터링, 주기적 주변상권 모임 후 발생 문제 조정, 상권의 활성화를 위해 적극적 홍보

"저는 A지역에서 추진하는 청년창업 푸트트럭 지원을 고려하겠습니다. 청년창업 푸드트럭은 고용안정성 및 지역경제를 활성화하는 데 도움이 되기 때문입니다. 단, 강압적인 추진이 아닌 주변 상권 상인들을 설득하도록 하겠습니다. 먼저 주변 상권 상인들이 주장하는 업종중복 및 매출저하와 상관관계가 있는지 객관적으로 자료를 검토하고 사실을 판단하겠습니다. 만약 해당 사실이 맞는다면 판매업종을 조정하여 주변 상권과 중복되지 않는 푸드트럭만 진행하도록 하겠습니다. 또한 푸드트럭의 수익 일부를 지역 상권 활성화를 위한 인센티브로 전환하여 경제혜택을 주는 방안으로 지역 상권 상인들을 설득하겠습니다. 마지막으로 A지역에서 추진하고자 하는 정책의 효과성 입증을 위해 시범적으로 운영하고, 주기적으로 모니터링하여 A지역 상권 활성화를 위해 적극적으로 노력하겠습니다."

💡 Check Point **한 눈에 보는 1분 스피치**

• 기본논리형

구조	소재
결론	주장
부연설명	• 개념: 정의 • 개요: 줄거리, 사례요약 • 계기: 근거를 갖게 된 이유 및 동기 + 의견
근거	• 사례: 사실적 이슈, 통계 • 지식: 공직·직무 관련 법, 정책 등 • 경험: 스토리
의견정리	다짐 및 각오, 배운 점, 향후 계획

• 그룹핑형

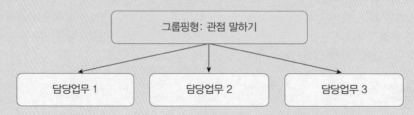

• 문제해결형

구조	소재
문제점	문제의 현황·추세, 개념
	원인, 문제점
해결방안	(원인·문제점의 반대) 해결방안
기대효과	효과 및 의견

• 경험형
  - 문제상황 有

구조	핵심 키워드	개념
개요	언제, 어디서, 무엇을 + 주제	경험의 대략적인 정보 제공
상황	일반상황 + 문제상황	문제상황이 발생한 배경(원인) • 일반상황: 목표와 역할 • 문제상황: 사건의 원인
해결과정 및 결과	문제를 극복한 행동 + 결과	문제해결을 위해 구체적으로 노력한 점 및 결과
의견정리	느낀 점, 배운 점, 직무다짐	• 느끼고 배운 것 • 직무에 어떻게 적용할 것인지

- 문제상황 無

구조	핵심 키워드	개념
개요	언제, 어디서, 무엇을 + 주제	경험의 대략적인 정보 제공
상황	일반상황	목표와 역할
인상적인 점	• 인상적인 에피소드 • 기억에 남는 에피소드	• 터닝포인트(생각 및 행동변화에 영향을 준) 사례 • 새롭게 알게 된 점(결과적으로 한층 더 성장하게 된 사례)
의견정리	느낀 점, 배운 점, 직무다짐	• 느끼고 배운 것 • 직무에 어떻게 적용할 것인지

• 상황형

판단	• 문제상황에 대한 견해 및 신념
근거	• 법령, 규정, 사례, 경험 등
해결방안	• 절차별 / 대상별 해결책
재발방지	• 재발방지 / 공직다짐

POINT 03   1분 스피치의 예외도 있을까? – 10초 스피치

10초 스피치는 어떤 상황에서 필요할까? 공식적으로 정해진 것은 아니지만 통상적으로 지원자의 대답을 '재확인'하거나, '개념', '특징', '역할' 등 가벼운 질문에 답할 때 사용한다.

> **Q.** 최근 외교부에서 추진하고 있는 국민외교가 있는데 들어보셨나요?
> **A.** 국민외교는 국민과의 소통을 강화하여 외교정책 결정에 대한 국민의 참여를 추진하는 국민 중심적 외교를 의미합니다.
> → 국민외교의 개념에 대해 묻는 질문이다. 배경지식을 덧붙여 답변하고 싶다면 국민외교의 대표적 사례를 이야기하면 된다.

재확인 질문	Q. 업무에 관심을 갖게 된 계기가 있나요? └ [후속] 학창시절 문화적 격차를 느꼈다는 거죠? Q. 사회적 약자를 위해 어떤 지원이 필요할까요? └ [후속] 법적 강화가 필요하다는 말씀이시죠?
개념·특징·역할	Q. 봉사활동 경험이 5년 정도 된다고 했는데, 자세히 말해 보세요. └ [후속] 잘 들었습니다. 당시 본인의 역할은 무엇이었나요?

POINT 01 면접결과를 180도 뒤집는 구체화 말하기

01 구체적 vs 추상적

> 소영 T 🔍 ⋮
>
> 합격하면 어떤 공무원이 되고 싶어요?
>
> 수험생 1
>
> 전문성 있는 공무원이요!
>
> 수험생 2
>
> 배려심 많은 공무원이요!
>
> 소영 T
>
> 전문성 있는 공무원은 어떤 공무원이죠? 그리고 배려심 많은 공무원은 어떤 공무원인가요?
>
> 수험생 1
>
> 음... 전문성 있는 공무원은 본인 분야에 대한 지식도 많고 그래서 사회적으로 문제가 생겼을 때 해결해줄 수 있는...? 그런 공무원을 말합니다!
>
> 수험생 2
>
> 제가 생각하는 배려심 많은 공무원은 민원인에게 친절한 공무원이요!

여러분이 보기엔 어떠한가? 수험생들이 무엇을 말하고자 하는지 정확하고 자세하게 느껴지는가? 필자가 수험생들에게 물은 질문은 면접상황에서 충분히 나올 수 있는 질문이다. 만약 수험생이 면접상황에서 위 사례처럼 추상적으로 답변한다면 평정결과 '하'의 점수를 받을 확률이 높다.

구체적으로 말한다는 것은 그림이 그려지는 말하기라고 한다. 직접 그림을 보지 않아도 그림처럼 묘사가 자세하고 정확하기 때문에 듣는 것만으로도 상상이 가능한 말하기라는 것이다.

간혹 수험생들이 '그렇게까지 자세하게 얘기해야 하나요?'라고 묻지만 자세하게 이야기할 때 지원자에 대한 신뢰도는 자연스럽게 올라간다. 즉, 자세하게 말해야 면접관이 듣는다.

POINT 02 구체화 표현방법

구체적으로 말하는 방법은 '예시'를 들어 답변하는 것이다. 예시는 상대방이 확실하게 이해할 수 있는 방법 중 하나로, 면접에서 주로 사용되는 예시는 문제상황, 원인, 숫자, 기관명 등을 언급하는 것을 이야기한다. 예시로 사용되는 내용은 다음과 같다.

사례의 구체화	문제상황, 원인, 업무유형, 특징, 실행방법, 역할, 노력한 점, 배운 점 등
정확한 명칭	제도명, 기관명, 법률용어, 전공용어 등
숫자	노력사항, 성과 등

01 사례의 구체화

Q1 ○○제도의 구체적인 해결책은 무엇인가?

코칭 전

A. 현재 공청회 및 토론을 통해 시민들의 정책진행에 참여하고 있지만 많은 의견수립이 안 되고 있어 이 부분에 대한 개선이 필요하다고 생각합니다.
→ 의견수립이 안 되는 원인은? ▷ 예시
→ 개선에 대한 의견은? ▷ 예시

코칭 후

A. 제가 제시할 해결책은 2가지입니다. 먼저 공식적인 제도적 측면에서 현재 공청회 및 토론을 통해 국민들이 정책진행에 참여하고 있습니다. 하지만 현 진행제도의 문제점은 소수의 국민만 참여 가능해 일부의 의견만 반영될 소지가 있다는 점입니다. 이에 대한 해결책으로는 첫째, 최근 ○○시(군)은 금연정보와 금연상담을 받을 수 있는 채팅 상담서비스인 '노담봇'을 신설했습니다. 이처럼 모바일 공청회 등을 시행하여 국민의 다양한 의견을 수시로 수렴할 수 있는 서비스 채널이 필요하다고 생각합니다. 둘째, …
→ 사례의 구체화: 원인 및 실행방법

Q2 지원자의 전공이 공직업무에 어떻게 적용되는지?

코칭 전

A. 저는 관광경영학과를 졸업하였습니다. 최근 ○○시(군) 국내관광진흥과는 관광자원을 관광상품으로 개발하고 홍보하는 업무를 수행하는 만큼 관광자원에 대한 이해, 관광상품으로 개발하기 위한 기획력, 관광객에 대한 이해가 필요하다고 생각합니다. 저는 학과 내에서 관광학개론 수업을 이수하고 관광코스 개발을 해 봤던 경험이 있어 여러 지역에 대한 이해를 높이고 적용하는 데 도움이 될 것이라고 생각합니다.
→ 관광학개론 수업 이수, 관광코스 개발 경험 ▷ 예시
→ 도움이 되는 점 ▷ 예시

▼

코칭 후

A. 저는 관광경영학과를 졸업하였습니다. 최근 ○○시(군) 국내관광진흥과는 관광자원을 관광상품으로 개발하고 홍보하는 업무를 수행하는 만큼 관광자원에 대한 이해, 관광상품으로 개발하기 위한 기획력, 관광객에 대한 이해가 필요하다고 생각합니다. 자세히 설명드리자면,
첫째, 관광자원에 대한 이해입니다. 관광학개론 수업에서 관광을 의료관광, 문화관광, 여가관광 등으로 나누고 그 특징을 배웠습니다. 특히 여러 관광에 대한 이해는 관광객의 맞춤수요를 이끌어 관광상품으로 유도하는 측면에서 도움이 될 것이라고 생각합니다.
둘째, 관광상품을 개발하기 위한 기획력 및 관광객에 대한 이해입니다. 저는 서울 속의 힐링이라는 주제로 광장시장, 창덕궁, 서울빛 초롱축제를 묶어 관광코스를 개발했습니다. 당시 단순한 문화재관광이라는 획일적인 관광이 아닌 관광객이 관광을 하는 이유와 동기에 초점을 맞췄고 관광객의 만족도를 높이기 위해 관광자원에 대한 조사뿐만 아니라 주변의 음식점, 카페 및 편의시설과 관련한 조사를 했습니다. 이처럼 학과에서 배운 지식과 실무적 역량은 국내관광진흥과에서 다양한 지역에 대한 이해를 높이고 적용하는 데 큰 도움이 될 수 있을 것이라고 생각합니다.
→ 사례의 구체화: 업무유형, 역할 및 노력한 점

Q3 봉사활동을 하면서 여성고용정책과에서 개선이 필요하다고 느낀 사례

코칭 전

A. 현재 최근 ○○시(군)은 한부모근로자들에 대해서 육아휴직급여를 더 많이 지원하는 특례를 제공하고 있습니다. 하지만 지금 시행되고 있는 모성보호제도는 고용보험의 틀 안에서 운영되고 있고, 그러다 보니 비정규직, 자영업자, 실직자 등 소득이 없거나 불안정한 고용상황에 있는 분들은 지원을 받지 못합니다. 이는 한부모근로자뿐만 아니라 일반근로자에게도 해당되는 문제입니다. 따라서 이에 대한 제도개선이 필요하다고 생각됩니다.
→ 제도 개선방법 ▷ 예시

▼

코칭 후

A. 현재 최근 ○○시(군)은 한부모근로자들에 대해서 육아휴직급여를 더 많이 지원하는 특례를 제공하고 있습니다. 하지만 지금 시행되고 있는 모성보호제도는 고용보험의 틀 안에서 운영되고 있고, 그러다 보니 비정규직, 자영업자, 실직자 등 소득이 없거나 불안정한 고용상황에 있는 분들은 지원을 받지 못합니다. 이는 한부모근로자뿐만 아니라 일반근로자에게도 해당되는 문제입니다. 따라서 이에 대한 제도개선이 필요하다고 생각됩니다. 예를 들어, 스웨덴이나 독일 같은 경우에는 별도의 사회보험을 따로 만들어서 정책대상자를 확대하여 운영하고 있습니다. 우리나라도 이러한 사례들을 참고해서 사각지대를 줄여나가는 방향으로 나아가야 한다고 생각합니다.
  → 사례의 구체화: 사례 및 실행방법

Q4 공정진행률이 80%일 때 설변(설계변경)을 요구한다면 어떻게 해야 하는가?

코칭 전

A. 시공업체와 협의해 필요한 상황인지 확인한 후 필요하다면 빠르게 문제를 해결해야 한다고 생각합니다.
  → 협의가 필요한 상황이 어떤 경우인지? ▷ 예시

▼

코칭 후

A. 공사 중 설계변경의 요구는 도면 및 내역사항과 관련하여 심각한 문제이지만, 수정이 꼭 필요할 경우 빠르게 해결해야 할 부분입니다. 수정이 필요한 예로는 설계변경과 다른 실내 도면, 추가적 요구사항 등이 있습니다. 때문에 공장관계자와 현장을 확인해 증액 여부를 판단하고, 계약 및 예산부서와 협의해 노력해야 한다고 생각합니다.
  → 사례의 구체화: 문제상황

Q5 건축직 공무원으로서 중요하게 생각하는 공직가치 3가지

코칭 전

A. 책임감입니다. 건축직 공무원의 특성상 시민의 안전과 직결되어 있고, 재산과 관계된 사업을 접하는 공무원이므로 이러한 가치가 중요하다고 생각됩니다.
  → 책임감이 중요한 상황은? ▷ 예시

▼

코칭 후

A. 중요하게 생각하는 공직가치는 책임감입니다. 2018년 강남 대종빌딩 붕괴가능성을 사전에 발견하여 시민들이 미리 대피할 수 있었습니다. 문제의 원인은 강남구청에 신고한 설계도면과 실제 시공에 차이가 있다는 것이었습니다. 이러한 안전사고 예방을 위해 꼼꼼하고 철저하게 관리하는 책임감이 필요하다고 생각합니다.
  → 사례의 구체화: 문제상황

02 정확한 명칭

Q1 4차 산업혁명에 대해 아는 대로 말해 보아라.

> **코칭 전**

A. 네. 1차, 2차, 3차에 뒤이어 세상의 모든 것이 인터넷으로 연결되고, 인간과 사물의 데이터가 수집·축적·활용되는 새로운 산업혁명을 말합니다. 최근 ○○시(군)에서는 최근 4차 첨단기술에 관련된 제도를 활용하여 관광활성화에 기여하고 있습니다.
→ **4차 첨단기술에 관련된 제도 ▷ 예시**

> **코칭 후**

A. 네. 1차, 2차, 3차에 뒤이어 세상의 모든 것이 인터넷으로 연결되고, 인간과 사물의 데이터가 수집·축적·활용되는 새로운 산업혁명을 말합니다. 최근 ○○시(군)에서는 이와 관련해 '○○시(군) 방방곡곡'이라는 어플에 빅데이터를 이용하여 관광자들의 흥미를 관광상품에 반영하고, 관광정보를 이용자들에게 전달하고 있습니다. 또한 메타버스를 활용하여 언택트 관광상품을 만드는 데에도 이를 이용하고 있습니다. 이에 대한 예로는 전주시의 메타버스 한옥마을 관광이 있습니다. 이와 같은 발전을 통해 종전의 보고 듣기만 하는 관광이 아니라 실제 경험하고 느껴보는 관광이 활성화될 것이라고 기대하고 있습니다.
→ **사례의 구체화: 기관명, 제도명 및 제도 사례**

Q2 마약수사직으로서 검찰에 들어온 후 자기계발은 어떻게 하겠는가?

> **코칭 전**

A. 마약수사관님과의 인터뷰를 통해 마약수사관으로서 갖춰야 할 역량에 대해 알 수 있었습니다. 먼저, 마약수사에 관련된 법률을 공부하여 전문성을 발전시킬 것이며, 마약범죄와 밀접한 연관이 있는 범죄도 함께 공부하도록 하겠습니다. 다음으로, 마약수사직은 업무의 강도가 높아 강한 체력이 요구된다고 들었습니다. 꾸준히 운동을 하여 건강한 육체와 건강한 정신을 수련하는 데 힘쓰겠습니다.
→ **마약수사에 관련된 법률이 무엇인지? 마약범죄와 밀접한 범죄는 무엇인지? ▷ 예시**
→ **꾸준히 어떤 운동을 할 계획인지? ▷ 예시**

> **코칭 후**

A. 마약수사관님과의 인터뷰를 통해 마약수사관으로서 갖춰야 할 역량에 대해 알 수 있었습니다. 첫 번째로 마약수사는 직인지 수사로 많이 이루어지기 때문에 이전에 있었던 판례나 수사기법 등을 공부하여 전문성을 발전시켜야 한다고 생각합니다. 물론 수사기법과 관련한 것은 현직에서 선배님을 통해 배워나가야 할 것이지만, 임용 전에는 형법과 형사소송법을 복습하고, 마약범죄가 금융범죄와 밀접한 관련이 있다고 들었기에 민법 또한 공부하여 재산범죄에 대한 개념을 채워나갈 예정입니다.

다음으로, 마약수사는 업무의 강도가 높아서 강한 체력이 요구된다고 들었습니다. 지금도 꾸준히 운동하고 있지만, 임용을 기다리면서 예전부터 계획해 왔던 검도수련을 하면서 건강한 육체와 건강한 정신을 수련하는 데 힘쓰겠습니다.

→ 사례의 구체화: 마약수사직의 수사업무, 관련 법률, 관련 범죄명 및 운동의 종류

03 숫자

- 프로젝트를 수행한 결과, 전년보다 만족도가 높아졌습니다.
  → 프로젝트를 수행한 결과, 전년보다 만족도가 10% 증가했습니다.
- 미래농업 육성을 위해 스마트팜 지원을 확장한다고 합니다.
  → 미래농업 육성을 위해 스마트팜 지원을 확장하여 100곳을 지원한다고 합니다.

POINT 03 구체적 말하기의 오해: 꼬리질문으로 유도하자

지금까지 구체적 말하기의 중요성에 대해 이야기했다. 간혹 어떤 수험생들은 '1분 내로 답변해야 하는데 구체적으로 말하기엔 시간이 부족하지 않을까? 추상적으로 이야기하고 꼬리질문을 유도하면 되지 않나?'라고 생각할 수 있다.

면접관은 매년 채용기관별, 요일별로 다르게 구성된다. 또한 면접의 변별력을 위해 모든 지원자에게 공통질문(정해진 질문)을 하지 않는다. 공통질문의 단점은 유출가능성이 높기 때문에 면접 초반부 지원자들일수록 불이익을 볼 가능성이 크다. 그렇기 때문에 면접관은 평정기준에 맞는 다양한 질문을 할 수밖에 없다. 어떤 면접관은 1차 질문(꼬리질문 없음)을 다양하게 던져 지원자의 역량을 평가하기도 하고, 어떤 면접관은 2차 질문(꼬리질문 포함)까지 진행하는 경우도 있다. 좋고 나쁨의 문제는 아니며 충분히 1차 질문만으로 지원자를 평가할 수 있다.

만약 지원자가 면접을 준비할 때, 구체적인 답변은 2차 질문에서만 할 것이라고 생각해 1차 답변을 추상적으로 준비했는데, 실제 면접현장에서 1차 질문만 받게 된다면? 그때의 결과는 어떨까? 혹여 면접관이 2차 질문을 하려고 했지만 1차 답변 자체가 추상적이기 때문에 관심도가 떨어진 경우라면 또 어떨까?

이러한 사고발생을 줄이기 위해서라도 답변은 구체적으로 해야 한다. 면접승부사가 되는 방법에서 말했듯 모든 내용을 구체적으로 이야기할 필요는 없다. 핵심과 관련된 예시를 2~3개 정도로 표현하자. 한 가지만이라도 치밀하게 묘사하고 설명하자. 이 한마디 했다고 답변이 30초 이상 길어질 수 없다. 길어야 10초이다.

PART

02

개별면접 스피치 (2) 실전

CHAPTER

01 [공직] 기출패턴 & 답변

POINT 01 질문패턴: 공직 기출질문

■■ [공직트리] 지식확장

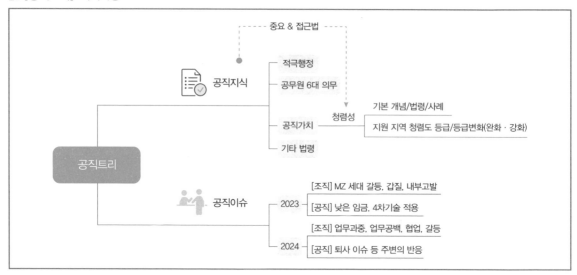

01 [공직] 질문패턴

평가기준		빈출질문
근거제시형	지원동기	Q. 공무원 지원동기에 대해 말해 보아라. • [유사] 학원생활 오래했는데 거대한 공무원 조직에서 잘 해낼 수 있는지? • [유사] 무역회사 다녔으면 급여 차이가 클 텐데 공직생활 괜찮을지?
	공직 이해	[공직견해] Q. 공무원에게 가장 중요한 역량은 무엇이라 생각하는가? • [유사] 공직자가 제일 중요하게 여겨야 하는 덕목 • [유사] 공무원의 의무와 가장 중요하게 생각하는 의무 • [유사] ○○직에게 필요한 공직가치는 무엇인지? Q. 적극행정이 중요한 이유 Q. 공익과 사익의 충돌 시 어떻게 하겠는가? [공직지식] • 2024 공무원 인재상 • 적극행정 　Q. 적극행정이 무엇인지 설명하고, 적극행정의 필요성은 무엇인지

근거제시형	공직 이해	Q. 적극행정 사례에 대해 아는 대로 설명 • 공직가치 Q. 지원자가 말한 공직가치 ○○○이 무엇인지 자세하게 설명하라. Q. 공직가치 ○○ 관련 ○○부처 사례 알고 있는 것 있는지? • 공무원 의무 및 이해충돌방지법 등 Q. 이해충돌방지법에 대해 말하라. Q. 김영란법에 대해 말하라. [지역지식] • ○○시의 작년 청렴도 몇 등급인지? ∟ [후속] 입직 후 청렴담당자가 되어서 펼칠 정책에 대해 말해 보아라.
	영향·효과	• ○○○이 사회·시민·공직사회에 미치는 효과 및 영향력은 무엇인지? 예 청렴성이 사회에 정착되면 어떤 장점이 있을지?
공직능력형	경험·노력	[경험: 공직가치 및 공무원 의무 관련] Q. ○○, ○○ 공직가치 관련 경험 Q. 봉사활동 / 희생 / 청렴성 / 책임성 경험 [노력사항] Q. ○○, ○○ 공직가치 향상을 위해 노력한 점 Q. 입직 후 청렴성 강화를 위해 조직적, 개인적 차원에서 어떠한 노력을 할 것인지?
	업무적용	Q. ○○, ○○ 경험을 공직 / 직무에서 어떻게 적용·발전시킬 수 있는지?
	사실확인	Q. PC방 아르바이트 경험 → 진상민원 만난 적 있는지? Q. 학회활동 경험 → 언제, 얼마나 활동했는지? 또 무슨 학회였는지? Q. 카페 아르바이트 경험 → 경리업무를 어떻게 했는지? Q. 팀 프로젝트 경험 → 팀 과제 수행하면서 어려웠던 점. 갈등은 없었는지?
문제개선형	공직지식·이슈	[공직지식] Q. 적극행정을 추진할 때 나타나는 문제점 Q. 청렴성을 훼손하는 사례가 많다. 해결방안을 제시하자면? [공직문화] Q. 본인이 생각하는 공무원 조직의 가장 큰 문제점 및 해결방안 제시 Q. 공직사회에 자리잡은 부조리한 문화 개선방안 Q. 공무원 직업의 장단점 Q. 업무과중, 업무 공백 문제 해결방안 [공직이슈] Q. 상급자의 갑질도 있지만 하급자의 갑질도 있다. 갑질문제 개선방안 Q. 내부고발제도 문제점 및 개선방안, 내부고발자 보호제도 활성화 방안
상황제시형	갈등관리 및 문제해결	Q. 적극행정에 대해 동료들이 반대한다면 어떻게 대처할 것인지? Q. 직장에서 괴롭힘 당하면 어떻게 할 것인지?
	공정한 직무수행	[특혜, 부당요구, 인사청탁, 예산 외 사용 등] Q. 상사가 부당한 업무지시를 내렸을 경우 어떻게 할 것인가? Q. 부정적 관행문제를 목격할 시 어떻게 대처할 것인지? Q. 동료, 상사의 부당수급을 목격했다면 어떻게 할 것인지?
	부당이득 수수금지	[갑질, 사적 노무, 직무권한, 금품수수, 알선청탁 등] Q. 관련 기관이나 타인으로부터 위법이 되는 청탁이 들어온다면? Q. 개인적으로 고마운 상사가 뇌물을 받는 상황일 때 어떻게 대처하겠는가? Q. 상관, 동료의 비리를 목격했다. 어떻게 하겠는가? Q. 상사가 본인에게 갑질을 한다면 어떻게 대처할 것인지?
	건전한 공직문화풍토	[외부강의, 경조사비 등] Q. 만약 지원자가 고위공직자가 되어서 강연에 초대를 받았다. 강연이 끝나고 주최자 가 수고비로 20만원을 주었다. 받을 것인지?

01 근거제시형: 지원동기

1. 공무원 지원동기 ①

"제가 대구시 공무원에 지원한 동기는 2가지입니다.

첫째, 저는 코로나19 관련하여 동사무소에 가서 문의를 드린 적이 있습니다. 당시 공무원께서는 매우 피곤하고 힘들어 보이는 모습이었지만 정말 친절하게 설명해 주시고, 코로나19 상황에 직접 찾아오기 힘드실 테니 전화로 알려드리겠다고 먼저 말씀해 주시는 깊은 배려에 감사함을 느꼈습니다. 저도 이런 배려심을 가진 공무원이 되고 싶다는 생각을 하게 되었습니다.

둘째, 저는 군대에서 한 달 동안 수해복구 대민지원을 한 적이 있습니다. 기록적인 폭우로 일손이 부족한 상황이었는데 지역 공무원분들이 나와서 함께 도와주신 덕분에 계획보다 빨리 복구를 완료할 수 있었습니다. 덥고 힘든 상황에서도 묵묵히 주어진 일을 하는 모습에서 책임감을 느꼈고, 삶의 터전을 상실한 시민들의 손을 잡고 함께 슬퍼하는 모습을 보고 감동했습니다.

제가 공무원이 된다면 활동적인 저의 성격을 살려 진취성과 개방성을 추구하는 파워풀 대구의 일원이 되어 시민들에게 도움이 될 것입니다."

◎ 지원직렬: 대구광역시 일반행정

답변 전략	구상	• 윤리·책임, 헌신·열정
	답변	• 답변 point: 직무보다는 공직과 관련 있는 답변으로 풀어내야 한다. 공무원이 사회에 미치는 영향, 공직태도와 관련된 소재로 공무원에 지원한 계기를 답변해 보자. • 그룹핑스피치 　－ [친절성] 코로나19로 바쁜 업무상황에서도 배려심 많은 공무원을 만난 경험 　－ [공익성] 수해복구 대민지원 시 공무원과 함께 봉사했던 경험 　－ [의견정리] 시민들에게 도움이 되는 공무원이 되겠음
	표현	－

2. 공무원 지원동기 ②

"제가 사회복지직 공무원에 지원하게 된 동기는 공무원이 가지는 '추진력' 때문입니다.

저는 3년간 여성복지기관에서 근무하며 공무원과 소통해야 하는 일이 많았습니다. 일례로 의료지원 중 내담자의 치료범위 금액이 초과되어 승인을 받아야 하는 경우가 있었습니다. 당시 승인절차가 까다롭고 오래 걸릴 수 있었지만, 담당 공무원께서 즉각적으로 대응하여 치료를 무사히 받을 수 있었습니다. 사회복지업무를 더 포괄적이고 정책적으로 실현할 수 있는 역할을 할 수 있다는 모습을 보고, 저 역시 다양한 대상자를 만나며 제도를 개선하고 실행하는 공무원이 되고 싶은 마음이 생겼습니다."

답변 전략	구상	• 윤리·책임, 헌신·열정

	답변	• 답변 point: 직무보다는 공직과 관련 있는 답변으로 풀어내야 한다. 공무원이 사회에 미치는 영향, 공직태도와 관련된 소재로 공무원에 지원한 계기를 답변해 보자.
		• 1분스피치
		  - [결론] 공무원의 '추진력'을 보고 지원하게 되었음
		  - [부연설명] 3년간 여성복지기관에서 근무하며 공무원과 소통하는 일이 많았음
		  - [근거] 의료지원 중 내담자의 치료범위 금액이 초과되어 승인을 받아야 하는 상황→승인절차가 까다로운 일이 많았지만 공무원의 즉각적 대응으로 치료를 마친 경험
		  - [의견정리] 정책적으로 실현하는 역할을 하기 위해 지원하게 되었음

	표현	–

02 근거제시형: 공직이해

1. 공무원에게 필요한 공직가치

① 사회복지직 공무원에게 필요한 공직가치

"저는 사회복지직 공무원에게 필요한 공직가치는 '투명성, 공정성'이라고 생각합니다. 공무원의 모든 행적과 언행들은 곧바로 국민들의 생활과 아주 밀접하게 맞닿아 있기 때문입니다. 예를 들어, 장애인 지원 분야의 사회복지직 업무만 보더라도, 장애수당이나 장애인연금 등과 관련된 허가기준을 충족하느냐 못 하느냐는 민원인 당사자에게 있어서는 굉장히 민감한 부분이라고 생각합니다. 이런 업무를 수행함에 있어서 명확한 법적 원칙하에서 행해지는 공무원의 명확하고 투명한 공무수행은 매우 중요하다고 생각합니다. 특정 상황을 예로 들었지만 이외에 공적 업무 전반에 있어서도 공무원이 가져야 할 공직가치는 '투명성'과 '공정성'이라고 생각합니다. 그래서 앞으로 저는 사회복지직 공무원으로서 공정하고 투명하게 공적 업무를 수행하기 위해 노력하는 공무원이 되도록 하겠습니다."

◎ 지원직렬: 사회복지직

답변 전략	구상	• 윤리·책임, 헌신·열정

	답변	• 답변 point: 공직가치는 공무원 모두에게 필요한 가치이지만, 지원직렬의 특성에 맞춰 답변할수록 공직적격성은 물론 직무적격성까지 드러나는 내용이 완성된다.
		• 1분스피치
		  - [결론] 사회복지직에 필요한 공직가치는 투명성, 공정성
		  - [근거] 공무원의 행적과 언행은 국민 생활과 밀접하게 연관되어 있음
		  - [의견정리] 공정하고 투명하게 공적 업무를 수행하기 위해 노력하는 공무원이 되겠음

	표현	–

② 공무원에게 필요한 공직가치

"제가 중요하게 생각하는 공직가치 세 가지는 '청렴성, 책임감, 투명성'입니다.

첫째, 청렴성입니다. 공직자로서 부정부패는 근절되어야 하는 문화라고 생각합니다. 최근에는 부정부패 관련 신고센터 홈페이지에서 익명성이 보장된 신고가 가능합니다.

둘째, 책임감입니다. 시민의 삶의 질을 증진하기 위한 업무를 수행하기 때문에 시의 문제를 정확히 인지해 해결할 수 있어야 합니다. 환경 분야에서 인천시는 미세먼지 저감 2위, 온실가스 배출량 저감 1위로 집계되어 최근 환경문제를 개선하기 위한 많은 노력을 하고 있습니다.

마지막으로 투명성입니다. 인천 시민의 세금으로 업무를 수행하기 때문에 예산과 분석자료를 투명성 있게 공개해야 합니다. 특히 인천시는 주민예산참여라는 제도를 통해 시민들이 직접 예산낭비를 막고 인천시에 필요한 사업을 제안할 수 있습니다. 환경연구사가 된다면 이 세 가지 가치를 명심하여 더 발전된 환경특별시가 되는 데 보탬이 되고 싶습니다."

◎ 지원직렬: 세무직

	구상	• 윤리 · 책임, 헌신 · 열정

답변
전략
	답변	• 답변 point: 공직가치가 실현된 사례(지역, 직렬)를 답변할수록 설득력 높은 답변이 완성된다.
		• 그룹핑스피치
		  – [개요] 중요하게 생각하는 공직가치 3가지(청렴성, 책임감, 투명성)
		  – [윤리관] 청렴성이 필요한 이유, 관련 제도
		  – [공직관 1] 책임감이 필요한 이유, 관련 사례
		  – [공직관 2] 투명성이 필요한 이유, 관련 제도
		  – [의견정리] 환경연구사로서의 다짐

	표현	• 사례의 구체화
		  – [윤리관] 관련 제도: 부정부패 신고센터 홈페이지
		  – [공직관 1] 관련 사례: 미세먼지 저감 2위, 온실가스 배출량 저감 1위
		  – [공직관 2] 관련 제도: 주민예산참여제도

2. 공무원행동강령 중 중요하게 생각하는 것

"공무원행동강령 중 제가 중요하게 생각하는 것은 '부당이득의 수수 금지' 분야의 '알선 · 청탁 등의 금지' 조항입니다. 공무원은 자신 또는 타인의 부당한 이익을 위하여 자신의 직무권한을 행사하거나 지위 · 직책 등에서 유래되는 사실상 영향력을 행사하여 공직자가 아닌 자에게 알선 · 청탁 등을 해서는 안 된다는 조항이 있습니다. 2020년도에 세무공무원의 알선 · 청탁에 관한 비리가 원인이 되어 4년 여간 76명의 세무공무원이 파면 당했다는 뉴스가 보도된 적이 있습니다. 세무공무원이 이 같은 비리를 저지르면 세금이 필요한 곳에 쓰이지 못합니다. 또한 마땅히 도움을 받아야 할 시민들은 도움을 받지 못하고, 부당한 이익을 취하는 이들은 계속해서 부를 누리려 하는 악순환이 끊이지 않을 것입니다. 물론 다른 공무원행동 강령 또한 잘 지켜야 하는 것이 마땅하지만, 저는 특히 '알선 · 청탁 등의 금지' 조항을 마음에 새기고 결코 어기지 않는 공직생활을 하겠습니다."

◎ 지원직렬: 세무직

	구상	• 윤리 · 책임
답변 전략	답변	• 답변 point: 공무원행동강령은 공무원 모두에게 적용되는 내용이지만, 지원직렬의 특성에 맞춰 답변할수록 공직적격성은 물론 직무적격성까지 드러나는 내용이 완성된다. • 1분스피치 – [결론] 중요하게 생각하는 공무원행동강령: 부당이득의 수수금지, 알선 · 청탁 등의 금지

답변 전략	답변	– [부연설명] 관련 규정 내용 설명 – [근거] 세무직 공무원의 알선·청탁 사례 및 부정적 영향 – [의견정리] 세무직 공무원으로서의 다짐
	표현	• 사례의 구체화: [근거] 2020년 세무직 공무원의 알선·청탁 사례(4년 여간 76명의 세무공 무원 파면)

3. 이해충돌방지법이란?

"이해충돌방지법은 공무원이 직무를 수행할 때 사적인 이해관계로 공정하고 청렴한 직무수행을 저해하는 상황을 방지하기 위한 내용을 담은 법입니다.

이해충돌방지법은 공직자의 사적 이해관계와 관련된 부패사건이 지속적으로 발생하면서 제정되었습니다. 이 법은 5개의 신고·제출 의무와 5개의 제한·금지 행위로 구성되어 있습니다.

이해충돌방지법은 사회가 더 청렴하고 공정하게 흘러가는 데 도움을 줄 것입니다. 따라서 저도 공무원이 되면 저의 사적인 이해관계로 인해 직무수행에 지장을 미치지 않도록 하겠고, 항상 청렴과 공정을 생각하며 공직에 임하겠습니다."

◎ 지원직렬: 일반행정

답변 전략	구상	• 윤리·책임
	답변	• 답변 point: 공직 관련 법규에 대한 이해도를 묻는 질문으로, 배경지식을 구체적으로 풀어 낼 수 있어야 한다. • 1분스피치 – [결론] 이해충돌방지법의 개념 – [부연설명] 이해충돌방지법 제정배경, 구성요소 – [의견정리] 청렴과 공정을 생각하며 공직에 임하겠음
	표현	–

4. 적극행정이란?

"적극행정은 공무원이 불합리한 규제의 개선 등 공익을 위하여 창의성과 전문성을 바탕으로 적극적으로 업무를 처리하는 행위를 말합니다.

시대변화와 발전이 거듭되며 기존의 법·제도·정책만으로 해결하기 어려운 복잡한 문제가 생겨나고, 행정환경이 급변하면서 적극행정의 필요성이 증가했습니다. 국민이 느끼는 어려움을 신속히 해결하고 불합리한 관행을 개선하기 위해 2019년 적극행정 운영규정과 운영지침이 마련되었습니다. 대구시에서도 다양한 적극행정을 하고 있는데, 2021년 남구에서 추진한 '시민에 의한 도시의 기억과 기록, 남구 도시 기억 도큐멘타'는 시민과 함께 사라져가는 추억을 보존하기 위한 책자와 영상을 만드는 활동을 했고, 북구는 코로나19로 교복나눔행사가 불가능한 상황에서 전국 최초로 교복나눔앱을 제작해서 나눔문화 확산에 기여했습니다.

저도 공무원이 된다면 시민의 어려움을 개선하기 위해 적극적으로 행동하는 사람이 되겠습니다."

◎ 지원직렬: 일반행정

답변 전략	구상	• 윤리·책임

	답변	• 답변 point: 공직 관련 법규에 대한 이해도를 묻는 질문으로, 배경지식을 구체적으로 풀어
		낼 수 있어야 한다.
		• 1분스피치
		  – [결론] 적극행정의 개념
		  – [부연설명] 적극행정의 필요성 및 제정배경
		  – [근거] 대구시 적극행정 사례(남구·북구)
		  – [의견정리] 시민의 어려움을 개선하기 위해 적극적으로 행동하는 공무원

	표현	• 사례의 구체화
		  – [근거] 남구: 시민에 의한 도시의 기억과 기록, 남구도시 기억 도큐멘타
		  – [근거] 북구: 교복나눔앱 제작 후 교복나눔문화 확산에 기여

5. ○○시 적극행정 우수사례

"적극행정을 행한 포천시의 우수사례로는 '포천 수선마스크' 사례가 있습니다. 코로나19의 확산으로 마스크 수급이 어려울 때 포천시는 마냥 수급을 기다리고 있지 않았습니다. 적극적으로 마스크를 확보할 수 있는 방안을 알아냈는데, 그 방법은 불량마스크 수거업체로부터 불량마스크를 공급받아 수선하고 소독공정을 거쳐 주민들에게 배부하는 것이었습니다. (이 활동에는 자원봉사자 약 40여 명도 함께 참여하였고) 결과적으로 마스크 물량 불안정을 해결할 수 있었습니다.

저는 이 수선마스크 사례가 코로나19 방지뿐만 아니라 다른 측면의 효과도 냈다고 생각합니다. 바로 환경입니다. 불량마스크는 원래 폐기되는 쓰레기에 불과했으나 수선과 소독공정을 거쳐 재활용됨으로써 방역에 힘쓰는 필수품이 되었습니다. 이처럼 적극적인 행정은 예상치 못한 긍정적인 효과를 불러오기도 합니다."

◎ 지원직렬: 포천시 일반행정

답변 전략	구상	• 윤리·책임

	답변	• 1분 스피치
		  – [결론] 포천 수선마스크
		  – [근거] 코로나19 확산으로 마스크 수급이 어려운 상황에서 마스크 확보방안 마련 → 불량
		    마스크 수거업체로부터 마스크 공급받음 → 마스크 물량 확보
		  – [의견정리] 적극행정의 환경적 효과

	표현	—

03 공직능력형: 경험

1. 살면서 희생했던 경험

"대학시절 팀 프로젝트를 수행하며 팀을 위해 희생한 경험이 있습니다. 4명이 한 조가 되어 하나의 정책을 분석하고 그에 대해 해결방안을 발표하는 수업이었습니다. 6개월 동안 진행되는 장기 프로젝트는 순조롭게 이행되고 있었으나, 발표 1달 전 갑자기 팀원 중 한 명이 자신은 이 수업을 포기하겠다며 프로젝트를 나가버리는 상황이 발생했습니다. 그 팀원은 발표를 맡고 있었기에 급하게 발표를 대신 할 사람이 필요했습니다. 저는 당시 발표를 해 본 적이 없었으나 조장이었던 책임감으로 발표를 하겠다고 했습니다. 1달의 기간 동안 발표를 위해 하루에 3시간씩 대본을 쓰고 훈련을 했습니다. 처음에는 떨리고 목소리도 잘 나오지 않았지만 성공적으로 발표를 마쳤으며 개인적인 발표능력 향상에도 큰 도움이 되었습니다."

	구상	• 윤리 · 책임
답변 전략	답변	• 답변 point: 개인보다 조직을 우선시하는 지원자의 가치관 및 태도를 확인하는 질문이다. 봉사, 배려, 책임감과 관련된 경험을 풀어 답변하면 된다. • 경험형 스피치 　－ [개요] 대학시절 장기 팀 프로젝트를 수행하며 희생한 경험 　－ [상황] 발표 1달 전 팀원 중 한명이 수업을 포기하겠다며 프로젝트를 나가버리는 상황 　－ [해결과정] 책임감으로 자진해서 발표지원 → 발표훈련
	표현	• 사례의 구체화: [해결과정] 하루에 3시간씩 대본을 쓰면서 발표훈련 진행

2. 봉사활동 경험

"2020년 지방자치단체에서 대학생을 대상으로 저소득층 아이들을 가르치는 방과 후 교실봉사활동에 참여한 적이 있습니다. 수업 참여도가 높을 것 같았던 예상과 달리 불량한 아이들과 수업보다 휴대폰에 관심을 갖는 아이들이 절반 이상이었습니다. 당시 수업의 진도보단 수업 관심도를 높이는 것이 중요하다고 생각했고 아이들에게 선생님보다는 동네 형 같은 친근한 느낌으로 다가가서 아이들의 평소 관심사를 묻는 등 아이들의 마음의 문을 열려고 노력했습니다. 그 결과 처음에는 무관심했던 아이들이 평소 속상한 이야기를 털어놓기 시작했고 자연스럽게 아이들의 학습을 유도하여 성적 향상에도 도움을 주었습니다. 방과 후 교실을 그만두고 2018년에는 다시 대학생활로 돌아가게 되었지만 지금도 연락을 지속하는 아이들이 있습니다. 아이들은 그때 이후로 인생의 터닝포인트를 맞아 자신이 원하는 꿈을 향해 대학에도 진학하게 되었습니다."

	구상	• 윤리 · 책임
답변 전략	답변	• 답변 point: 봉사활동은 '활동'보다 '봉사정신'에 초점을 맞춰 답변해야 한다. 따라서 봉사활동에서 기여한 점, 배운 점 등을 중심으로 답변하도록 하자. • 경험형 스피치 　－ [개요] 2017년 지방자치단체에서 저소득층 아이들을 대상으로 방과 후 교실 봉사활동에 참여한 경험 　－ [상황] 수업에 관심 없는 아이들, 수업보다 휴대폰에 관심 있던 아이들 　－ [해결과정] 수업의 관심도를 높이기 위해 아이들에게 가까이 다가감 → 개인적인 대화를 나누며 학습을 유도해 성적 향상에 도움
	표현	• 사례의 구체화: [해결과정] 친근하게 다가가기(동네 형 콘셉트로 아이들의 평소 관심사 묻기 등)

3. 누군가 부탁하지 않았는데 자신이 스스로 준비해서 도움을 준 경험

"2019년 중순부터 2020년 말까지 연구원으로 타 기업에 파견근무를 했던 경험이 있습니다. 당시 파견부서에서 갑작스럽게 불공정 행위로 인해 사실조사, 법령 재개정, 조정중재 업무 등으로 과중한 업무소요가 발생했습니다. 저는 파견연구원으로 늦게까지 남아서 부서원들의 업무를 도울 필요까진 없었지만, 작은 일이라도 도움이 될까 하여 3개월 정도를 함께 야근하고 고생했던 적이 있습니다. 이후 파견부서원들과 끈끈한 유대관계가 형성되었고, 부서장님의 추천으로 해당 기업의 표창까지 수상하게 되었습니다. 함께 일하는 사람들과 고락을 나누는 것이 얼마나 중요한지를 깨닫게 되었고, 자율적 희생은 주변 사람들의 마음을 움직인다는 것을 알게 되었습니다. 앞으로 공직자로 근무하면서 나의 일만 바라볼 것이 아니라 부서원 등 주변 사람들의 부담도 함께 나누면서 동고동락할 수 있도록 힘쓸 것입니다."

답변 전략	구상	• 윤리 · 책임

	답변	• 답변 point: 질문의 워딩만 달라졌을 뿐 질문의도는 희생, 헌신, 배려 경험을 묻고자 하는 것으로, 관련 경험을 답변할 수 있어야 한다.
		• 경험형 스피치
		  – [개요] 연구원으로 타 기업에 파견근무를 했던 경험
		  – [상황] 불공정 행위로 인한 사실조사, 법령 재개정, 조정중재 업무 등 문제 발생
		  – [해결과정] 파견연구원이므로 추가업무를 할 필요 없는 상황→3개월 야근→표창 수상
		  – [마무리] 자율적 희생→타인의 마음을 움직이는 힘

	표현	—

> **TIP**
>
> **꼬리질문**
> ㄴ 조직을 위한 희생의 장점은 부서원들과의 끈끈한 유대관계, 직무기여도 측면이 있을 수 있다. 지원자가 생각하는 희생의 단점은 무엇이라고 생각하는지?
> ㄴ 공무원에게 자발적인 희생, 자발적인 봉사가 요구되는 이유는 무엇이라고 생각하는지?

04 문제개선형

1. 적극행정의 한계점 및 개선방안

"적극행정이란 공무원이 불합리한 규제의 개선 등 공익을 위해 창의성과 전문성을 바탕으로 적극적으로 업무를 처리하는 행위를 의미합니다. 감사원에 따르면 적극행정 추진 이후 처벌에 대한 두려움으로 적극행정을 기피하는 공무원이 약 27%에 달해 문서주의 등의 소극행정을 펼친다고 합니다. 이에 대한 개선방안으로서 제도적 측면으로는 적극행정에 대한 면책기준을 명확히 규정하고 면책사례를 많이 발굴한 후 사례집을 적극적으로 배포해야 한다고 생각합니다. 다음으로 처벌보단 공익을 위한 보람의 중요성을 느낄 수 있는 인식개선이 필요하다고 생각합니다. 조직적으로 적극행정을 독려하고 상급자부터 이를 권장하는 분위기가 필요하다고 생각하며, 소극행정에 대한 비판적 자세 함양을 고취시킬 수 있는 교육이 필요하다고 생각합니다."

	구상	• 윤리·책임, 창의·혁신
답변 전략	답변	• 답변 point: 적극행정의 한계점 및 개선방안을 통해 공직현장의 이해도가 있는지 확인하는 질문이다. 지원자는 법령 및 규정모호, 처벌에 대한 두려움, 경직된 조직문화 등 적극행정의 한계점을 이해하고 있어야 하고, 이에 대한 대응방안을 구체적으로 답변할 수 있어야 한다. • 문제해결형 스피치 　－ [한계점] 처벌에 대한 두려움으로 소극행정 지향 　－ [개선방안] 제도적 측면: 면책기준 규정 및 사례집 배포, 인식적 측면: 적극행정 독려를 위한 교육 필요
	표현	• 사례의 구체화: [문제점] 적극행정을 기피하는 공무원 약 27%

> **TIP**
>
> **유사질문**
> • 현 공무원 조직의 가장 큰 문제점은 무엇이라고 생각하는지?
> • 공직사회에서 변화가 되었으면 하는 점은 무엇인지?

05 상황제시형

1. [공정한 직무수행] 상사가 부당한 지시를 할 경우

"네, 답변 드리겠습니다. 공무원 의무 중 복종의 의무가 있지만, 규정에 따라 지시를 이행하기 이전에 상사의 부당한 지시의 위법 여부를 먼저 확인하겠습니다. 「공무원행동강령」 제4조를 보면 상급자가 자기 또는 타인의 부당한 이익을 위해 공정한 직무수행을 해치는 지시를 하였을 때는 사유를 상급자에게 소명하고 지시에 따르지 않을 수 있습니다. 만약 위법이 아닌 개인적인 부당함이라면 공무원의 명령복종의 의무에 따라 상사의 지시를 존중하는 것이 조직생활에 필요하다고 생각해 상사의 지시를 이행하도록 하겠습니다. 하지만 부당하다고 판단되는 지시가 반복적이고 지속적으로 이뤄질 경우, 먼저 제게 문제가 없는지 살펴보고 그럼에도 불구하고 문제가 없다면 상사 분께 면담을 요청드려 어떠한 사유로 지시가 이뤄지는지 조심스럽게 여쭙도록 하겠습니다."

	구상	• 윤리·책임
답변 전략	답변	• 답변 point 　－ 위법 여부와 같은 사고의 기준성과 준법정신을 평가하기 위한 질문이다. 공무원 의무에는 복종의 의무가 있지만, 위법한 상황에서도 지시를 따라야 하는 것은 아니다. 부하직원은 상사의 지시를 거부하는 것이 현실적으로 어려울 수 있다. 하지만 어렵다는 이유로 지시를 이행할 경우, 처벌대상이 될 수 있기 때문에 거부사유를 소명하고 지시를 거부하거나 행동강령책임관과 상담해야 한다. 　－ 지시를 거부하였음에도 같은 지시가 반복될 경우 즉시 행동강령책임관과 상담해야 한다. • 배경지식: 부당지시의 판단기준 「고용노동부 훈령」 제318호 　－ 법령·규정 위반 여부 　－ 직무의 취지 및 목적에 맞는 지시

		– 공적 이익이 아닌 사적 이익을 추구하는 지식
답변 전략	답변	– 불합리한 행위를 강제하거나 권한을 남용하는 지시 • 상황형 스피치 　– [판단] 상사의 부당한 지시의 위법 여부 먼저 확인 　– [근거] 「공무원행동강령」 제4조, 명령복종의 의무 　– [해결방안] 위법인 부당지시 → 지시 이행하지 않음, 개인적 부당지시 → 지시이행, 반복적 　　부당지시 → 본인의 문제인지 검토 후 면담요청
	표현	–

2. [부당이득 수수금지] **개인적으로 고마운 상사가 뇌물을 받는 상황일 때 어떻게 대처하겠는가?**

"아무리 개인적으로 고마운 상사라고 할지라도 뇌물을 받는 행위는 공직자로서 올바른 태도가 아니라고 생각합니다. 「공무원행동강령」 제14조에 따르면 공무원은 금품 등의 수수가 금지되어 있기 때문에 상사의 행위는 위법한 행위라고 판단됩니다. 문제해결을 위해 우선 상사가 한 위법한 행위에 대해 정확하게 파악한 후 상사를 설득하여 상사가 스스로 잘못을 뉘우치고 보고할 수 있도록 돕겠습니다. 그리고 이처럼 위법한 일이 발생하지 않도록 상사나 동료들과의 지속적인 소통을 통해 혹시 어려운 상황으로 고민하고 있지 않은지 등을 살피도록 노력하겠습니다."

	구상	• 윤리 · 책임
답변 전략	답변	• 답변 point: 공무원으로서의 올바른 가치관 확립을 묻는 질문이다. 공직업무 수행 중 본인이 　위법을 저지르지 않았더라도 위법상황을 알게 되거나 목격한 경우, 상황에 대한 사실판단을 　한 후 상사보고 및 신고제도를 통해 문제를 해결해야 한다. '나만 모르면 괜찮아'의 태도는 공 　직의 무사안일을 낳는다. 이때 신고제도는 최후의 수단으로 사용하는 것이 좋다. • 배경지식: 금품 등 수수 관련 신고절차 　– 소속기관장에게 신고(국민권익위원회, 감독기관, 감사원, 수사기관 등에도 신고 가능) 　– 제공자에게 반환 · 거부의사 표시(반환이 곤란한 경우 소속기관장에게 인도) • 상황형 스피치 　– [판단] 뇌물을 받는 행위는 올바른 태도가 아님 　– [근거] 「공무원행동강령」 제14조 　– [해결방안] 상사의 위법행위 파악 → 상사 설득(잘못 뉘우침) 　– [마무리] 재발방지를 위해 상사, 동료들과 지속적으로 소통
	표현	

TIP

꼬리질문 살펴보기

└ 상사를 설득했는데도 설득되지 않는다면?

└ 더 위 상사에게 보고했으나 덮으라고 한다면?

3. **[건전한 공직문화풍토]** **만약 지원자가 고위공직자가 되어서 강연에 초대를 받았다. 강연이 끝나고 주최자가 수고비로 20만원을 주었다. 받을 것이냐?**

"공무원은 자신의 직무와 관련되거나 지위·직책 등으로 영향력을 통하여 요청받은 강의의 경우에는 '외부강의'를 신고해야 할 의무가 있습니다. 따라서 강연의 주제가 직무에 해당되는지 그렇지 않은 내용인지를 먼저 검토하도록 하겠습니다.

강연의 주제가 직무와 관련된 강의라면 소속기관의 장에게 외부강의를 마친 날부터 10일 이내에 서면으로 신고하고, 외부강의 상한액이 40만원이므로 수고비(사례금)를 받도록 하겠습니다. 다만, 수고비를 받고 수행하는 외부강의는 월 3회를 초과하지 않아야 하기 때문에 면접관님께서 제시한 수고비가 3회를 초과한 상황이라면 수고비(사례금)를 받지 않도록 하겠습니다."

답변 전략	구상	• 윤리·책임
	답변	• 답변 point: 건전한 공직문화풍토에 해당되는 외부강의 사례이다. 해당 제도의 도입배경은 외부강의 등을 매개로 한 고액의 사례금 수수는 우회적·간접적 금품 등의 수수통로 또는 보험성 뇌물로 악용되어 정책결정을 왜곡시키고, 민관유착요인으로 작용하는 등 공직사회에 대한 국민의 불신을 야기할 수 있어 이를 방지하기 위해 추진되었다. • 배경지식: 「공무원행동강령」 제15조(외부강의 등의 사례금 수수 제한) [외부강의 등의 범위] '외부강의등'이란 공무원 자신의 직무와 관련되거나 그 지위·직책 등에서 유래되는 사실상의 영향력을 통하여 요청받은 교육·홍보·토론회·세미나·공청회 또는 그 밖의 회의 등에서 한 강의·강연·기고 등을 의미 [신고대상: 사례금을 받는 외부강의 등] – 공무원이 사례금을 받는 외부강의 등을 할 경우 외부강의 등의 요청명세 등을 소속기관의 장에게 외부강의 등을 마친 날부터 10일 이내에 서면으로 신고 – 사례금을 받지 않는 외부강의 등에 대해서는 신고할 의무가 없으며, 신고자가 원할 경우에는 외부강의 등을 하기 전에 사전신고하는 것도 가능 [공직자별 사례금 상한액] 가. 법 제2조 제3호 가목 및 나목에 따른 공직자: 40만원 나. 「초·중등교육법」, 「고등교육법」, 「유아교육법」 및 그 밖의 다른 법령에 따라 설치된 각급 학교의 장과 교직원(가목에 따른 공직자에도 해당하는 경우에는 나목에 따른다): 100만원 다. 가목 및 나목에도 불구하고 국제기구, 외국정부, 외국대학, 외국연구기관, 외국학술단체, 그 밖에 이에 준하는 외국기관에서 지급하는 외부강의 등의 사례금 상한액은 사례금을 지급하는 자의 지급기준에 따른다. • 상황형 스피치 – [판단] 직무연관성이 있는 강의주제인지 확인 – [근거 1] 직무와 관련된 강의의 경우 외부강의를 신고해야 할 의무 – [근거 2] 소속기관의 장에게 외부강의를 10일 이내에 신고한 경우 → 사례금 수령 가능(40만원) → 단, 월 3회를 초과하지 않아야 하므로 3회를 초과한 경우라면 받지 않도록 하겠음
	표현	–

POINT 03 | 답변사례: 공직답변 우수사례

01 근거제시형

1. 중요하게 생각하는 공직가치는?

◎ 지원자: 경기도 포천시 일반행정

"제가 중요하게 생각하는 공직 가치는 '투명성'입니다. 포천시 민선 8기의 비전은 '소통과 신뢰의 시민중심 포천'입니다. 공무원은 시민들의 일상과 가까운 업무를 해결하는 만큼 투명성은 공무원에 대한 시민들의 신뢰를 높이는 것과 관련이 있습니다. 포천시는 행정안전부가 평가한 '정보공개 종합평가'에서 최고 등급인 최우수기관에 선정되었을 정도로 투명성이 높습니다. 따라서 저는 앞으로 이러한 포천시의 투명성을 중시하며 업무를 수행하여 공직에 대한 시민의 신뢰도를 높이는 데 기여하도록 하겠습니다."

◎ 지원자: 인천광역시 세무직

"제가 중요하게 생각하는 공직가치는 책임감입니다.

책임감은 맡은 업무에 대해 높은 수준의 전문성을 유지하며 어떠한 압력에도 끝까지 그 일을 소신 있게 처리하는 직업의식을 말합니다. 제가 세금문제로 담당기관에 연락을 드렸을 때 해결해야 할 문제가 많아 담당 공무원 분께 많은 질문을 드렸습니다. 그럼에도 불구하고 그 업무를 담당하신 공무원 분께서 정확한 정보도 알려주시고 저의 의문도 풀어주시기 위해 여러 차례 연락을 주셔서 많은 도움을 받았던 경험이 있습니다. 그때 저는 공무원이란 이러한 책임감을 가지고 업무를 수행해야 한다는 것을 깊이 깨달았습니다. 저도 이러한 책임감을 가지고 맡은 업무를 끝까지 수행하겠습니다."

◎ 지원자: 전라남도 사회복지

"제가 중요하게 생각하는 공직가치는 세 가지입니다. 첫째, 적극성입니다. 저는 처음으로 교육청의 사업의 일환으로 대안교육을 맡은 적이 있었습니다. 당시 대안교육이라는 사업을 처음 하는 거라 구체적인 교육형식이나 진행방식은 없었습니다. 저는 교육대상자의 특성을 논문이나 관련 책을 통해 찾아보고 치료프로그램 등 기존에 했던 경험을 되살려 교육을 진행하였습니다. 물론 어려움도 있었지만 아이들의 참여 만족도가 높을 때 뿌듯함을 느꼈습니다. 사회복지 공무원으로서 맡은 업무에 적극적인 태도를 갖는 공직자로 일하고 싶습니다.

둘째, 청렴성입니다. 공무원은 청렴의 의무가 있으며, 사익보다 공익을 우선해야 하기 때문입니다. 만약 청렴하지 않다면 국민의 신뢰를 잃어버리고 사회통합을 저해합니다. 따라서 개인의 소신을 지키고 작은 일에서부터 공정하고 투명하게 일을 하는 것이 중요하다고 생각합니다. 이러한 개인의 행동이 조직문화로 이어진다면, 결과적으로 기관의 이미지도 높이고 국민의 신뢰도 높아질 것이라 생각합니다.

마지막으로 사회복지직 공무원의 입장에서 '다양성'이 필요합니다. 사회의 빠른 변화와 다양한 대상자들을 지원하여야 하기 때문입니다. 특히, 그중에서도 다문화여성에 대한 이해와 지원이 필요합니다. 한 예로 곡성군에서는 다문화가족 소통키움 지원사업과 외국인을 위한 통역 및 안내 민원서비스를 실시하고 있습니다. 이러한 지원을 지속적으로 시행한다면 사회의 적응력을 높이고 거시적으로는 사회통합으로 이어질 거라 생각합니다."

◎ 지원자: 대구광역시 일반행정

"저는 일반행정직 공무원에게 필요한 자세(공직가치)는 민주성과 다양성이라고 생각합니다.
민주성은 국민이 자유롭게 참여하고 의견을 이야기할 수 있도록 공개행정을 실천하는 것이고, 다양성은 다양한 의사표현을 존중하고 포용하는 것입니다. 공무원은 복잡한 지역현안 해결을 위해 다양한 시민들의 의견을 듣고 협업을 해야 합니다. 그래서 최근 대구시는 전국 최초로 민·관·공 공동활용 화상 협업플랫폼 '소통이음'을 구축했습니다. 시민과 정책부서 간의 직접 소통창구가 생겨 소통비용이 감소되고, 주민자치에 큰 기여를 할 것으로 예상되는 소통이음에는 민주성, 다양성이 특히 요구된다고 생각합니다. 제가 공무원이 된다면 시민들의 다양한 의견을 존중하는 공무원이 되겠습니다."

2. 공직가치 중 추가하고 싶은 공직가치

◎ 지원자: 경기도 지방세

"창의성(자기계발의 의무)을 추가하고 싶습니다. 그 이유는 세금의 부과·징수뿐만 아니라 새로운 소득에도 세금을 낼 수 있도록 집행하는 것 또한 세무직의 역할이기 때문입니다. 날마다 새로운 사업, 돈을 버는 방법이 생겨나고 이에 발맞춰 새로운 소득에도 세금을 낼 수 있도록 노력하고 있습니다. 국가기관 최초로 가상자산에 세금을 부과하여 300억가량을 징수한 황병광 조사관님의 사례를 예로 들 수 있습니다. 적극행정은 책임감과 창의성이 기반이 되기 때문에 공직사회에서 적극행정이 빼놓을 수 없는 요소가 된 오늘날, 창의성이 더욱 필요해지고 있다고 생각합니다."

3. 공무원에게 가장 부족하다고 생각되는 공직가치

◎ 지원자: 경기도 일반행정

"제가 생각하기에 공직가치 중에 부족할 수 있는 것은 다양성이라고 생각합니다. 그 이유는 사회가 하루가 다르게 빨리 변해가면서 국민이 처하는 상황은 다양해지고 이를 한 번에 파악하기에는 한계가 있을 수 있다고 생각합니다. 그러나 이를 보완하기 위해 정부는 광화문 1번가와 같이 국민과 소통할 수 있는 어플리케이션을 제공하여 정책에 대해 국민들의 투표를 거쳐 심사도 받고, 직접 정책도 제안할 수 있는 창구를 마련하여 다양성과 민주성을 확보하기 위해 노력하고 있다고 생각합니다."

4. 공무원의 6대 의무 중 가장 중요한 의무

◎ 지원자: 경기도 일반행정

"공무원의 6대 의무 중 가장 중요한 의무는 성실의무라고 생각합니다. 성실의무는 공무원은 주권자인 국민 전체에 대한 봉사자로서 공공이익을 위해 성실히 근무해야 한다는 것입니다. 이는 헌법 제7조에서 공무원은 국민 전체에 대한 봉사자로 규정되어 있고, 공무는 국민의 생활에 직접적인 영향을 미치기 때문입니다. 만약 공무원이 불성실하게 업무에 임한다면 국민에게 피해를 끼치고 신뢰를 잃을 수 있습니다. 저는 공무원 준비를 하면서도 하루도 빠짐없이 강의를 듣고, 아프더라도 가서 약을 먹으며 버티는 등 성실함을 유지하기 위해 노력했습니다. 이 경험을 통해 저는 공무원이 된다면 국민에게 항상 동일한 서비스를 유지하기 위해 노력하겠습니다."

5. 공무원의 6대 의무에 추가하고 싶은 의무

◎ 지원자: 경기도 일반행정

"공무원 6대 의무에 추가하고 싶은 의무는 적극행동 의무입니다. 과거에 비해 현재는 점점 다원화되어 가고 그에 따라 다양한 국민들의 요구가 있으며 공무원들이 그 요구에 부응해주리라는 믿음이 사회기반에 내재해 있다고 생각합니다. 따라서 공무를 수행할 때 요청받을 때까지 기다리기보다는 한 발 앞서 생각하고 행동할 수 있는 자세가 필요합니다. 최근 많은 부서에서 적극행정을 실천하고 있고, 코로나 사태로 인한 긴급재난 지원금도 그 사례인 것으로 알고 있습니다. 이런 적극적인 행동은 공익을 실현할 수 있는 기반이 될 수 있을 것이라고 생각합니다.

6. 공무원의 장점

◎ 지원자: 인천시 일반행정

"제가 생각하는 공무원의 가장 큰 장점은 '업무만족감'이라고 생각합니다. 제가 하고 있는 일이 다수의 공익을 위해 의미가 되는 일이라는 점이 가장 큰 장점입니다. 취약계층을 포함한 모든 국민들이 국가의 보호 아래 필요한 지원을 받을 수 있도록 도와주는 업무를 수행한다는 점에서 매우 큰 만족감을 얻을 수 있는 일이라고 생각합니다. 현재 청년정책과에서는 취약계층을 위해 국민취업지원제도를 실시하여 취업활동비용과 취업지원서비스를 제공하고 있습니다. 이처럼 다양한 제도를 통해서 국민의 삶의 질을 높이기 위해서 노력하고 있다는 점에서 공무원의 장점은 이러한 국민을 위한 봉사에서 오는 만족감이라고 생각합니다."

7. 공무원의 장점 및 공무원에게 유독 봉사정신을 요구하는 이유

◎ 지원자: 인천시 기계직

"제가 생각하는 공무원의 장점은 업무만족감을 느낄 수 있는 것이라고 생각합니다. 일반 사기업은 특정 기업주의 이익을 위한 일을 하는 것에 비해 공무원은 불특정 다수의 공익을 위해 의미가 있는 일을 하고 있다는 "의미감"이 있다는 것입니다. 또한, 공무원에게 유독 봉사정신을 요구하는 이유는 국민 전체에 대한 봉사자인 공무원들에게는 국민의 높은 기대감과 더불어 공무는 국민의 생활에 영향을 미칠 수 있기 때문입니다. 예를 들어, 보수용역 계약 체결 담당관이 개정법령을 숙지하지 못해 국민에게 불리한 금액을 적용하여 민원을 야기하였던 소극행정 사례를 본 적이 있습니다. 이와 같은 사례로 보아 적극성과 국민에 대한 봉사정신은 공무원에게 필요하다고 생각합니다."

8. 공무원행동강령 중 중요하게 생각하는 것은?

◎ 지원자: 경기도 일반행정

"제가 가장 중요하게 생각하는 행동강령은 금품 등의 수수 금지입니다.
공무원의 금품 수수는 꽤 오래 전부터 문제가 되어 왔습니다. 그에 따라 국민도 개선되기를 바라왔고 2015년 부정청탁 및 금품 등 수수의 금지에 관한 법률이 공포되면서 더욱 더 엄격하게 다루고 있습니다. 최근에는 많이 개선되고 있지만, 여전히 사회적으로 공무원을 바라보는 시선에는 부정청탁에 대한 불신이 자리 잡고 있기 때문에 해당 행동강령을 중요하게 생각해야 합니다. 따라서 제가 공무원이 되면 일을 잘하는 것도 중요하지만 시민들에게 부끄럽지 않은 공무원이 되겠습니다."

9. 적극행정의 개념과 사례에 대해 알고 있는지?

◎ 지원자: 인천광역시 일반행정

"적극행정이란 공무원이 불합리한 규제의 개선 등 공공의 이익을 위하여 창의성과 전문성을 바탕으로 적극적으로 업무를 처리하는 것을 말합니다. 특히 새로운 행정수요나 행정환경 변화에 선제적으로 대응하여 새로운 정책을 발굴하고 추진하는 행위를 말합니다. 예를 들어 제3연륙교에 관련된 적극행정은 14년간 보류되었던 사업을 1년 만에 해결한 것분만 아니라, 막대한 예산을 절감하는 정책을 펼쳐 시민들의 생활을 편안하게 함과 동시에 나라의 예산 또한 절약하여 다른 필요한 곳에 쓰일 수 있도록 하였습니다. 이렇듯 적극행정은 시민들의 삶에, 그리고 국가에 큰 힘이 됩니다."

10. 적극행정 면책제도

◎ 지원자: 경기도 포천시 일반행정

"공무원이 공공의 이익을 위하여 성실하고 적극적으로 업무를 처리한 결과에 대하여 고의나 중과실이 없는 이상 징계를 면제해주는 제도입니다. 이러한 면책제도를 받기 위해선 먼저 3가지 요건을 충족해야 합니다. 첫째, 공익을 증진시키기 위한 행위여야하고 둘째, 업무를 적극적으로 수행하여야 하고 마지막으로 이 과정에서 고의나 중과실이 없어야 합니다. 이러한 요건들을 충족했을 때 면책을 받을 수 있고, 또한 사전컨설팅으로 불명확한 법령 등을 확인하기 위해 자체감사위원이나 적극행정 지원위원회에 직접 자문을 하여 의견을 받아 업무를 처리하는 방법도 있습니다."

11. 사적인 일과 공적인 일 중 더 중요하다고 생각하는 것

◎ 지원자: 서울시 일반행정

"개인적인 일과 공적인 일 중에 중요도를 선택하는 것은 상황에 따라 다를 수 있다고 생각합니다. 우선, 공직을 담당한 공무원으로서 공적인 일을 먼저 중요하게 생각하는 것은 맞으나, 당시 상황에 따라 개인적인 일과 공적인 일 중 무엇이 저를 더 필요로 하는지 비교를 하여 선택할 필요도 있습니다. 예를 들면, 아이가 아픈데 정말 돌봐줄 사람이 없다면 중요한 업무를 우선 마무리 한 후, 동료에게 양해를 구하고 아이를 보러 갈 수도 있다고 생각합니다. 반대로, 저의 동료가 그런 사정이 있다면 저도 전에 도움을 받았던 것에 보답할 것입니다. 또한, 개인적 일과 공익적인 일 중 비교선택한 경우도 있지만 그렇지 않은 경우도 있습니다. 예를 들어 코로나19와 같은 국가적 재난상황에선 주말 주중 관계없이 해결책을 강구하는 공익정신이 필요하다고 생각합니다. 이와 같이 한 쪽의 일만 중요시하는 것이 아니라 상황에 맞춰 융통성 있게 업무를 처리할 수 있는 공무원이 되도록 노력하겠습니다."

02 공직능력형

1. 봉사활동 경험

◎ 지원자: 경기도 성남시 사회복지

"365일 똑같은 제 머리에 변화를 주고 싶어 헤어 관련 정보를 검색하던 중 소아암 어린이를 위한 가발 제작정보를 접하게 되었습니다. 가발 한 개 당 200명의 모발이 필요하며, 모발조건은 펌이나 염색이 되어 있지 않은 25cm 이상의 길이여야 했습니다. 제 모발로 인해 소아암 어린이들의 자신감을 찾아줄 수 있다면 머리의 변화는 중요하지 않다는 생각이 들었고, 이후 머리를 길러 한국 백혈병 소아암 협회에 조건에 맞는 머리카락을 포장해 보냈습니다. 봉사는 시간과 장소에 제약 없이 타인을 위한 도움을 실천하는 자세라고 생각합니다. 공무원이 되어서도 보이지 않는 어려움을 찾아 도움을 드리도록 최선을 다하겠습니다."

◎ 지원자: 경기도 안양시 일반행정

"2020년 1년 동안 저소득층 초등학생 고학년을 대상으로 하는 주말공부반에서 영어를 가르치는 봉사활동을 했습니다. 저의 역할은 영어가 아직 어색하고 불편한 초등학생 고학년들을 위해 재미있는 영어 노래를 가르치고, 익숙한 동화들을 영어로 같이 읽어보고, 모르는 단어 뜻을 알아보고 따라 읽으며 기억할 수 있게 도와주는 것이었습니다.

주말마다 초등학생들에게 영어를 가르쳐 주면서 아이들이 영어를 재미있어 하고 실력이 늘어가는 것이 확인될 때 너무나 기뻤습니다. 영어학원을 다닐 수 없어 영어를 제대로 공부할 기회가 없었던 아이들이 하루 두 시간 정도의 지도만으로 충분히 실력이 늘 수 있는 것을 제 눈으로 보았을 때 진심으로 안타까웠습니다. 아이들을 효과적으로 도와줄 수 있을 방법이 없을까 진지하게 고민하게 한 시간이었습니다. 봉사활동의 현장에서 도움이 필요한 가정과 아이들이 많다는 것을 느낄 수 있었습니다. 이 경험을 바탕으로 도움이 필요한 이들에게 어떤 효과적인 지원을 해 줄 수 있는지 늘 고민하고 실천할 수 있는 공직자가 되겠습니다."

2. 조직이나 타인을 위하여 희생한 경험은?

◎ 지원자: 경기도 보건연구사

"4년 전 민간 분석기관에서 미생물 분석업을 하며 팀을 위해 희생을 한 경험이 있습니다. 입사하신 지 얼마 되지 않으신 과장님을 제외하고, 저랑 대리님 두 명이 주말근무를 해야 했던 적이 있습니다. 하지만 대리님 어머니께서 많이 편찮으시다는 소식을 알게 되었습니다. 그래서 새로운 사람을 뽑을 때까지 약 2달 동안 주말근무를 혼자서 해 보겠다고 말씀드렸습니다. 처음에는 육체적, 정신적으로 힘들었지만 고객사로부터 약속한 시간 내에 결과가 도출되어 고맙다는 얘기를 들었을 때 뿌듯함을 느꼈고, 동료를 배려하고 책임감 있게 업무를 수행하여 성장한 저의 모습을 발견할 수 있었습니다. 이러한 저의 소중한 경험을 바탕으로 앞으로 팀을 위해 희생할 줄 아는 좀 더 성숙한 조직구성원으로서의 자세를 가지겠습니다."

3. 조직을 위해 희생했던 경험이나 나에게는 손해이지만 공익(집단이익)을 위해 감수했던 경험은?

◎ 지원자: 부산광역시 일반행정

"2018년 군 제대 후 지역 시설관리공단에서 주차장 아르바이트 근무를 한 적이 있습니다. 그곳의 주 업무는 사회복무요원들과 저 같은 아르바이트생들이 현장근무를 하는 주차 반장님들의 식사 및 휴식시간에 교대를 해드리는 것이었습니다. 당시 대부분의 아르바이트생들은 시간제 근무였기 때문에 오후 6시까지 의무적으로 근무해야 하는 사회복무요원들과 달리 오후 4시 정각이 되면 퇴근을 하는 것이 관례였습니다. 한 번은 제가 주차관리를 하는 지역에서 반장님 한 분이 편찮으셔서 외래진료 때문에 자주 자리를 비우시게 되었습니다. 사무실에서는 퇴근해도 된다고 했지만 편찮으신 반장님께서 간곡히 부탁하는 청을 거절할 수 없었습니다. 만약 우리 조부모님이 저렇게 편찮으셔도 '나 몰라라' 식으로 퇴근할 수 있을지를 생각하며 아무 대가 없이 주차장에서 초과근무를 했습니다. 수차례의 외래진료를 받고 돌아오신 반장님께선 매우 고마워하셨고 사무실에서도 초과수당을 지급하려 했으나 저는 단지 가족과 같은 심정으로 순수하게 도와드렸다고 말씀만 드렸습니다. 이런 경험을 통해서 타인을 위해 돕는 것이 얼마나 보람찬 일인지 절실히 깨닫게 되었습니다."

4. 타인을 도왔던 경험

◎ 지원자: 전라남도 사회복지

"최근에 희망의 집 지역 아동센터에서 일주일에 두 번 저소득층 초등학생들에게 수학교육 봉사를 했습니다. 그중 6학년이지만 아직 구구단을 잘 모르는 한 여학생이 있었습니다. 제가 다른 아이들의 문제풀이를 해 주다 보면 그 학생에게 공부를 알려줄 시간이 부족했습니다. 더군다나 그 학생은 공부에 대한 의욕이 있었기 때문에 안타까운 마음이 컸습니다. 학생을 돕기 위해 봉사시간이 끝나고 1시간 정도 구구단 공부를 따로 도와주었습니다. 봉사가 끝날 때까지 구구단을 완벽하게 외우진 못했지만 자주 틀렸던 부분은 틀리지 않게 되었고 학생에게도 긍정적 자신감을 심어주게 되었습니다. 학생이 조금씩 성장해가는 것을 보면서 보람을 느꼈고, 저의 작은 도움으로 학생이 행복해 하는 것을 보면서 저 또한 더 큰 행복을 느꼈습니다."

5. 나의 모범적 행위로 다른 사람에게 긍정적 영향을 준 사례가 있는지?

◎ 지원자: 경기도 고양 건축직

"제가 기숙학원에 있었을 때의 일입니다. 각 층 계단마다 분리수거장이 있었습니다. 청소를 도와주시는 분이 계셨는데, 분리수거가 제대로 되지 않아서 한 여름에 쓰레기를 수거해서 다시 분류하시는 모습을 보았습니다. 조금이나마 힘을 덜어드리고 싶은 마음에 2개의 쓰레기통에 각각 쪽지를 붙여 놓았습니다. "저는 비닐이 아니라 플라스틱입니다", "저는 캔이 아니라 종이입니다"라는 짧고 간결한 글이었지만, 그 글귀는 엄청난 효과가 있었습니다. 아무 곳에나 버리던 분들도 쪽지를 보고는 막 버렸던 쓰레기를 다시 주워서 제대로 버렸고. 처음에는 한 명에서 시작했지만 점점 늘어나서 청소하시는 분들이 다시 분리수거를 하지 않아도 될 만큼 정리가 잘되었습니다. "나 하나쯤은 괜찮아"라는 마음으로 했던 행동이 누군가에게는 모이고 모여 힘든 일이 될 수도 있고, "나라도 그러지 말자"라는 마음으로 했던 작은 행동은 학생들에게 쾌적한 환경과 일의 수고스러움을 덜어주는 효과를 얻었습니다. 공무원이 되어서도 작은 선행부터 먼저 하려고 노력하고 조직구성원 전체에 긍정적 효과를 가져다 줄 수 있는 함께 일하고 싶은 동료가 되겠습니다."

6. 청렴성 경험

"청렴성은 공무원 6대 의무인 청렴의무에도 명시되어 있듯이 공무원에 있어서 중요한 공직가치임을 확인할 수 있습니다. 현재 ○○에서는 청렴웹진을 발간하여 매년 청렴도 평가결과를 게시하고 향후 계획을 발표하고 있습니다. 또한 청렴활동 우수사례를 소개하는 등 청렴성 함양을 위해 노력하고 있습니다. 이에 관한 저의 관련 경험에 대해 말씀드리겠습니다. 저는 대학교 내 심리건강상담센터에서 1년 간 근로를 하면서 센터 내에서 집단상담프로그램을 시행하였는데 선착순으로 받은 명단을 관리하는 업무를 맡은 적이 있습니다. 이때 제 지인도 이 프로그램에 참여했다는 것을 알게 되고 지인으로부터 명단에 넣어줬으면 좋겠다는 개인적인 연락을 받았습니다. 하지만 저는 이러한 사적인 개입은 옳지 못하다고 판단했고 지인 분께 정중히 요구를 거절하여 결과적으로 청렴성을 지켰던 경험이 있습니다."

7. 연구를 하면서 가장 어려웠던 점은 무엇인지

"연구를 하면서 가장 어려웠던 점은 연구계획입니다. 연구계획은 기존 연구방법에 국내외 연구동향, 연구논문 리뷰 등을 참고한 연구 아이디어를 더해 만들어지기 때문입니다. 특히 내용의 연구적절성을 잘 고려해야만 연구의 질과 성과가 높아질 수 있습니다. 저는 13년간 연구를 수행하며 연구 시작 시에 꼭 진행하는 절차가 있었습니다. 자체적으로 작성한 세부 연구계획(안)에 대해 사전점검을 합니다. 예를 들어 연구 시작 초반에 전문가 회의를 통해 검토과정을 거치고, 연구계획과 방법에 대해 여러 조언을 듣곤 합니다. 이는 질 높은 연구결과로 이어졌습니다."

8. 지원자가 언급한 공직가치를 바탕으로 임용 후 어떻게 실천할 것인지?

"저는 이러한 공익성 및 책임성을 가지고 국민들의 생활과 밀접한 정책을 수립하고 이를 국민들께 널리 알려 국민 생활의 피해를 최소화하려고 노력할 것입니다. 예를 들면 ○○에서는 생활 필수 정책 약 200여개가 수록된 희망사다리 2022를 발간하여 어려운 국민들로 하여금 정보를 몰라 피해를 입는 상황이 없도록 조치하였습니다. 이처럼 정책을 만드는 데에 그치지 않고 이를 알리기 위해 더욱 더 노력하여 끝까지 국민 피해의 최소화를 위해 노력하는 공무원이 되겠습니다."

03 문제개선형

1. 현재 공무원 조직에 가장 큰 핵심문제는?

◎ 지원자: 경기도 일반행정

"현재 공무원 조직의 가장 큰 핵심문제는 소극행정의 태도입니다.

적극행정이 잘못될 경우 받을 불이익이 두려워 소극적인 태도로 업무를 처리하는 공무원이 많습니다. 실제로 재작년 현직 공무원을 대상으로 한 설문조사에 따르면 적극행정을 실행하지 못하는 이유로 불이익이 두려워서라는 답변이 1위를 차지했습니다.

적극행정의 목적은 시민들이 더 편안한 생활을 할 수 있도록 새로운 정책을 개발하고 발전시키는 것입니다. 하지만 적극적으로 추진된 정책이 잘못되었을 경우 떠안아야 하는 책임과 처벌이 막중합니다. 자연스럽게 공직자들은 소극적인 태도로 업무에 임하게 되고, 나올 수 있는 좋은 아이디어도 낼 수 없다고 생각합니다. 이런 소극적인 태도에서 벗어날 수 있도록 장려하는 정책이 확대되어야 한다고 생각합니다."

2. 적극행정의 문제점과 개선방안

◎ 지원자: 대전광역시 일반행정

"공무원이 불합리한 규제의 개선 등 공공의 이익을 위하여 창의성과 전문성을 바탕으로 적극적으로 업무를 처리하는 것을 적극행정이라고 합니다. 적극행정의 문제점으로는 지속적이고 상시적으로 적극행정을 펼칠 수 있도록 동기를 부여하는 적절한 보상체계가 없다는 것이 한계점으로 지적되고 있습니다. 적극행정은 공무원이 문제상황을 타계하기 위해 시간과 노력을 투자해야 하는 일인 만큼 적절한 보상이 있어야 적극적인 태도로 새로운 정책을 발굴할 수 있게 하는 동기부여가 될 수 있다고 생각합니다. 적극행정을 장려하기 위해 귀감이 되는 성과를 이룬 공무원을 선발하여 해당 공무원과 그 자치단체를 표창하거나 포상하려는 노력이 이루어지는 중이라고 알고 있습니다. 이외에도 적극행정을 장려하는 전국 프로젝트 또는 콘테스트를 열어 우수한 내용을 계획한 공직자에게 포상을 주는 정책을 확대시키는 방안도 계획해 볼 수 있다고 생각합니다."

3. 공무원의 신뢰도가 떨어지고 있는데, 노력방안은?

"공무원의 신뢰도를 키울 수 있는 방안으로 다양한 전문성을 키우는 것입니다. 공무원들이 민원인을 상대할 때 관련 부서 업무가 아니면 처리를 못하거나 다른 부서로 떠넘기는 행위들을 볼 수 있습니다. 하지만 이러한 행동으로 인해 국민들의 서비스 이용이 불편해지고 결과적으로 신뢰를 잃을 수 있습니다. 따라서 관련 업무 뿐만 아니라 다른 부서나 부처에서 제공하는 정책이나 제도 등을 전부는 아니더라도 제 업무와 비교적 관련된 부분들을 숙지해야 할 필요가 있다고 생각합니다. 예를 들면 제가 지원하고 있는 국민취업지원제도의 대상은 취약계층 등이 있습니다. 이와 관련해서 ○○에서도 취약계층 등의 목돈마련을 위한 희망저축계좌를 시행하고 있습니다. 이처럼 다양한 정책들을 숙지하여 소개해준다면 민원인에게 좀 더 도움을 줄 수 있고, 결과적으로 공무원의 신뢰도를 높일 수 있다고 생각합니다."

4. 부정적인 기사가 보도될 경우 어떻게 대처할 것인지?

"부정적인 기사가 보도될 경우 해당 업무를 처리하는 과정에 대한 투명성을 보여 드리겠습니다. 예를 들면 업무를 처리했던 절차 순서를 카드뉴스, 포스터 등으로 제공하여 정정기사에 실리게 함으로써 절차적 정당성을 확보하기 위한 노력을 한 눈에 볼 수 있도록 하겠습니다. 예시로는 현재 카드뉴스 중 비정규직의 정규직 채용전환에 대한 내용이 기재되어 있습니다. 정규직으로 전환화는 과정에서 절차적 정당성과 방법 등을 카드뉴스로 한눈에 알아보기 쉽게끔 제공하여 이와 관련한 의문점을 해소하려는 노력을 보이고 있습니다. 이처럼 사이트 내 카드뉴스 및 정정보도를 요청하고 더 나아가 '사실은 이렇습니다'의 정부채널을 이용하여 잘못된 사실을 바로잡을 수 있도록 하겠습니다."

5. 세대갈등 어떻게 해결할 것인가?

"세대갈등이란 신세대와 구세대의 입장 차이로 벌어지는 갈등을 의미합니다. 세대갈등의 원인으로는 개인적인 측면에서는 태어난 시점과 본인의 가치관을 정립하며 살아온 시점이 다르기에 서로를 이해하기 어렵기 때문입니다. 예를 들어, 민주화 시대 이전에 살아온 세대는 권위주의적이고 남성중심적인 사고가 내재되어 있는 반면 1990년대 이후 세대는 변화된 시대의 유연적인 사고, 평등한 사고를 가지고 있습니다. 또한 사회적으로는 현대사회가 발달함에 따라 기술이 발전하며 평균수명이 늘어나 동시대에 신세대와 구세대가 함께 살게 되었기 때문입니다. 하지만 세대갈등은 꼭 피해야 하는 문제라기보다는 구시대적 사고관에서 신세대적 사고관으로 이어지는 필연적인 과정이라고 생각합니다. 신세대의 사고는 변화된 사회에 발맞춰 사회 변혁을 가져올 수 있고, 구세대의 사고는 급격한 사회 변동을 조절하는 역할을 할 수 있다고 생각합니다.

이에 대한 해결방안을 말씀드리겠습니다. 우선, 구세대와 신세대를 지칭하는 단어로 세대를 구별하는 의식부터 지양하여야 한다고 생각합니다. 이러한 의식을 개선하기 위해 ○○에서는 가족 내 소통 관련한 영상을 개시하여 국민의식 개선에 이바지하였습니다. 사회적으로 세대들이 공존하는 측면에서는 서로를 이해하려는 마음가짐이 도움이 될 것이라고 생각합니다. 예를 들면, 역할 연기라는 훈련 프로그램은 정신과 치료방법에서 비롯된 방법으로 서로의 역할을 바꿔 연기하며 상대방의 입장을 보다 잘 이해할 수 있는 프로그램입니다. 이 프로그램의 취지를 일부 인용하여서 세대별 체험하는 프로그램을 만드는 것도 좋은 방법이라고 생각합니다."

04 상황제시형

1. 상사나 동료가 위법한 행동을 저지르는 것을 알게 되었다. 그런데 그 잘못을 나에게 책임전가한다면 어떻게 할 것인가?

"국가공무원법 제56조, 지방공무원법 제48조에 의하면 모든 공무원은 법령을 준수하며 직무를 성실히 수행하여야 합니다. 또한 제 개인적인 소신 또한 잘못된 행동보다 더 잘못된 것은 자신의 행동에 책임지지 않는 것이라고 생각합니다. 따라서 이러한 사실을 상의드릴 수 있는 믿을 만한 상사에게 보고 드린 후 내부감찰제도와 매뉴얼에 따라 정확하고 공정한 절차에 따르겠습니다."

> **TIP**
>
> **질문의도**
> 이전 질문과 유사한 형태이다. 공직사회는 위법행위 근절을 위해 내부적으로 제도적·인식적 측면에서 많은 노력을 하는 만큼 절대로 간과해서는 안 되며, 지원자가 상사의 위법행위와 무관하다는 점을 정확히 밝혀야 한다.

2. 상사가 법규를 어기는 지시를 내린다면?

"'검토해 보겠습니다.'라는 말을 드린 후 제자리로 와 해당 지시가 위법인지 아닌지를 관련 법령을 분석하며 스스로 검토해 보겠습니다. 충분한 검토 후 위법한 지시라는 것이 판단되면 상사님께 관련 법령, 관련 사례 등을 보여드리며 어디에 저촉되는 사항이고 위반 시에 어떤 불이익이 따르는지, 어떤 공익을 침해하는지를 자세히 설명하고 정중하게 거절하겠습니다. 만약 지시가 위법이 아닌 적법의 테두리 내에 있는 것이라면 저의 희생이 요구되더라도 상사님의 지시를 따르겠습니다."

> **TIP**
>
> **질문의도**
> 준법의식 여부를 평가하기 위한 질문이다.

3. 상사가 기차표 끊기 등 개인적 업무를 시킨다면?

"상사의 지시가 일회성이며 공직업무를 방해하지 않는 부분이라면 기분 좋게 응해드리겠습니다. 상사의 지시가 의도된 것이 아니라 피치 못할 사정으로 부탁을 하는 경우도 있기 때문입니다. 하지만 개인적 업무가 지속적, 반복적으로 이뤄지고 공직업무에 방해가 되며, 직장 내 괴롭힘으로 비춰질 수 있는 고의적인 행동이라면 거절하도록 하겠습니다."

> **TIP**
>
> **기초 배경지식: 제13조의2(사적 노무 요구 금지)**
> 공무원은 직무권한을 행사하거나 지위 및 직책 등에서 유래되는 사실상 영향력을 행사하여 직무 관련자 또는 직무 관련 공무원으로부터 사적 노무를 제공받거나 요구 및 약속해서는 아니 된다.
>
> **질문의도**
> 조직구성원의 올바른 태도와 신념을 묻는 질문이다. 최근 공직사회뿐 아니라 여러 조직사회의 상하 간, 공무원·민간인(직원·고객) 간 다양하게 발생하고 있는 '갑질'행위에 대한 사회적 비판과 개선요구가 높아지고 있다. 개인 사정상 일회적인 부탁은 허용할 수 있지만 잘못된 지시 및 부탁이 지속적·반복적으로 이뤄지고 관행화될 경우 근절할 필요가 있다. 또한 공무원은 국민의 삶 증진을 목표로 하는 공익적인 업무를 하므로 공직업무에 방해가 되는 일을 해서는 안 된다(사적 업무가 공적 업무에 방해가 되면 안 된다).
>
> **유사질문**
> 관용차량을 개인적으로 사용한다면?

4. 중요한 개인용무와 조직업무가 겹친다면 어떻게 하겠습니까?

"개인의 용무가 응급상황이 아니라면 조직업무를 우선하겠습니다. 조직업무가 맹목적으로 우선시되는 것은 아니나 공직의 업무는 국민의 삶과 직결되며 공무원은 국민 전체의 봉사자로서 맡은 업무에 대한 책임감과 사명감이 바탕이 되어야 한다고 생각됩니다. 또한 국민의 혈세를 받는 공무원이 조직업무를 후순위에 둔다면 적극행정의 저해요인이 될 수 있다고 생각합니다. 2019년에 개인업무를 우선시하고 조직업무를 뒷전으로 미룬 공무원의 해임판결 사례도 있습니다. 해당 공무원은 자신의 맡은 업무의 개념과 절차를 이해하지 못할 뿐더러 업무성과도 좋지 않았으며 업무이해도 향상을 위한 교육참여를 거부하는 등의 옳지 못한 행동을 보이기도 했습니다.
하지만 개인용무가 응급상황이고 불가피한 상황이라면 상사님께 해당 사항을 보고하고 업무를 대신 처리해 줄 수 있는 동료의 도움을 받는 등 후속조치 방안을 찾아보겠습니다. 또한 개인적인 용무를 마친 뒤 부탁한 업무가 잘 처리가 되었는지, 제가 추가적으로 해야 하는 업무는 없는지 검토하겠습니다."

> **TIP**
>
> **질문의도**
> 공익과 사익의 충돌과 관련된 질문이다. 조직업무가 맹목적으로 우선순위가 될 수 없지만 개인의 용무가 응급상황이 아니라면 조직업무를 우선시하는 태도가 필요하다. 공직의 업무는 국민의 삶과 직결되기 때문이다.
>
> **답변방향**
> 조직업무가 우선시되어야 하는 이유를 개인의 경험이나 사례를 붙여 이야기해 보자.

5. 상사가 사무실 공공용품을 가져가면?

"공공용품을 사적인 용도로 사용하는 행위는 공직사회에 도덕적 해이를 불러일으킬 수 있다고 생각합니다. 또한 내부 법규상 공용물품은 개인 소지로 사용할 수 없는 것으로 알고 있습니다. 상사가 사무실 공공용품을 가져갈 경우 실수로 가져가셨을 수도 있으니 이를 한 번 목격했다고 해서 단정 짓고 판단하지 않겠습니다. 그러나 이후에 여러 차례 목격하게 되면 상사님과 둘만 있는 상황에서 공무원 규정에 대해 말씀을 드려 가져가지 않도록 설득하겠습니다."

TIP

질문의도

공무원이 공용물을 개인 소요물처럼 사용하는 도덕적 해이에 대한 이해를 묻는 질문이다.

6. 상사의 지시와 국민의 요구가 배치되는 상황에서 어떻게 행동하시겠습니까?

"상사의 지시와 국민의 요구 사이에 공통점이 있다면 이를 시행할 것이고, 배치되는 부분이 있다면 원인을 살펴보겠습니다. 먼저 상사의 지시가 공익성을 띄고 있는지, 어떤 사유로 다른 의견을 지시하는 것인지 확인해 보겠습니다. 또한 국민의 요구가 집단이기주의 성격을 띄고 있지 않은지, 현실적인 요구 사항인지 등을 살펴 국민의 봉사자로서 국민의 요구를 수렴하려는 자세를 취할 것입니다. ○○부처는 공공갈등문제 개선을 위해 갈등관리 매뉴얼을 개정하고 '상상숙의시민단'이라는 제도도입을 통해 국민 의견 수용성을 높일 수 있는 대안과 절차를 마련하는 노력을 하고 있습니다. 사회갈등관리를 위해 평소에도 갈등 모니터링부터 효과적인 갈등해소를 위한 갈등관리 역량을 배양시키도록 하겠습니다."

TIP

기초 배경지식: 공공갈등 발생이유

4차 산업혁명의 발전으로 행정수요는 복잡하고 다양해지고 있다. 행정수요의 증가만큼 공공갈등도 비례하여 증가하는데, 이로 인해 행정적·재정적 비용도 증가하고 있어 갈등을 사전에 예방하거나 사후에 완화하기 위한 역할이 중요해지고 있다. 일반적으로 공공갈등의 요인은 비용·편익에 대한 갈등, 정책 결정과정의 투명성, 부정확한 정보 제공, 소극행정 등 다양하다.

TIP

질문의도

광의적인 측면에서 '공공갈등'에 대한 문제이다. 일반적으로 상사의 지시는 조직 내 업무 프로세스를 의미한다. 따라서 상사의 지시가 공익성을 추구하는지, 상사의 지시와 국민의 요구가 배치되는 내용의 목적이 무엇인지, 국민의 요구가 집단이기주의 성격을 띄고 있지는 않은지 여러 측면에서 고려할 필요가 있다. 특히 상사의 지시가 공익성을 띄고 있지 않은 상태에서 무조건적인 복종의무를 말하는 것은 올바른 답변이 아니다.

7. 공무원이 되어서 일과 가정을 어떻게 잘 꾸려갈 것인가?

"주어진 근무시간 내에서는 업무에 최선을 다하고 퇴근 이후의 시간에는 가정에 충실하여 일거양득의 삶을 꾸려 나갈 것입니다. 물론 공직생활을 하다보면 업무와 사적인 일이 충돌하는 경우도 발생할 것이라고 생각합니다. 충돌이 나타난다면 업무와 사적인 일 사이의 경중을 따져 볼 것입니다. 그 다음으로는 대체 가능한 사람들이 있는지를 따져 볼 것입니다. 사적인 일이 시급한 상황에서 업무를 대체해 줄 동료가 있다면 동료에게 업무를 부탁할 것이고, 업무가 시급한 상황에서 사적인 일을 대체해 줄 가족이 있다면 가족에게 부탁할 것입니다."

> **TIP**
>
> **질문의도**
> 삶을 사는 데 있어 일과 가정은 모두 중요하다. 사적 영역과 공적 영역을 균형 있게 답변하는 것이 중요하다.

8. 공익과 사익이 충돌했을 때의 대처

"사익과 공익이 충돌했을 때 우선시해야 할 일은 공익이라고 생각합니다. 공무원에 있어서 공익은 곧 국민을 위한 업무로 직결되기 때문에 그 중요도가 크다고 생각합니다. 하지만 막상 실제 상황에 부딪혔을 때는 많은 어려움이 있을 수 있습니다. 저는 대학교 내 심리건강상담센터에서 근로했을 때 제가 근로하는 시간이 끝났지만 센터 내 사람이 비는 시간이라서 1시간 정도 더 있어 달라는 지시를 받았습니다. 하지만 저는 끝나고 친구와 약속이 있었기 때문에 곤란한 상황이었지만 친구에게 양해를 구하고 1시간 동안 센터에서 근무를 마무리하고 갔습니다. 이처럼 공익과 사익이 충돌했을 때 절충적인 방안을 찾으려고 노력하되, 공무원으로서의 공익의 중요성을 항상 자각하고 있어야 한다고 생각합니다."

구체적으로 이야기할 필요는 없다. 핵심과 관련된 예시를 2~3개 정도로 표현하자. 한 가지만이라도 치밀하게 묘사하고 설명하자. 이 한마디 했다고 답변이 30초 이상 길어질 수 없다. 길어야 10초이다.

| **POINT 01** | **질문패턴: 지역 · 시정 · 직렬 기출질문** |

■ [지역 · 시정 · 직렬트리] 지식확장

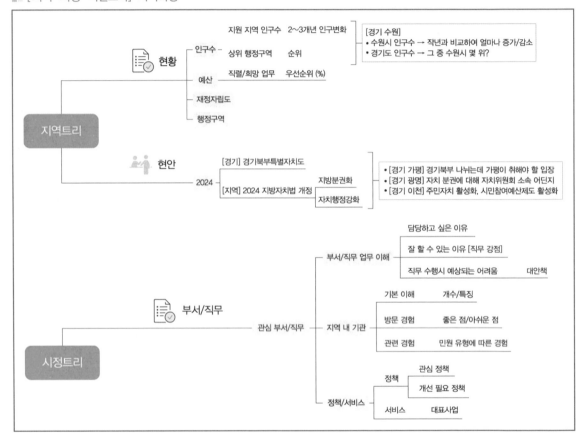

01 [지역·시정·직렬] 대표패턴

평가기준	빈출질문
직렬공통	[직렬 상관없이 자주 나오는 질문] ★★★ Q. 지원동기·자기소개 Q. ○○정책 중 잘했다고 / 성공했다고 생각하는 / 관심 있게 본 정책 Q. ○○정책 중 개선이 필요한 / 실패했다고 생각하는 정책 Q. ○○직 업무가 무슨 일을 하는지 알고 있는가? Q. 임용된다면 담당하고 싶은 업무 / 해 보고 싶은 정책 Q. 4차 산업혁명 관련 직렬별 적용사례 및 직렬에서 하는 일

02 [지역·시정·직렬] 세부패턴

평가기준		빈출질문
지역	현황	Q. ○○시(군) 인구수 Q. ○○시(군) 예산 Q. ○○시(군) 재정자립도 Q. ○○시(군) 행정구역
	소개	Q. ○○시(군) 명소·축제 & 개선점 Q. ○○시(군) 홈페이지 이용 경험 및 장단점 Q. ○○시(군) 소개, 장점(좋은 점), 자랑거리, 차별화점 Q. ○○시(군) 개선점, 살면서 불편함을 느낀 점 & 해결방안 Q. ○○시(군) 추천하고 싶은 지역 Q. ○○시(군) 홍보한다면 무엇을 홍보하고 싶은지 [의회] Q. 의회구성에 대해 아는지? Q. 특별의원회에 대해 아는지?
	현안	Q. ○○시(군) 지역현안 아는 대로 Q. ○○시(군) 관심있게 본 이슈 • 지방소멸 • 경기북부 분리 시 가평군의 입장 (가평) Q. 4차 산업혁명 관련 시(군)의 역할
시정	부서/직무	[근무를 희망하는 부서 기본 이해] 근무하고 싶은 시(구)청, 희망 부서(과) 업무 Q. ○○업무가 하는 일 Q. 직무수행을 할 때 본인의 장점, 직무수행 시 예상되는 어려움 Q. 임용된다면 담당하고 싶은 업무 Q. 희망부서와 상관없는 곳에 배치된다면
	정책·서비스	[정책] 의견 / 문제개선 Q. ○○시(군) 민선8기 정책 Q. ○○시(군) 주요 사업 및 정책에 대해 아는 대로 말하라. Q. ○○시(군) 정책 중 개선할 점(아쉬운 점) & 개선방안

시정	정책·서비스	Q. ○○시(군) 정책 중 좋다고 생각되는 정책(잘하고 있다고 생각하는 정책) Q. [유사] 관심있게 본 정책, 성공했다고 생각하는 정책 • 사서: 작은도서관 활성화방안 • 운전: 교통정책 • 일반행정: 직무정책 × → 시정책, 사회이슈 위주 → 주요정책 후속질문 • 토목: 현재 진행 중인 스마트시티 구조물 관련 • 산림자원(녹지정책, 법규), 환경(환경정책, 법규), 농업(도시농업정책, 법규) • 사회복지: 찾동, 우리동네돌봄관의 역할, 아동학대 정책 등 [사업] 이해 / 용어 / 현황 Q. ○○사업에 대해 아는 대로 • 농업: 스마트팜 정의가 무엇인지?
	기관	[직무수행 사례 및 지역 기관 이해] • 사서: 도서관 개수, 특징, 업무 • 속기: 의회 회의록이 중요한 이유, 회의록 공개 시 신속 vs 정확성, 번문작업 • 세무: 조세저항이 강한 시민 설득방안, 생계형 체납자가 세금 못 낸다고 항의한다면? • 일반행정: 주민센터에 자주 들어오는 민원, 구청 vs 시청 선호하는 근무지, 공공행정, 재정자립도, 적극행정, 1년 예산 • 전기: 골목길 가로등 나가게 되면 민원이 들어올 텐데 어떻게 하면 좋을 지? • 방호: 청사에 출입할 때 출입증을 발급하는 이유 • 토목: 현장과 설계가 다르게 시공되어 있다면? • 산림자원: 본인 소유의 산을 개발했으니 본인 것이라고 주장하면서 공무원들이 사용도 못하게 묶어 놓는다면 어떻게 할 것인지? • 보건: ○○시 보건소 개수, 하는 일 [지역기관이해] 지역 주민의 편의성 및 복지 증진을 위한 기관 → 개수 • 문화복지편익시설 (○○시 지역주민복지센터, 노인복지센터 등) • 주민생활편익시설 (○○시 생활체육시설, 도서관 등) • 주민서비스편익기관 (○○시 주민센터 등) • 지역 공중보건 기관 (○○시 보건소 및 보건지소 개수 등) [직무 관련 경험] • 속기: 의회경험, 회의록 접한 경험 • 일반행정: 주민센터 방문 경험, 방문 시 불편했던 점 • 보건: 보건소 방문 경험
직렬	이해	Q. ○○직하는 일 • 전기: 전기직이 하는 일에 대해 Q. ○○직 업무 수행 시 예상되는 어려움 Q. ○○직 업무 수행 시 모르는 업무가 주어진다면 Q. 직무가 적성에 맞지 않는다면
	보유역량(경험)	[관련 경험] Q. 직무 관련 경험 Q. 지원자의 전공은 무엇이며, 전공이 직무에 어떠한 도움·활용되는지? [직무 역량] Q. ○○직 업무 수행시 필요한 역량 및 자세 [강점 및 노력사항] Q. 직무강점 Q. 직무를 수행할 때 적용할 수 있는 자신만의 특징 3가지 Q. ○○직에 본인이 어떤 면에서 적합한지? Q. 전문성을 쌓기 위해 어떤 노력을 했는지?

직렬	실무역량	[직무/민원 상황] Q. 어려운 형편이지만 수급대상자가 아닌 사람이 수급대상자로 해 달라고 한다면? 　[사회복지] Q. 의사소통능력 좋다고 했는데, 아무리 대화로 하려고 해도 소통이 되지 않는 사람들 　이 있다. 악성민원인들이 그런데, 그런 사람들을 만나면 어떻게 소통할 것인가? 　[일반행정]
		[직무수행]실천 및 추진계획, 관리능력(자원, 홍보, 갈등 등), 개선방안 등 Q. 복지사각지대를 어떻게 발굴할 것인지? [사회복지] Q. 주민인식 개선을 위한 또 다른 방안은 무엇인가? [일반행정]
직렬	시사현안	[직렬연계이슈] • 운전: 마을버스가 거칠고 무정차가 많은 이유, 대중교통의 문제점, 시내버스 근무 개 　선점, 스쿨존 • 전기: 신재생에너지, 태양광 관련 지역이슈, 태양광으로 인한 환경문제 등 • 건축: 도시재생, 재개발, 붕괴사고 • 토목: 부실공사 • 환경: 미세먼지, 수질개선, 폐기물, 탄소중립 [일반사회이슈] • 일반행정: 고령화, 청년정책, 소상공인 지원책, 저출산문제, 수도권 교통문제, 환경 　문제, 수해피해 대책안 등 • 4차 산업혁명 관련 직렬별 적용사례
	전공지식	[정의, 종류, 차이점, 진행절차, 관련 법규 등] Q. ○○직 관련 개정된 법 • 사회복지: 사회복지 관련하여 개정된 법령 5개 말하라 Q. 전공지식 • 운전: 저속운행 시 발생하는 문제, 브레이크 고장 시 대처방안, 안전중요성 등 • 세무: 국세세목, 지방세목, 재산세 납부기한, 체납처분절차 등 • 전기(변압기의 원리 등), 토목직(교량의 종류 등), 건축직(건축법령 등) • 산림자원: 가로수 개수, 특징, 병해충의 종류, 산림법 • 환경: 환경영향평가 개념 • 사회복지: 선별적 복지 vs 보편적 복지, 사회보험의 종류, 공공부조에 대해 말하라. • 일반행정: 예 예산에서 가장 큰 비중을 차지하는 분야, 자치분권, 자치위원회 소속, 　주민자치활성화, 시민참여예산제도 활성화 • 보건: 식품첨가물 장단점

01 행정직 · 세무직

1. 개요

공통 (정책 · 현안)	[직렬 상관없이 자주 나오는 질문유형] • ○○시 정책 중 잘했다고 / 성공했다고 생각하는 / 관심 있게 본 정책 • ○○시 정책 중 개선이 필요한 / 실패했다고 생각하는 정책 • ○○직 업무가 무슨 일을 하는지 알고 있는가? • 임용된다면 담당하고 싶은 업무 / 해 보고 싶은 정책
전공 · 직무 지식	[정의, 종류, 차이점, 진행절차, 관련 법규 등] • 운전: 저속운행 시 발생하는 문제, 브레이크 고장 시 대처방안, 안전중요성 등 • 세무: 국세세목, 지방세목, 재산세 납부기한, 체납처분절차 등
직무이슈	[전공연계이슈] • 전공과 연계된 이슈질문: 이슈이해, 문제점, 지역연계이슈 등 • 운전: 마을버스가 거칠고 무정차가 많은 이유, 대중교통의 문제점, 시내버스 근무 개선점, 스쿨존 등 [일반사회이슈] • 사회현안에서 다루는 주요이슈 • 일반행정: 고령화, 청년정책, 소상공인 지원책, 저출산문제, 수도권 교통문제, 환경문제 등
실무역량 (직무수행)	[직무수행 중 발생할 수 있는 사례, 업무이해도 관련] • 사서: 도서관 개수, 특징, 업무 • 속기: 의회 회의록이 중요한 이유, 회의록 공개 시 신속 vs 정확, 번문작업 • 세무: 조세저항이 강한 시민 설득방안, 생계형 체납자가 세금 못 낸다고 항의한다면? • 일반행정: 주민센터에 자주 들어오는 민원, 구청 vs 시청 중 선호하는 근무지, 공공행정, 재정자립도, 1년 예산 등
보유역량 (직무경험)	[경험 유무] • 속기: 의회 경험, 회의록 접한 경험 • 일반행정: 주민센터 방문한 경험, 방문 시 불편했던 점 • 운전: 운전 경험

2. 직렬별 기출빈도

일반행정	• 일반행정의 경우, 공통질문 후 관련 주요사업에 관해 질문하는 편(50%) 　– 관심 업무? 일자리 정책 → '50플러스보람일자리' 들어 봤는지? 　– 관심 업무? 관광과 → 외국인에게 소개하고 싶은 ○○시 장소는? 　– 관심 정책? 제로페이 → 다른 건? 디지털서울지갑 → 시민들이 이용하지 않는 이유 • 직무수행(20%) 　– 주민센터 불편한 점, 주민센터에 자주 들어오는 민원, 무턱대고 화내는 민원인 응대방안 등 　– 공공행정 개념, 4차 산업혁명 실제 행정도입 사례, 재정자립도, ○○시 1년 예산 등 • 직무경험(20%) 　– 주민센터 방문 경험, 고객응대 경험 　– 일반사회이슈(서울시가 제일 많은 편) → 주로 복지 · 교통 · 환경 분야 위주

세무	• 직무전공(60%): 국세세목과 지방세목, 재산세 납부기한, 체납처분절차 등 • 직무수행(30%): 생계형 체납자가 세금을 못 내겠다고 항의한다면?, 지방세수 확보방안 • 직무경험, 공통질문, 직무정책 및 사업(10%)

운전	• 직무전공, 전공연계이슈, 운전경험(80%)
	  – 브레이크의 문제점, 안전중요성, 저속운행 시 발생하는 문제, 과태료 vs 범칙금
	  – 대중교통의 문제점, 시내버스 근무 개선점, 스쿨존, 5030제도 들어봤는지?
	  – 운전한 지 얼마나 됐는지?
	• 공통질문

사서	• 직무수행, 직무정책 및 사업(70%)
	  – ○○시 도서관 개수 및 특징, 공공도서관이란?
	  – 작은도서관 활성화방안, ○○도서관 프로그램에 대해 들어봤는지?
	• 공통질문, 직무경험

속기	• 직무수행, 직무경험(80%): 의회 회의록이 중요한 이유, 번문작업, 회의록 작성 경험 • 공통질문

사회복지	• 사회복지는 관련 질문이 골고루 나오는 편
	• 직무수행, 직무정책 및 사업(40%): 한부모가정정책 중 인상적인 정책, 노인복지정책 아는 대로
	• 직무경험, 실무역량(30%)
	  – 봉사활동 경험, 실습하면서 어려웠던 점 등
	  – 형편 어려운 할머니에게 과태료를 물을 것인지?
	• 직무이슈(10%): 세 자녀 모녀 사건 사례처럼 해당 사회문제가 반복되지 않도록 하기 위해 지자체가
	  해야 할 일, 아동학대 문제점 개선방안
	• 직무전공(10%): 선별적 복지와 보편적 복지의 개념 및 차이점

02 기술직군(전산·기계·전기·시설관리 등)

1. 개요

공통 (정책·현안)	[직렬 상관없이 자주 나오는 질문유형] • ○○시 정책 중 잘했다고 / 성공했다고 생각하는 / 관심 있게 본 정책 • ○○시 정책 중 개선이 필요한 / 실패했다고 생각하는 정책 • ○○직 업무가 무슨 일하는지 알고 있는지? • 임용된다면 담당하고 싶은 업무 / 해 보고 싶은 정책 • 직무 관련 지역정책(개념, 의견, 문제점) 예 토목: 현재 진행 중인 스마트시티 구조물 관련
전공·직무 지식	[정의, 원리, 구조, 종류, 차이점, 진행과정, 관련 법규 등] 전기(변압기의 원리 등), 토목(교량의 종류 등), 건축(건축법령 등)
직무이슈	[전공연계이슈] • 전공과 연계된 이슈질문: 이슈이해, 문제점, 지역연계이슈 등 • 전기: 신재생에너지, 태양광 관련 지역이슈, 태양광으로 인한 환경문제 • 건축: 도시재생, 재개발, 붕괴사고 • 토목: 부실공사
실무역량 (직무수행)	[직무수행 중 발생할 수 있는 사례, 업무이해도 관련] • 전기: 골목길 가로등 나가게 되면 민원이 들어올 텐데 어떻게 하면 좋을지?

실무역량 (직무수행)	• 방호: 청사에 출입할 때 출입증을 발급하는 이유 • 토목: 현장과 설계가 다르게 시공되어 있다면?
보유역량 (직무경험)	[경험 유무] 공원 가로등과 같은 전선 만지는 작업해 본 경험

2. 직렬별 기출빈도

전공 99%	• 전공지식 비중이 가장 높은 직렬 • 기계, 전기, 지적, 기계시설, 전기시설, 시설관리 - 전공지식(75%), 전공연계이슈(15%) - 직무 관련 경험, 직무활동(10%) • 정책은 공통질문 정도에서 그치는 편
반반직렬	• 전공지식과 정책이 골고루 나오는 직렬 • 건축, 토목, 전산 - 전공지식, 전공연계이슈(50%) - 직무활동, 직무정책 및 사업(40%) - 직무경험(10%)
전공제로	• 전공지식과 정책질문 비중이 가장 낮은 직렬 • 전공 관련 질문이 거의 없고, 직무활동에서도 업무이해도 관련 질문 위주 예 방호직: 방호직 vs 청원경찰, 출입증 발급의 필요성 - 직무활동, 직무경험(90%) - 전공지식, 전공연계이슈(5%) - 직무정책 및 사업(5%)

03 기술직군(농업·임업·환경·보건)

1. 개요

공통 (정책·현안)	[직렬 상관없이 자주 나오는 질문유형] • ○○시 정책 중 잘했다고 / 성공했다고 생각하는 / 관심 있게 본 정책 • ○○시 정책 중 개선이 필요한 / 실패했다고 생각하는 정책 • ○○직 업무가 무슨 일하는지 알고 있는지? • 임용된다면 담당하고 싶은 업무 / 해보고 싶은 정책 • 직무 관련 지역 정책(개념, 의견, 문제점) • 산림자원(녹지정책, 법규), 환경(환경정책, 법규), 농업(도시농업정책, 법규)
전공·직무 지식	[정의, 종류, 차이점, 진행절차, 관련 법규 등] • 산림자원: 가로수 개수, 특징, 병해충 종류, 산림법 • 환경: 환경영향평가
직무이슈	[전공연계이슈] • 전공과 연계된 이슈 질문: 이슈이해, 문제점, 지역연계이슈 등 • 환경: 미세먼지, 수질개선, 폐기물, 탄소중립 등 [일반사회이슈] • 사회현안에서 다루는 주요이슈 • 고령화, 청년정책, 소상공인 지원책, 저출산문제, 수도권 교통문제, 환경문제 등

실무역량 (직무수행)	[직무수행 중 발생할 수 있는 사례, 업무이해도 관련] • 산림자원: 본인 소유의 산을 개발했으니 본인 것이라고 주장하면서 공무원들이 사용도 못하게 묶어 　놓는다면 어떻게 할 것인지? • 보건: ○○시 보건소 개수, 하는 일 등
보유역량 (직무경험)	[경험 유무] 직렬업무 경험, 직무활동 관련 경험(보건소 방문 경험)

2. 직렬별 기출빈도

농업직	• 전공연계이슈, 직무정책 및 사업 　- 고령화, 6차 산업, 4차 산업혁명 　- 도시농업정책, 귀농 / 귀촌 / 도농상생정책, FTA, 농촌인구감소정책, 스마트팜 등
산림자원	• 직무전공: 가로수(개념, 수종, 병해충), 병해충(종류, 문제점, 유행하는 것), 소나무재선충 등 • 전공연계이슈, 직무정책 및 사업, 직무활동 　- 파리기후변화협약, 기후변화, 지구온난화 　- 녹지정책, 숲가꾸기 사업, 산불 예방법 　- ○○시 산림면적, 산지인허가업무
환경직	• 전공연계이슈, 직무정책 및 사업 　- 미세먼지, 화학물질 배출, 대기·수질오염, 폐기물 재활용, ESG, 탄소중립, 기후변화 등 　- 환경정책, 탄소중립정책, 에너지정책 등 • 직무전공: 환경영향평가, 환경기초시설 운영 및 관리 등
보건직	• 전공연계이슈, 직무정책 및 사업: 코로나19, 고령화 복지사업, 치매관리정책 및 사업 등 • 직무활동: 방문보건활동, 보건소 개수 및 하는 일

POINT 03　질문패턴: [서울시] 직렬별 주요기출

01　행정직

일반행정	• 공통질문 후 관련 주요시책 및 사업에 관해 질문하는 편(50%) • 특별한 전공이 없어 상황형 및 공직관 질문이 꽤 많음 　- 관심 업무? 일자리정책→'50 플러스보람일자리' 들어 봤는지? 　- 관심 업무? 관광과→ 외국인에게 소개하고 싶은 서울시 장소는? 　- 관심 정책? 제로페이→ 다른 건? 디지털서울지갑→ 시민들이 이용하지 않는 이유 • 직무이해, 사회이슈(30%) 　- [직무이해] 주민센터 불편한 점, 주민센터에 자주 들어오는 민원, 무턱대고 화내는 시민 응대방안 등 　- [서울시 이슈] 저출산, 고령화, 1인가구, 교통불편 해소방안 등 　- [서울시 현안] 4차 산업혁명 실제 행정도입 사례, 재정자립도, 서울시 1년 예산 등 • 직무경험, 행정전공(20%) 　- [직무경험] 주민센터 방문경험, 고객응대 경험 등 　- [행정전공] 민관 거버넌스 개념, 공공행정 개념 등

세무	• 직무전공 (60%)
	   - 국세세목과 지방세목, 재산세 납부기한, 체납처분절차 등
	   - 재산세와 공동과세, 7월부터 9월까지 부과되는 재산세 등
	   - 재산세 개정사항(공정가액비율 변동 등)
	   - 면세와 비과세, 취득세가 무엇인지?, 취득세의 성격, 조세법률주의 등
	 • 직무이해 (30%)
	   - 생계형 체납자가 세금 못 내겠다고 항의한다면?, 지방세수 확보방안 등
	 • 직무경험, 공통질문, 직무정책 및 사업(10%)
	 [2022] 4차 산업혁명 관련 직렬정책 사례 질문 多

사회복지	• 직렬질문 유형이 골고루 나오는 편으로, 전반적인 준비 필요
	   - [압박 多] 타 직렬과 비교하여 압박질문이 많은 편이며, 2차 질문으로 직무이해, 사실확인, 관련 경험 등의 질문비중이 높은 편
	   - [복지분야] 관심 복지 분야 외 일반 복지 이슈, 정책에 대한 질문도 나오기 때문에 전반적인 복지에 관한 이해도 필수
	     예 노인복지, 청년정책, 1인가구 등
	   - [복지정책] 복지정책 질문은 물론 복지서비스 질문비중이 높은 편
	     예 찾동, 우리동네돌봄단의 역할 등
	   - [복지전공] 전공질문도 자주 나오는 편
	     예 선별적 복지 VS 보편적 복지

사서	• 직무이해, 직무정책 및 사업(70%)
	   - 서울시 도서관 개수 및 특징, 공공도서관이란?
	   - 작은도서관 활성화방안, ○○도서관 프로그램에 대해 들어봤는지?
	 • 공통질문, 직무경험(30%)

속기	• 직무이해, 직무경험(80%): 의회 회의록이 중요한 이유, 번문작업, 회의록 작성 경험 • 공통질문(20%)

02 기술직

환경 · 화공	• 전공이슈, 직무정책 및 사업(70%)
	   - [환경] 미세먼지, 화학물질 배출, 대기·수질오염, 폐기물 재활용, ESG, 탄소중립, 기후변화, 환경정책, 탄소중립정책, 에너지정책, 제로웨이스트정책 등
	   - [화공] 수소충전소 설치 시 수소폭발 위험 예방방안, 지구온난화 원인 등
	 • 직무전공(30%): 환경영향평가, 환경기초시설 운영 및 관리

보건	• 직무정책 및 사업, 직무이슈(60%): 저출산 원인, 1인가구 대책(보건 분야), 치매 사업, 고령화정책 등 • 직무이해(40%): 방문보건활동, 보건소 개수, 보건소에서 하는 일, 보건소 업무 중 개선할 점 등

간호	• 직렬정책, 이슈, 직무이해 및 관련 경험 등의 유형질문이 골고루 나오는 편으로, 전반적인 준비 필요
	   - [직무이슈 및 정책] 저출산 문제 개선방안, 보건소 사업 5가지 등
	   - [직무이해] 방문간호 시 만나는 어르신들의 특성, 민간병원과 보건소의 차이, 간호공무원이 보건소에서 하는 업무, 4차 산업혁명 관련 보건소에서 하는 일 등
	   - [직무전공] 1급과 2급 감염병의 차이, 코로나는 몇 급인지? 등
	   - [관련 경험] 간호직 경험 기억나는 것 등

농업	• 전공이슈, 직무정책 및 사업(80%)
	  – [이슈] 고령화, 6차 산업, 4차 산업혁명
	  – [정책] 도시농업정책, 귀농 / 귀촌 / 도농상생정책, FTA, 농촌인구감소정책, 스마트팜 등
	• 공통질문 (20%)

녹지
(산림자원 ·
조경)
	• 직무전공(50%): 가로수(개념, 수종, 병해충), 병해충(종류, 문제점, 유행하는 것), 소나무재선충 등
	• 전공이슈, 직무정책 및 사업, 직무활동(50%)
	  – 파리기후변화협약, 기후변화, 지구온난화
	  – 녹지정책, 숲가꾸기 사업, 산불 예방법, 서울 공원 중 인상적인 곳 등
	  – 서울시 산림면적, 산지인허가업무

운전	• 직무전공, 전공이슈, 운전경험(80%)
	  – [전공] 브레이크의 문제점, 안전중요성, 저속운행 시 발생하는 문제, 과태료 vs 범칙금
	  – [정책] 대중교통의 문제점, 시내버스 근무 개선점, 스쿨존, 5030 제도 들어봤는지?
	  – [경험] 운전한 지 얼마나 됐는지?
	• 공통질문 (20%)

건축·토목·
전산·
방송통신
	• 전공지식, 전공이슈(50%)
	  – [건축] 건폐율과 용적률의 정의, 용적률 인센티브 등
	  – [토목] 싱크홀이 무엇인지?, 침수피해 대응방안 등
	  – [전산] 바이러스와 악성코드의 차이점
	  – [방송통신] 5G 사용하는 주파수, 5G 특성 3가지, IOT 등
	• 직무이해, 직무이슈, 직무정책 및 사업(40%)
	  – [건축] 서울시 건축현안 및 정책, 노후주택 문제 개선방안, 건축물의 생애주기 단계별 대응, 철근콘
	    크리트 공사 담당자가 되었을 때 시공자들에게 주의시킬 점 3가지
	  – [토목] 침수피해 취약지역이 어디인지?, 태풍이 왔을 때 좋은 점, 수도관 교체 관련 민원제기 시 해결
	    방안
	  – [전산] 스마트도시가 무엇인지?, 디지털 사각지대 해소방안, 4차 산업혁명 관련 서울시 정책, 빅데이
	    터 관련 정책, 메타버스 등
	  – [방송통신] 사물인터넷 관련하여 서울시 상하수도 검침 시 고려사항, IOT와 통신의 접목방안
	• 직무경험(10%): [방송통신] 통신자격증 유무, 통신 관련 장비 다뤄 본 경험
	• [참고] 직렬과 관계없는 서울시 이슈를 물어보기도 함
	  예 서울시의 저출산 문제가 심각하다. 출산율 장려정책에 대해 생각해 본 적 있는지?

시설관리
(기계시설 ·
전기시설),
지적,
공업(기계 ·
전기 · 화공)
	• 전공지식(75%)
	  – [전기시설 · 전기] 전기시설 감전사고를 줄이기 위한 설비 및 조치
	  – [기계시설] 기계고장 시 대처방안, 펌프(종류, 이상현상), 배관의 종류, 냉동기 사이클 등
	  – [지적] 경계 설정기준, 지적불부합지 발생원인, 지적측량, 토지거래허가, 종합공부의 종류, 개별공시
	    지가 활용안, 지적기준점의 종류, 적부심사절차, 경계복원측량 등
	• 직무이해, 직무 관련 경험(15%)
	  – [전기시설 · 전기] 중대재해처벌법, 신재생에너지의 종류, 전기시설 관리직의 업무, 상수도사업소와
	    관련한 전기직의 업무 등
	  – [지적] 서울시에서 만든 공원, 수도권에서 지적재조사가 힘든 이유, 지적직 DB 활용안
	  – [기계시설] 정비 경험
	• [참고] 정책은 보통 공통질문에서 나오는 편
	  예 ○○직이 무슨 일 하는지 아는가?, ○○직과 관련하여 관심 있는 정책

방호	• 직무이해: 주로 상황형, 직무경험(80%)
	  – 청사에 노숙인 들어왔을 때 어떠한 방식으로 내보낼 것인지?, 청사에 주요인사와 의전 담당 공무원
	    이 들어왔는데, 출입증 없이 들어가야 한다고 하면 어떻게 대응할 것인지?
	  – 출입증 발급의 필요성
	• 그 외 공통질문

■■ 우수사례 바로가기

CASE 01	대표패턴	자기소개 · 지원동기	74p
CASE 02	세부패턴: 지역	현황, 소개, 현안	82p
CASE 03	세부패턴: 시정	부서 · 직무, 정책 · 서비스, 기관	89p
CASE 04	세부패턴: 직렬	직무이해	98p
		보유역량(직무역량, 직무강점, 노력방안)	100p
		실무역량(직무상황, 민원상황, 직무수행 능력)	106p
		시사현안, 전공지식	114p

CASE 01 [지역 · 시정 · 직렬] 대표패턴

01 자기소개

1. 자기소개

"저의 강점 2가지로 자기소개를 하겠습니다.

첫째, 시시각각 변하는 조건에 대한 대응력입니다.

미국 대학교에서 유학생들의 서류 관련 문제를 도와주는 일을 할 때 입학조건과 제출서류 내용이 항상 바뀌었기에 늘 배우고 숙지하고 있어야 했습니다. 세무직 또한 세법이 늘 개정되기 때문에 항상 배우고 숙지해야 하는데, 저의 대응력은 세무직의 업무를 수행하는 데 큰 도움이 될 것입니다.

둘째, 성실성입니다.

세무직에 대한 전문성을 높이기 위해 회계사 자격증 공부와 세무사 자격증 공부를 하고 있습니다. 이뿐만 아니라 인천시에서 어떠한 지방세정책을 펼치고 있는지 매일 아침 주의 깊게 살피고 공부하고 있습니다. 최근 가장 인상 깊었던 정책은 전국 최초로 시행된 "AI 기술을 적용한 지방세 수기납부서 이미지 문자인식 시스템"입니다.

이렇게 쌓은 지식은 업무를 수행하며 시민 분들께 도움을 드리고자 할 때 큰 힘이 될 것입니다. 자격증을 획득한 후에도 저 자신의 전문성을 갈고 닦는 일을 게을리하지 않을 것입니다.

이러한 저의 장점을 잘 살려 주어진 자리에서 맡은 업무에 최선을 다하는 공직자가 되겠습니다. 감사합니다."

◎ 지원직렬: 세무직

	구상	• (나) 전문지식과 그 응용능력
답변 전략	답변	• 그룹핑형 　－ [개요] 자기소개: 직무강점 2가지를 중심으로 소개 　－ [강점1: 대응력] 시시각각 변하는 규정 → 세무직 세법개정 　－ [강점2: 성실성] 회계사·세무사 자격증 공부, 매일 지방세정책 숙지
	표현	• 사례의 구체화 　－ [강점 1: 대응력] 입학조건, 제출서류의 변화 　－ [강점 2: 성실성] 회계사·세무사 자격증 공부, 매일 지방세정책 숙지(AI 기술을 적용한 지방세 수기납부서 이미지 문자인식 시스템)

2. 자기소개

"첫째로, 전문성입니다. 저는 사회복지를 전공하였고, 3년간 여성복지기관에서 근무하며 치료프로그램과 홍보, 아웃리치 사업 등을 맡았습니다. 또한 상담심리사 2급을 소지하여 상담업무를 맡았습니다.

둘째로, 친화력과 소통능력입니다. 상담업무 시 여성의 고민을 잘 들어주고, 필요한 지원을 연계하였던 적이 있습니다. 연계 시 내담자의 필요한 점을 타 기관에 잘 설명하여 지원을 받도록 하였습니다.

셋째로, 기획력과 실행력입니다. 제가 맡은 업무 중 내담자를 발굴하는 사업이 있었습니다. 피해여성이 상담소에 방문하는 경우가 드물어 직접 찾아가는 프로그램을 기획하였습니다. 선물꾸러미나 뽑기 게임 등을 통해 참여도를 높였으며, 실제 상담으로 이어져 지원을 한 적이 있습니다. 저의 이러한 역량을 바탕으로 주민을 위해 적극적이고 항상 경청하는 공무원이 되겠습니다."

◎ 지원직렬: 사회복지

	구상	• 윤리·책임, 헌신·열정
답변 전략	답변	• 답변 point: 지원자의 직무강점을 다양한 측면에서 분류하여 설명해야 한다. • 그룹핑형: 직무강점 유형으로 분류 　－ [전문성] 학과 전공, 유관기관 근무 경험, 복지 업무담당, 자격증 취득 　－ [친화력 & 소통능력] 상담 → 필요자원 연계 　－ [기획력 & 실행력] 내담자 발굴사업 프로그램 기획
	표현	－

3. 자기소개

◎ 지원자: 서울시 사회복지

"제가 가지고 있는 장점은 '다양한 봉사활동을 통한 현장 경험과 소통능력'입니다.

재개발구역 내 장애아동들이 거주하는 시설에서 빨래, 목욕봉사 등을 계기로 봉사활동에 적극 참여하기 시작했습니다. 취약아동 대상 영어교육 봉사, 캄보디아 고아원에서 영어교육 봉사, '장애인 행사'에서 도우미 역할, 농촌마을 가꾸기, 주말을 이용한 장애아동 돌봄, 등 다양한 봉사활동과 후원단체를 통한 꾸준한 금전적 후원도 하고 있습니다. 이러한 경험뿐만 아니라 오랜 기간 유아부터 고등학생까지 수업을 진행하고 있습니다. 수업을 통해 학생들에게 수업만이 아닌 '고민을 들어 주고 공감해 주는 어른으로서'의 역할은 물론 학부모들의 고충까지 상담하고 해결해 주는 해결사로서의 역할도

해 가며 다양한 연령층과 소통해 오고 있습니다. 고등학교를 자퇴하겠다는 학생과 부모 사이에서 1년 이상 중간다리 역할을 하며 결국은 고등학교도 무사히 마치고 대학까지 진학하는 것을 도왔습니다. 이런 저의 장점인 다양한 봉사활동 경험과 폭넓은 소통 경험을 바탕으로 서울시 사회복지 공무원이 되어 서울시의 미래와 서울시민의 행복한 미래를 위하여 일하고 싶습니다."

4. 1분 자기소개

◎ 지원자: 서울시 지방세

"저의 강점 2가지로 자기소개를 하겠습니다.

첫째, 시시각각 변하는 조건에 대한 대응력입니다.

미국 대학교에서 유학생들의 서류 관련 문제를 도와주는 일을 할 때 입학조건과 제출서류 내용이 항상 바뀌었기에 늘 배우고 숙지하고 있어야 했습니다. 세무직 또한 세법이 늘 개정되기 때문에 항상 배우고 숙지해야 하는데, 저의 대응력은 세무직의 업무를 수행하는 데 큰 도움이 될 것입니다.

둘째, 전문성입니다.

세무직에 대한 전문성을 높이기 위해 회계사 자격증 공부와 세무사 자격증 공부를 하고 있습니다. 이 뿐만 아니라 인천시에서 어떠한 지방세정책을 펼치고 있는지 매일 아침 주의 깊게 살피고 공부하고 있습니다. 최근 가장 인상 깊었던 정책은 전국 최초로 시행된 "AI기술을 적용한 지방세 수기납부서 이미지 문자인식 시스템"입니다.

이렇게 쌓은 지식은 업무를 수행하며 시민 분들께 도움을 드리고자 할 때 큰 힘이 될 것입니다. 자격증을 획득한 후에도 저 자신의 전문성을 갈고 닦는 일을 게을리하지 않을 것입니다.

이러한 저의 장점을 잘 살려 주어진 자리에서 맡은 업무에 최선을 다하는 공직자가 되겠습니다. 감사합니다."

5. 자기소개 발표해 주시기 바랍니다.

◎ 지원자: 일반행정

"공무원이 되기 위해 갖춘 저의 강점 2가지를 말씀드리겠습니다.

첫째, 노력입니다.

저는 군대에서 갑작스럽게 장비검열 준비를 담당한 적이 있습니다. 검열에 대한 인수인계를 하나도 받지 못해서 어떻게 준비해야 하는지 막막했지만 주어진 일을 완수하기 위해 담당관님을 찾아가서 물어보고 1, 2년 전의 자료를 찾아보면서 준비했고, 그 결과 검열 우수중대로 선정되었습니다. 이 일을 계기로 포기하지 않고 끈기 있게 노력하면 할 수 있다는 것을 배웠습니다.

둘째, 행정전문성입니다.

저는 학교 행정실에서 2년 동안 민원인 전화응대, 성적증명서와 같은 문서발급의 업무를 하면서 행정시스템에 대해 잘 알고 있습니다. 이 경험을 바탕으로 행정업무에 빠르게 적응할 수 있습니다."

└ [후속] 행정경험이 있다고 했는데 그 경험으로 어떤 활동을 할 수 있는지?

저는 2가지의 행정활동을 할 수 있습니다.

첫째, 악성민원 대처입니다.

저는 행정실에서 일할 때 전화로 갑자기 화를 낸다거나 욕을 하는 민원인을 많이 겪었습니다. 처음에는 당황스럽고 의기소침해졌지만 다른 선생님께서 "민원인이 행정실까지 전화를 할 정도면 스스로 할 수 있는 것은 다 해봤는데 안 되어서 전화를 하는 것이니 화내는 것이 당연하다"라고 말해 주셨습니다. 이 이야기를 들은 후 저는 민원인의 입장에서 문제를 이해하고 공감하려고 노력하게 되었습니다.

둘째, 문서처리입니다.

저는 문서발급, 행정업무 보조의 업무를 했습니다. 제가 행정실에서 발급했던 문서나 공무원이 되어서 발급하는 문서는 명칭만 다를 뿐 크게 다르지 않을 것이라고 생각합니다. 따라서 빠르게 행정환경에 적응할 자신이 있습니다.

6. 자기소개 30초 이내로 답변해 주세요.

◎ 지원자: 일반행정

"학원강사로서 오랫동안 학생들과 학부모들을 상담해 온 저는 세대 간의 갈등 속에 학습이라는 민감한 주제를 가지고, 어느 한쪽에 치우침 없이 양쪽 모두에 귀 기울이며 잘 조율해 왔다고 자부합니다. 또한 학생들을 가르치면서, 특히 교육사각지대에 놓여 있는 아이들을 위해 유튜브를 활용하여 교육자료를 제공하고 무료강의 동영상을 올려 왔습니다. 자기개발에도 게을리하지 않아 영어강사 시절 1년 6개월 정도 어학연수를 갔다 왔습니다. 제게 기회가 주어진다면 시민의 말에 귀 기울이고 항상 자기개발을 통해 전문성을 유지하여 시민들을 위해 헌신하는 공무원이 되고 싶습니다."

7. 자기소개 답변해 주세요.

◎ 지원자: 일반행정

"안녕하십니까. 발전하는 서울시에 꼭 필요한 새로운 인재가 되고 싶은 ○○○입니다.

저는 군복무 시절 의무병으로서 부대 내 의료물품을 관리하고 아픈 병사들을 사단병원에 보내기 위한 부대버스를 관리하였습니다. 의무대로 오는 병사들과 소통하고 친절하게 응대하며 고민상담도 겸하였습니다. 그 결과 저는 부대 내 칭찬하는 병사 후보에 오르기도 하였습니다. 또한 아르바이트로 베이비시터 일을 한 적이 있는데, 아이와 소통하기 위해서 아이의 입장에서 생각하며 학습과 놀이를 병행하였고 어머니의 만족도가 전보다 높아졌었습니다. 이런 경험으로 저는 소통의 중요함을 배웠습니다.

이를 공직에 활용하여 서울시민의 입장에서 생각하고 소통하는 공무원이 되어 일선에서 그들의 고충을 듣고 해결하기 위해 노력하는 공무원이 되겠습니다."

8. 자기소개 답변해 주세요.

◎ 지원자: 보건직

"첫째, 저는 봉사정신을 갖고 있습니다. 대학생 때 학점 때문에 노인복지관에 영양상담을 나갔습니다. 처음에는 학점 때문에 했던 일이지만 적성에 맞고 보람을 느꼈기 때문에 필요한 시간을 다 채운 후에도 종종 나가서 할머니들의 말벗이 되어드렸습니다.

둘째, 전문성입니다. 저는 식품영양학과 보건관리학을 복수전공했으며, 연구소에서 일할 때에는 질병관리본부와 식약처에서 주관하는 프로젝트에 참여했습니다.

셋째, 성실함입니다. 한국건강관리협회에서 실습했을 때 한겨울에 왕복 4시간이 넘는 거리를 매일 출근하면서도 가장 먼저 도착해 업무를 시작했습니다. 저는 사람을 살리는 일이 의사만의 일은 아니라고 생각합니다. 저는 지역주민들의 질병예방, 건강증진을 위해 힘쓰고 더욱 건강한 서울시를 만들기 위해 노력하는 공무원이 될 것입니다. 감사합니다.”

9. 자기소개 부탁드립니다.

◎ 지원자: 건축직

“안녕하십니까. 건축직 지원자 ○○○입니다.

저의 경험들을 되돌아보았을 때 '주어진 환경에서 책임감을 갖고 성실히 업무를 수행하다 보면 좋은 기회를 만들어 낸다.'라는 삶의 좌우명을 얻을 수 있었습니다.

학창시절에는 교수님들의 지도 아래 학업을 충실히 이행하다 보니 학교와 연계된 직업훈련교육을 수료하게 되었고, 이를 통해 해외에서 근무할 수 있는 기회를 얻을 수 있었습니다.

해외에서 근무하며 시공 배관 품질테스트를 진행하였는데, 테스트 기본조건이 충족되지 않는 상황이 벌어져 타 현장에 계신 선배님에게 도움을 구해 성공시켰던 경험을 얻기도 하였습니다.

시설관리업무를 수행하며 보수공사를 진행하였을 때는 건축시공방법과 건축물의 구조, 공사내역을 분석하는 법을 배워 제가 예상하는 방향으로 건축물이 변화하는 과정을 통해 성취감을 얻게 되었습니다.

제가 생각하는 건축직 공무원은 일상생활 속에서 사람들에게 안전한 건축환경을 제공할 수 있도록 최종적으로 점검하고 확인하는 사람들이라고 생각합니다. 서울시에서 저의 역량을 활용하여 지역민들에게 안전하고 쾌적한 건축환경을 제공하는 데 이바지하고 싶습니다.”

02 지원동기

1. 지원동기

“항상 업무를 수행하며 좋은 행정은 무엇일까 고민했습니다. 제가 생각한 좋은 행정이란 행정의 사각지대를 찾아내 해결하는 것이었습니다.

저는 개인정보 보호, 희망품목 그리고 디지털 예산회계시스템 등 행정업무를 맡아 문제를 해결한 적이 있습니다. 함께 근무하는 600명의 직원 분들에게 개인정보 보호 인지의 필요성을 위해 마우스패드, 키보드패드, 휴대용 스티커를 제작해 지급해드렸습니다. 또한 찾아가는 동주민센터의 아이디어를 참고해 직원 분들의 효율적 업무를 위해 물품 및 장비들을 한 달에 2번 직접 배달해드리는 찾아가는 아침부터 저녁까지 서비스(앞 글자를 따 일명 찾아줘)를 계획하고 실행에 옮겼습니다.

경기도에서도 복지혜택을 받지 못한 수급대상자의 행정에 대한 인지도 등 행정사각지대가 발생하고 있는 것으로 알고 있습니다. 제가 앞서 600명의 직원들을 위해 문제를 해결했다면 이제는 경기도민의 편한 생활을 위해 도움이 되고자 지원하게 되었습니다.”

◎ 지원직렬: 일반행정

답변 전략	구상	• 윤리 · 책임, 헌신 · 열정

	답변	• 답변 point: 직무목표, 직무적격성을 보여줄 수 있는 경험 등을 통해 답변해야 한다.
		• 기본논리형
		  – [결론] 행정의 올바른 모습
		  – [근거] 행정문제를 해결했던 행정직 경험
		  – [마무리] 지역현황 및 직무목표

	표현	• 사례의 구체화: [근거] 600명의 직원들에게 개인정보 보호 인지의 필요성을 위해 마우스패드, 키보드패드, 휴대용 스티커를 제작해 지급, 효율적 업무를 위해 물품 및 장비들을 한 달에 2번 직접 배달

2. [지역 · 직렬] 자기소개와 지원동기를 함께 말해 주세요.

◎ 지원자: 일반행정

"저는 시민과 소통하는 공무원이 되고 싶은 ○○○입니다.

서울시에서 추진하는 학생지원사업에 선정되어 주민센터를 방문한 경험이 있습니다. 당시 학생으로서 복지대상자 선발이 부끄러웠습니다. 위축되어 있는 저를 보시고 담당 공무원께서 간식이나 농담을 건네시며 따뜻하게 맞이해 주시고, 사업의 모든 혜택을 받을 수 있도록 검토하시는 등 많은 도움을 주셨습니다. 이 기억이 마음에 오래 남아 공무원에 지원하였습니다.

저는 공무원이 되기 위해 소통능력과 창의적인 홍보기획능력 등을 길러 왔습니다. 서울시는 '민주주의 서울'을 통해 시민과의 소통을 강조하고 있고 SNS, 유튜브, 매거진 서울사랑 등을 통해 서울시 홍보에 노력을 기울이고 있습니다. 저의 강점들을 활용하여 시민과 소통하는 친근한 공무원이 되겠습니다. 감사합니다."

3. [직렬] 지원동기 말씀해 주세요.

◎ 지원자: 일반행정

"제가 공직에 지원하게 된 동기에 대해 말씀드리겠습니다.

학창시절 지자체에서 추진하는 학생지원사업에 참여하기 위해 주민센터를 방문했습니다. 저는 급식비와 방과 후 수업비 지원 등 학교생활에 필요한 다양한 서비스를 제공받고 덕분에 무리 없이 졸업할 수 있었습니다. 특히 고등학생으로서 당시 복지대상자 선발이 창피하기도 했지만, 담당 공무원분께서는 위축되어 있는 저에게 간식을 주시고 농담을 건네시며 따뜻하게 맞이해 주시고, 사업의 모든 복지혜택을 받을 수 있도록 검토하시는 등 많은 도움을 주셨습니다. 이 기억이 마음속에 오래 남아 공무원을 지원하게 되었습니다. 또한 깊은 배려로 상대해 주시던 당시 공무원 분의 모습에서 정책이나 제도도 중요하지만, 시민을 상대함에 있어 성심성의를 다하는 것 또한 중요하다는 것을 깨달았습니다. 공무원은 시민에 대한 봉사자임을 잊지 않고, 시민에게 필요한 서비스와 대상자의 환경까지 고려하며 응대하는 공무원이 되겠습니다."

4. [직렬] 지원동기 말씀해 주세요.

◎ 지원자: 지방세

"시민 분들 중에는 세금납부 과정에 대한 이해도가 부족하신 분과 영세사업자 등 세금납부에 관해 도움이 필요하신 분들이 많이 있습니다. 세무직 공무원은 이런 분들께 납세에 대한 도움을 드리기 위해 필요한 존재입니다.

저 또한 지방소득세 담당 부서에 고지서 재발급과 납부에 대해 연락을 드린 적이 있습니다. 전화를 받으신 담당 공무원 분께 고지서 재발급을 부탁드리고 어디에 어떻게 납부할 수 있는지 자세히 여쭤봤는데 놀랄 정도로 꼼꼼하고 친절하게 안내를 도와주셨습니다. 심지어 필요한 서류가 잘 전해졌는지, 더 궁금한 점은 없는지 다시 한 번 연락을 주셔서 확인까지 하시는 책임감을 보이셨습니다.

세무직 공무원께서 친절함과 책임감을 가지고 끝까지 업무를 마무리하시는 모습을 보고 저도 시민 분들께 같은 태도로 세금에 관련된 도움을 드리고 싶어 세무직에 지원하게 되었습니다. 제가 경험했던 것처럼 정보전달에 대한 도움을 드릴 때 세심하고 책임감 있는 태도로 시민 분들을 대하는 세무직 공무원이 되겠습니다."

5. [직렬] 오래 동안 한 일을 포기하고 이것을 선택할 만큼 이게 가치가 있는 일일까요?

◎ 지원자: 사회복지

"충분한 가치가 있습니다. 오랜 기간 개인적으로 봉사활동을 하면서 한계가 있었습니다. 저의 개인적인 소소한 도움도 중요하지만 사회복지 공무원이 되어서 안정적인 제도권 안에서 맞춤복지혜택을 받을 수 있게 돕는다면 더 보람될 것 같다는 생각을 했습니다. 일과 공부를 병행하는 것은 쉽지 않았지만 저로 인해 한 분이라도 더 복지혜택을 받아 그분들 스스로 자립할 수 있게 만드는 마중물이 될 수 있다 생각하며 힘든 것도 이겨낼 수 있었습니다. 제가 오래 동안 꿈꿔 왔던 일이고 정말 잘 할 수 있기에 그 전 일을 다 포기할 정도로 충분한 가치가 있다고 생각합니다.

제가 사회복지직 공무원에 지원하게 된 동기는 공무원이 가지는 '추진력' 때문입니다. 저는 3년간 여성복지기관에서 근무하며 공무원과 소통해야 하는 일이 많았습니다. 일례로 의료지원 중 내담자의 치료범위 금액이 초과되어 승인을 받아야 하는 경우가 있었습니다. 당시 승인절차가 까다롭고 오래 걸릴 수 있었지만, 담당 공무원께서 즉각적으로 대응하여 치료를 무사히 받을 수 있었습니다. 사회복지업무를 더 포괄적이고 정책적으로 실현할 수 있는 역할을 할 수 있다는 모습을 보고 저 역시 다양한 대상자를 만나며 제도를 개선하고 실행하는 공무원이 되고 싶은 마음이 생겼습니다."

6. [직렬] 지원동기 말씀해 주세요.

◎ 지원자: 환경직

"깨끗하고 안전한 아리수 공급에 앞장서고 싶습니다. 뉴스에서 '수돗물 유충, 붉은 수돗물 사건'을 접하게 되었습니다. 물은 우리생활 모든 분야에서 필수적인데, 이러한 사태들로 인해 많은 시민들이 수돗물을 신뢰하지 못하고, 불안감을 갖게 되었습니다. 그렇기에 앞으로 발생할 수 있는 수질민원과 수돗물 불편상담에 즉각적으로 대응하는 것이 무엇보다 중요하다는 것을 알게 되었습니다. 서울시는 이러한 필요에 대응하여 '아리수톡'을 운영하고 있습니다. 대화형 챗봇으로서 상담 빅데이터를 분석하여 수질사고를 예측하며, 불편상담을 선제대응하고 있어 혁신적이라고 생각합니다. 저도 맞춤형 민원서비스의 질을 높이는 데 일조하며 아리수의 안전성과 신뢰성을 더욱 더 높이는 공무원이 되겠습니다."

7. [직렬] 지원동기 말씀해 주세요.

◎ 지원자: 일반기계직

"어릴 적부터 한강 근처에 거주해 다양한 한강의 모습을 보았습니다. 특히 비 오는 날의 한강은 상상 이상으로 물이 불어나 길조차 보이지 않았다가도, 비가 그치면 금방 원래대로 돌아왔습니다. 이러한 방류시스템의 원리가 무엇인지 궁금해 찾아보다가 기계직 공무원이 담당할 수 있다는 것을 알게 되었습니다. 특히 이러한 역할이 원활하게 이루어지지 않는다면, 시민들은 한강공원을 이용할 수 없을 뿐만 아니라, 우천 시 물이 배수로를 타고 역류해 도심지역까지 흘러 들어가 안전상의 위험에 노출될 수 있기 때문에 업무의 전문성과 책임감이 중요하다고 생각했습니다. 저의 강점인 전문성과 책임감을 이용해 시민의 편의와 공익사회에 기여하고자 지원하게 되었습니다."

8. [직렬] 지원동기 말씀해 주세요.

◎ 지원자: 토목직

"제가 직접 공사관리를 하면서 시민들과 소통하고 안전과 편의를 제공해드리는 공무원이 되고 싶기 때문입니다. 제가 한 지자체의 상수도 설계과업을 진행할 때 현장조사를 나가서 주민들과 직접 상수도 현황을 파악할 때였습니다. 배수지와 많이 떨어진 지역은 상수도 공급이 안 되는 실정이었고, 주민들의 의견을 들어보니 식수공급이 제대로 안 돼서 물도 마시기 힘들다는 얘기까지 들었습니다. 저는 그때 설계분만 아니라 시공과 감리까지 공사 전체를 관리하여 그 지역주민들에게 식수공급이 원활하게 이루어지도록 하는 토목직 공무원의 역할에 대해 생각해 보게 되었고, 현재 이 자리까지 오게 되었습니다."

9. [직렬] 지원동기 말씀해 주세요.

◎ 지원자: 건축직

"2018년 말, 강남에 있는 대종빌딩에서 구조물 결함이 발생하여 사람들이 대피하였다는 뉴스를 접하였습니다. 확인결과 기둥의 모습이 구청에 제출한 설계도면과 상이한 상태였고, 붕괴될 위험을 내재하고 있었습니다. 이 사건은 건축직 공무원의 역할이 얼마나 중요한지를 보여주는 한 가지 예라고 생각합니다. 당시 건축학과를 재학 중이었던 저는 건축직 공무원의 역할이 중요하다는 것을 깨닫게 되었고, 생명과 직결되는 시민의 안전을 위한 업무를 맡고 싶다는 생각을 하게 되었습니다. 건축직 공무원은 허가, 신고를 통해 최소한의 건축물의 안전성을 확보하여 공공 건축사업을 진행하며 공익을 실현시키는 직무를 수행하는 만큼, 맡은 업무에 대한 책임감분만 아니라 올바른 건축허가가 이뤄질 수 있도록 하는 전문성까지 함양하는 공직자가 되겠습니다."

01 현황·소개

1. [서울시] 서울시 재정자립도

"재정자립도는 지방자치단체의 자체 충당능력을 나타내는 것으로(지방자치단체 전체 재원에 대한 자주재원의 비율), 재정자립도가 높을수록 재정자립능력이 우수하다는 것을 의미합니다. 서울시 열린데이터 광장 통계에 의하면, 2022년 서울시 재정자립도는 76%로 1위이고, 2위 경기와는 10% 이상 차이가 납니다. 서울시 자치구별로 살펴보면, 최상위인 강남구와 최하위인 노원구의 재정자립도는 40% 이상 차이가 납니다. 자치구 간 재정격차가 발생하는 원인에는 부동산 가격과 재산세 수입의 차이 등이 있습니다. 서울시는 이러한 자치구 간 재정격차를 해소하기 위해 조정교부금, 재산세 공동과세 등의 제도를 운영하고 있습니다. 국세의 지방이양과 과세자주권 부여를 통한 지방재정의 근본적인 확충방안도 모색할 수 있습니다."

◎ 지원직렬: 일반행정

답변 전략	구상	• 윤리·책임, 헌신·열정
	답변	• 답변point: 개념 및 구체적 정보를 제시할 필요가 있다. • 기본논리형 － [결론 및 설명] 재정자립도의 정의 － [근거] 2022 재정자립도 현황 및 자치구별 재정자립도 현황 － [의견정리] 재정격차 완화를 위한 서울시 현황
	표현	• 사례의 구체화: [근거] 서울시 열린데이터 광장 통계(2022 서울시 재정자립도 76%, 서울시 자치구별 재정자립도 1위: 강남구, 25위: 노원구)

2. [서울시] 재정자립도

"재정자립도는 지방자치단체의 자체 충당능력을 나타내는 것으로(지방자치단체 전체 재원에 대한 자주재원의 비율), 재정자립도가 높을수록 재정자립능력이 우수하다는 것을 의미합니다. 서울시 열린데이터광장 통계에 의하면, 2022년 서울시 재정자립도는 76%로 1위이고, 2위 경기와는 10% 이상 차이가 납니다. 서울시 자치구별로 살펴보면, 최상위인 강남구와 최하위인 노원구의 재정자립도는 40% 이상 차이가 납니다. 자치구 간 재정격차가 발생하는 원인에는 부동산 가격과 재산세 수입의 차이 등이 있습니다. 서울시는 이러한 자치구 간 재정격차를 해소하기 위해 조정교부금, 재산세 공동과세 등의 제도를 운영하고 있습니다. 국세의 지방이양과 과세자주권 부여를 통한 지방재정의 근본적인 확충방안도 모색할 수 있습니다."

└ [후속] 공동과세제도란?

"서울시는 재산세의 50%를 서울시에서 거둔 뒤 25개 자치구에 균등배분하고 있습니다. 상대적으로 부유한 강남 3구의 재산세를 재정이 열악한 다른 구로 재분배시키는 효과가 있습니다."

3. [서울시] 서울시 예산

"2022년 서울시의 예산규모는 약 44조 원이었고, 이 중에서 사회복지 분야가 가장 많은 36%를 차지하였습니다. 이러한 사회복지 분야의 중점적 투자는 2023년에도 계속될 것으로 전망됩니다. 2023년 서울시의 3대 투자중점은 약자와의 동행 추진, 매력특별시 조성, 도시안전 강화입니다. 특히 경제침체와 양극화의 심화에 대비하여 서울시는 약자와의 동행에 총 13조 원 규모의 가장 많은 예산을 투입할 것이라고 밝혔습니다. 주요 내용으로는 소득이 적을수록 더 많이 지원해 주는 '서울형 안심소득', '주거상향 패키지', 교육격차 완화를 위한 '서울런' 지원확대 등이 있습니다. 또한 2023년 새롭게 시행하는 정책에는 장애인버스요금 전액지원, 스토킹피해자 출퇴근 동행서비스 등이 있습니다."

└ [후속] 서울형 안심소득이란?

"소득이 적을수록 더 많은 지원을 받는 제도로, 기준소득과 가구소득을 비교하여 부족한 금액의 절반을 지원받을 수 있습니다. 안심소득으로 기대되는 효과는 소득양극화를 완화하고, 기초생활수급자제도의 보호를 받지 못했던 사람들도 안심소득의 보호대상이 될 수 있어 복지사각지대를 해소하는 것입니다."

└ [후속] 주거상향 패키지란?

"반지하 우선 매입 + 지상거주화, 안심고시원 등록 + 서울형 공공기숙사, 옥탑장 단열 등 설치비용 지원, 주거취약계층 임대주택 우선입주, 보증금·이사비·생필품 등을 지원하는 제도입니다."

4. [대구시] 자랑거리 3가지

"대구시의 자랑거리 3가지를 말씀드리겠습니다.

첫째, 먹거리입니다.

대구 관광 안내 가이드에 보면 대구 10미가 있습니다. 10미는 대구에 와야 참맛을 느낄 수 있는 본고장 향토음식으로 막창, 동인동 찜갈비 등이 있습니다. 이외에도 젊은 사람들이 가볍게 먹을 수 있는 떡볶이, 빵집 등 계속해서 지역 먹거리가 개발되고 있습니다.

둘째, 역사성입니다.

대구는 구석기시대부터 사람이 거주한 것으로 확인되고, 신라가 삼국을 통일하고 도읍을 대구로 옮기려는 시도가 있었을 만큼 중요한 지역이었습니다. 1907년에는 국채보상운동을 자발적으로 전개하기도 했고, 과거 대한민국 3대 도시로 평가받을 만큼 역사가 깊은 도시입니다.

셋째, 관광지입니다.

대구는 역사가 깊은 만큼 다양한 관광지가 시대별로 존재합니다. 우리나라 성곽 역사상 현존 최고 토성인 달성, 신라시대 건립했다고 전해지는 팔공산 갓바위, 조선시대 도동서원, 대구향교와 같은 관광지가 있습니다.

저도 대구시의 공무원이 되어서 대구시를 더 많이 알리고 자랑스러운 공무원이 되겠습니다."

◎ 지원직렬: 일반행정

답변 전략	구상	• 윤리·책임, 헌신·열정
	답변	• 답변 point: 지원지역의 장점을 분류한 후 각 내용을 구체적으로 설명해야 한다. • 그룹핑형: 문화적 유형으로 분류 　－[개요] 3가지 개요 안내

| 답변
전략 | 답변 | – [먹거리] 대구 10미 설명
– [역사성] 지역발전 측면
– [관광지] 시대별 관광지 설명 |
| | 표현 | – |

5. [대구시] 대구시에서 소개하고 싶은 대표축제는?

"제가 생각하는 대구시에서 추진하는 축제 중 가장 눈에 띄는 축제는 치맥페스티벌입니다.

치맥페스티벌은 2013년 처음 개최했고 2016년부터는 매년 100만 명 이상의 관람객이 찾아오면서 대구시의 킬러콘텐츠가 되었습니다. 현재는 문화체육관광부에서 지정하는 '문화관광 유망축제'로 지정되었습니다. 올해 코로나19 이후 3년 만에 축제가 열리면서 수많은 관람객이 여전한 관심과 사랑을 보내줬습니다.

치맥페스티벌의 장점은 많은 사람이 찾아오다 보니 대구시를 알릴 수 있습니다. 그리고 축제기간 치킨업종 매출액이 65.9% 증가하고 지역골목 경제활성화에도 기여했습니다. 이는 고용활성화에도 기여할 수 있을 거라고 생각됩니다. 더 나아가 최근 친환경을 강조하는 사회적 흐름에 따라 친환경 축제가 될 수 있도록 옥수수 성분의 컵과 자체 클리닝 타임을 운영하는 등 계속해서 발전을 거듭하고 있습니다."

◎ 지원직렬: 일반행정

답변 전략	구상	• 윤리 · 책임, 헌신 · 열정
	답변	• 답변 point: 대표축제를 언급하되 단순한 설명보다는 지역적 성과, 시민들에게 기여한 점을 구체적으로 설명해야 한다. • 기본논리형 – [결론] 치맥페스티벌 – 근거 1] 100만 명 이상의 관람객, 문화관광 유망축제 지정 – [근거 2] 지역골목 경제활성화, 고용활성화 – [근거 3] 친환경 축제
	표현	• 사례의 구체화 – 축제현황, 문화관광 유망축제 지정 – 치킨업종 매출액 65.9%, 옥수수 성분의 컵, 자체 클리닝 타임

6. [경기 화성] 친구가 화성으로 이사를 왔을 때 화성시의 어느 지역을 추천해 주고 싶나요?

"동탄 2신도시를 추천할 것 같습니다. 화성시 사회조사보고서에 따르면 거주지를 볼 때 가장 고려하는 점으로 일자리가 1위를 차지한 것으로 알고 있습니다. 동탄 2신도시에는 다양한 분야의 일자리가 풍부해서 청년들이 거주하기에 좋은 조건인 것 같습니다.

뿐만 아니라 다양한 문화시설이 위치하고 있는 점이 좋은 것 같습니다. 예를 들면 동탄 호수공원이나 친환경적으로 건축한 도서관 등이 있어서 동탄 2신도시에 거주하기 좋을 것이라고 생각합니다."

답변 전략	구상	• 윤리·책임, 헌신·열정
	답변	• 답변 point: 추천하는 지역의 장점 • 기본논리형 　– [결론] 동탄 2신도시 　– [근거 1] 화성시 사회조사보고서 → 거주지 선택 시 고려사항 1순위는 일자리 → 일자리가 　　많은 동탄 2신도시 　– [근거 2] 문화시설
	표현	• 사례의 구체화 　[근거 1] 화성시 사회조사보고서: 거주지 선택 시 고려사항 1순위는 일자리 　[근거 2] 문화시설: 동탄호수공원, 친환경 도서관 등

02 현안

1. [서울시] 서울시 쓰레기소각장 문제를 어떻게 해결할 수 있을지?

"현재 마포구에는 하루 750톤의 쓰레기를 처리할 수 있는 자원회수시설이 있는데, 여기에 1,000톤 용량의 자원회수시설을 추가설립하는 것과 관련하여 서울시와 마포구 주민 간의 갈등이 계속되고 있습니다. 마포구 추가소각장에 반대하는 주민들은 유해물질로 인한 건강과 트럭의 잦은 왕래로 인한 안전문제 등을 우려하고 있습니다. 이에 서울시는 주민편의시설과 복지기금을 약속했지만 주민들의 반대는 계속되고 있습니다. 이에 대한 해결방안으로 덴마크의 코펜힐을 참고할 수 있습니다. 열병합발전소 코펜힐은 스키장, 암벽등반 등 각종 여가시설을 갖추고 있고, 내부가 쓰레기를 소각하는 시설인지 알 수 없을 만큼 쓰레기 하나 없이 깨끗하게 유지되고 있습니다. 서울시도 이를 참고하여 쓰레기소각장을 주민들을 위한 도심 속 레저시설로 개발한다면, 마포구 주민들의 찬성을 얻어 내고 관광자원으로도 활용할 수 있을 것입니다. 또한 꾸준한 설문조사를 통해 주민의견을 반영하여 소통하는 것도 잊지 말아야 합니다."

◎ 지원직렬: 일반행정

답변 전략	구상	• 헌신·열정, 창의·혁신
	답변	• 답변point: 문제해결로 서울시의 대응현황을 언급해도 되지만, 가장 좋은 답변은 벤치 　마킹 사례를 언급하는 것이다. • 문제해결형 　– [문제점] 마포구 쓰레기소각장 시설현황, 갈등원인 　– [해결방안] 서울시의 대응현황 및 대응방안(덴마크 코펜힐 사례) 　– [기대효과] 지역경제 활성화(관광자원으로 활용)
	표현	• 사례의 구체화 　– [현황] 마포구 쓰레기소각장 시설현황: 하루 750톤의 쓰레기 처리가 가능한 자원회수 　　시설 　– [원인] 유해물질로 인한 건강, 트럭왕래로 인한 안전문제 　– [해결방안] 덴마크 코펜힐 사례: 스키장, 암벽등반 등 각종 여가기설로 활용

└ **[후속] 덴마크 말고 국내의 사례?**

"하남 유니온파크가 있습니다. 유니온파크의 지상에는 녹지공원과 풋살, 농구 등을 위한 체육시설 그리고 아이들을 위한 야외 물놀이장이 있고, 그 지하에는 폐기물 처리시설이 있습니다. 특히 아이들을 위한 야외 물놀이장과 유니온타워의 전망대가 훌륭하게 조성되어 있어 시민들의 만족도가 높은 국내 우수사례입니다."

└ **[후속] 또 다른 해결방안은?**

"생활쓰레기 전처리시설 또한 하나의 해결방안이 될 수 있습니다. 쓰레기 전처리시설이란 폐기물을 소각처리하기에 앞서 재활용할 수 있는 금속이나 플라스틱, 폐비닐 등을 분리해 내는 자원순환시설입니다. 마포구는 지역주민 등으로 구성된 참관단이 지켜보는 가운데 생활쓰레기 전처리시설의 실증을 진행했고, 그 결과 전체 쓰레기의 약 87%를 감량하는 효과를 입증했습니다. 이를 통해 자치구별로 전처리시설을 설치한다면 추가적으로 소각장을 건립하지 않고도 쓰레기 문제를 해결하고, 서울시와 마포구 간의 갈등을 해소할 수 있을 것입니다."

2. [서울시] 서울시의 가장 큰 문제점

"교통문제가 가장 심각하다고 생각합니다. 서울시 내 교통체증의 원인에는 무분별한 주정차, 복잡한 신호체계 등의 고질적인 문제부터 최근 생겨난 드라이브스루 이용차량의 문제 등이 있습니다. 우선 무분별한 주정차 문제를 해결하기 위해 주정차 가능 구역과 시간을 명확히 설정하고 강력하게 단속해야 합니다. 서울시는 현재 시민들로 하여금 '서울스마트불편신고'앱을 통해 사진이나 영상을 찍어 불법주정차 행위를 신고할 수 있도록 하고 있습니다.

다음으로 복잡한 교통체계를 개선하기 위해 서울시 동작구는 'CCTV 차량통행량 분석사업'을 시행하여 시간대별 교통량, 혼잡도, 사고유발원인을 사전에 예측하여 불합리한 교통체계 개선에 나서고 있습니다. 드라이브스루 이용차량으로 인한 도로정체는 비교적 최근 발생한 원인으로, 이 경우 정류장이 근처에 위치하는 경우가 많아 혼잡성을 더하고 있습니다. 이로 인한 민원이 계속되자 서울시는 업계 관계자와 간담회를 열고, '드라이브스루 관리개선계획'을 수립하여 추진하는 등의 노력을 기하고 있습니다."

└ **[후속] 또 다른 개선방안**

"서울시 내 휴지공간을 주차공간으로 확보하는 방안이 있습니다. 경기도 광명시는 시민운동장 부지를 활용하여 지하에는 대규모 지하공영주차장을 조성하고, 지상은 운동시설인 축구장으로 재조성하였습니다. 또한 현재 제주시가 전국 최초로 도입한 '차고지 증명제'를 벤치마킹할 수 있습니다. 차고지 증명제란 차량을 구입하기에 앞서 주차공간을 확보하여 증명하도록 한 제도입니다. 차고지를 자택이나 사무실에서 최대 2km 내에 위치하도록 규제하여 꼼수증명을 막을 수 있습니다."

3. [경기 포천] 포천시의 노인인구 비율이 높은데, 현재 노인정책과 발전방안은?

"포천시의 노인인구 비율은 전체 인구의 20%를 차지하는 만큼 포천시 자체의 노인정책이 중요합니다. 현재 포천시 보건소에서는 취약계층 독거노인 건강관리서비스를 위해 방문건강관리사업을 진행하고 있습니다. 이 사업에서는 기초건강검사와 건강관리교육 등을 실시하고 있습니다. 이렇게 방문하여 노인 분들의 건강을 관리하는 것은 매우 좋은 정책이라고 생각합니다. 저는 여기에 더불어 서울시에서 시행하고 있는 기존 일반행정 중심의 동주민센터를 주민복지와 마을공동체 중심으로 변경한 찾아가는 동주민센터를 벤치마킹하는 것을 제안드리고 싶습니다. 취약계층, 차상위계층을 대상으로 건강관리에 초점이 맞춰진 건강관리사업과 달리, 찾아가는 동주민센터는 복지대상의 범위가 포괄적이며 건강관리 외 마을변호사, 마을세무사 등 행정에 필요한 서비스를 동시에 제공하여 생활 속 편리함은 물론 지역 공동체라는 소속감을 제공하는 촘촘한 복지정책이라고 생각됩니다."

◎ 지원직렬: 일반행정

답변 전략	구상	• 헌신·열정, 창의·혁신

	답변	• 답변 point: 발전방안은 기존 정책의 문제를 개선하거나 활성화방안으로 제안해야 한다.
		• 기본논리형, 문제해결형 스피치
		  – [결론] 방문건강관리사업
		  – [부연설명] 기초건강검사 및 건강관리교육
		  – [활성화방안] 서울시 '찾아가는 동주민센터' 벤치마킹

	표현	• 사례의 구체화
		  – [현황] 포천시 노인인구 현황(약 20%)
		  – [활성화방안] 찾아가는 동주민센터: 마을변호사, 마을세무사 등 행정서비스 제공

4. [경기도] 현재 경기도가 겪고 있는 가장 큰 문제점

"경기도가 당면한 가장 큰 문제는 코로나19로 인한 고용위기 및 침체된 지역경제라고 생각합니다. 최근 코로나19의 장기화로 청년들의 취업은 물론 자영업자들은 아르바이트도 구하기 힘든 상황이라 어려움을 호소한다는 기사를 본 적이 있습니다.

따라서 지역경제를 살릴 도민의 경제활동을 보장하는 정책을 시행해야 한다고 생각합니다. 좋은 예로 경기청년희망일자리 사업이 있습니다. 코로나19와 지역경기 침체로 어려움을 겪고 있는 청년 600명에게 일자리를 제공하는 사업이라 들었습니다. 임금도 최저시급보다 높게 지급되고 명절휴가비도 지급되는 등 지역청년을 배려하는 사업입니다. 이처럼 방역과 경제 두 마리 토끼를 잡기 위한 정책이 다양하게 제공되어야 경기도의 최대 현안인 코로나19 사태를 극복할 수 있다고 생각합니다."

◎ 지원직렬: 보건직

답변 전략	구상	• 헌신·열정, 창의·혁신

	답변	• 답변 point: 홈페이지, 문화, 교통 등 경기도의 전반적인 현안 중 개선이 필요한 문제점을 정확하게 짚어야 하며, 개선의 필요성 및 개선방안을 언급할 수 있어야 한다.
		• 문제해결형
		  – [문제점] 코로나19로 인한 고용위기 및 침체된 지역경제
		  – [개선안] 지역경제 활성화방안: 경기도 '경기청년일자리 사업'
		  – [마무리] 기대효과

	표현	• 사례의 구체화: [개선안] 경기청년일자리 사업의 장점(600명에게 일자리 제공, 최저시급보다 높은 급여, 명절휴가비 지급 등)

5. [인천시] 인천시에서 개선이 필요하다고 생각하는 점은 무엇이며 개선방안도 함께 제시하라.

"인천시의 이택스 홈페이지에는 중국어, 태국어, 영어, 베트남어로 된 세금 안내책자가 준비되어 있지만, 홈페이지 자체는 외국어 호환이 되지 않아 한국어를 전혀 모르는 외국인들이 이용하기 불편하다고 생각합니다. 인천시는 13만 명 이상의 외국인이 살고 있는 도시입니다. 때문에 외국인이 세금 관련 문제를 잘 이해하기 위해서는 이러한 언어적인 부분이 잘 준비되어야 한다고 생각합니다. 실제로 외국인의 낮은 징수율의 원인으로 '몰라서 못 내는' 경우가 많은 것으로 분석되었다는 뉴스가 있었습니다. 이택스 홈페이지의 언어적인 부분이 개선된다면 징수율이 더 높아질 수 있을 거라 생각합니다. 업무를 수행할 때 이러한 개선점을 깊이 고민하고 긍정적인 방향으로 발전시킬 수 있도록 노력하는 공직자가 되겠습니다."

◎ 지원직렬: 세무직

	구상	• 헌신 · 열정, 창의 · 혁신

답변
전략
	답변	• 답변 point: 홈페이지, 문화, 교통 등 인천시의 전반적인 현안 중 개선이 필요한 문제점을 정확하게 짚어야 하며, 개선의 필요성 및 개선방안을 언급할 수 있어야 한다.
		• 문제해결형
		  – [문제점] 외국어 호환이 불가능한 이택스 홈페이지의 불편함
		  – [필요성] 인천시의 낮은 세금 징수율 개선 필요
		  – [마무리] 공직자로서의 다짐

	표현	• 사례의 구체화: [필요성] 13만 명이 거주하는 인천시, 낮은 징수율의 원인 '몰라서 못 내는 경우'가 많음

6. [인천시] 4차산업이 필요한 이유

"4차 산업은 국민의 편의성이나 삶의 질 향상 부분에서 밀접하게 닿아있기 때문에 공직에서 고려해야 한다고 생각합니다. 관련된 공공시설물 사례를 말씀드리자면 인천광역시에서 최근 설치한 스마트 버스정류장이 있습니다. 스마트 버스정류장은 원격 제어가 가능한 냉난방기가 설치되어 폭염과 한파 등 모든 기상 상황에 대비할 수 있고, 편의시설로 스마트 공기청정기를 비롯해, 공공와이파이, 항균 LED 조명 등, 터치스크린 버스 노선 안내 시스템을 도입하여 버스 노선은 물론 지역의 관광지 정보 또한, 제공하고 있습니다. 건축과 관련하여서는 BIM과 드론을 통한 대지조사 등을 예로 들 수 있습니다."

◎ 지원직렬: 건축직

	구상	• 헌신 · 열정, 창의 · 혁신

답변
전략
	답변	• 기본논리형
		  – [부연설명] 국민의 편의성, 삶의 질 향상
		  – [근거] 인천시 스마트 버스 정류장, 건축 BIM 및 드론 사례

	표현	• 사례의 구체화: 폭염, 한파 등 모든 기상상황 대비 및 공기청정기, 공공와이파이, 항균 LED 조명, 터치스크린 버스 노선 안내 시스템 등

01 부서·직무

1. 임용 후 희망하는 부서와 업무

"저는 주민복지과 중에서도 찾아가는 희망복지 기동서비스단 사업을 맡고 싶습니다. 그 이유는 직접 찾아가 주민들의 어려움을 해결해주기 때문입니다. 특히 곡성군은 65세 이상 인구가 37%를 차지하고 있어 고령화가 빠르게 진행되고 있습니다. 제일 많은 도움이 필요한 계층이며, 대상자를 발굴하고 상담하는 업무는 제가 했던 경험을 살려 자신 있게 할 수 있기 때문입니다."

◎ 지원직렬: 일반행정

답변 전략	구상	• 헌신·열정
	답변	• 답변 point: 개인적 측면, 조직적 측면 및 사회적 측면을 고려하여 답변해야 한다. • 기본논리형 − [결론] 주민복지과, 찾아가는 희망복지 기동서비스단 사업담당 희망 − [근거 1] 조직적 측면: 곡성군의 고령화 − [근거 2] 개인적 측면: 대상자 발굴 및 상담업무 경험
	표현	• 사례의 구체화: [현황] 곡성군 만 65세 인구현황(약 37%)

2. 임용 후 희망하는 부서와 업무

"저는 임용된 후 지방세정책담당관실 중 지방소득세를 운영하는 부서에서 일하기를 희망합니다. 더 자세하게는 지방소득세 운영부서에서 세원관리, 신고업무 추진을 담당하는 업무를 맡을 수 있기를 희망합니다. 작년에 세무사의 도움 없이 세금 관련 업무를 처리하는 중소기업에서 일하시는 분들과 이야기 할 기회가 있었는데 지방소득세를 정확하게 이해하지 못하시는 분도 계시고, 납세시기와 납세근거를 파악하지 못해 불이익을 당한 경험이 있으신 분들도 계시다는 것을 알게 되었습니다. 그때 세무사를 통하지 않고 직접 세금 관련 업무를 담당하고자 하시는 분들이 쉽게 지방소득세를 이해하고, 납세시기에 맞춰 납부하실 수 있도록 보조해 드릴 수 있으면 좋겠다는 생각이 강하게 들었습니다. 지방소득세를 담당하는 부서에 근무하게 된다면 제가 생각하고 다짐한 대로 납부에 어려움을 겪고 계시는 분들께서 지방소득세를 쉽게 이해하고 문제없이 납부하실 수 있도록 최선을 다하여 업무를 수행하는 공직자가 되겠습니다."

◎ 지원직렬: 세무직

답변 전략	구상	• 헌신·열정
	답변	• 답변 point: 개인적 측면, 조직적 측면 및 사회적 측면을 고려하여 답변해야 한다. • 기본논리형 − [결론] 지방세정책담당관실, 지방소득세 운영(세원관리, 신고업무 추진) − [근거] 개인적 측면: 지방세에 대한 이해도가 부족해 불이익을 당한 시민 사례
	표현	−

ㄴ [직렬: 보유역량] **특히 희망하는 부서에서 지원자의 장점이 필요한 이유**

저의 장점이 어떤 상황에서도 긍정적인 마음을 잃지 않는 것이라고 말씀드렸는데, 이러한 마음가짐은 세금에 관련된 민원이 많은 지방세정책담당관실에서 불평불만을 말하거나 포기하는 법 없이 업무처리에 있어 긍정적인 영향을 줄 것입니다. 민원인 분들께서 때로는 세금에 관련해 어려운 문제를 가지고 오실 수도 있고, 불가능한 요구를 하실 수도 있지만 모든 상황에서 포기하지 않을 원동력이 되는 긍정심은 업무를 수행하는 데에 반드시 필요하다고 생각합니다. 한 세무직 공무원께서 성실납세자께서 세금 문제에 관해 도움을 요청했을 때 그분의 사정을 고려해 긍정적인 마음으로 해결책을 찾아드릴 수 있었는데, 말씀하신 대로 도와드릴 수 없다며 딱 잘라 거절해 그 민원인 분께서 세금납부에 관해 충분한 도움을 받지 못하고 불이익을 감수해야 했던 사례가 있었습니다. 긍정심을 가지고 업무를 수행한다면 이러한 태도를 충분히 극복할 수 있다고 생각합니다. 그런 의미에서 제가 가진 장점은 저 자신과 민원인 분들, 양쪽에 좋은 영향력을 끼칠 수 있는 요소가 될 것입니다.

3. 임용 후 희망하는 부서와 업무

"물순환안전국에서 일하고 싶습니다.

지난달 서울에 폭우로 인한 홍수피해가 발생했고, 침수로 인한 피해현장을 직접 목격했습니다. 이러한 재해에 대한 대응방식을 찾다가 한강 빗물펌프장에 대해 알게 되었습니다. 뿐만 아니라, 21년 적극행정 우수사례인 유출지하수 수질검사방안을 적극적으로 활용하여 물이 최대한 순환될 수 있도록 노력하는 일을 하고 싶습니다."

◎ 지원직렬: 일반기계

답변전략	구상	• 헌신·열정
	답변	• 답변point: 부서의 업무에 대한 설명이 아닌 그 업무를 희망하는 이유를 구체적으로 밝혀야 한다. • 기본논리형 - [결론] 물순환안전국 근무 희망 - [근거 1] 폭우로 인한 서울시 홍수피해, 침수 피해현장 목격 경험 - [근거 2] 한강 빗물펌프장 관심 - [마무리] 물순환 업무 희망
	표현	• 사례의 구체화: [마무리] 2021 적극행정 우수사례(유출지하수 수질검사방안)

4. [서울시] 임용 후 담당하고 싶은 부서 및 업무

◎ 지원자: 일반행정

"저는 서울시 관광체육국 관광정책과 관광정책팀에서 근무하고 싶습니다. 관광정책팀은 관광정책을 총괄하고, 서울관광재단을 운영지원하며, 관광특구 활성화 등의 업무를 담당하고 있습니다. 그중에서도 제가 해 보고 싶은 업무는 '서울시 야간관광 활성화계획'입니다. 서울시의 큰 매력 중 하나는 24시간 살아 움직이는 활동성이라고 생각합니다. 뉴욕이나 홍콩의 야경 못지않은 서울의 불빛은 지친 일상에 휴식이 되어 주고, 저 또한 서울의 밤풍경을 보며 많은 위로를 받곤 했습니다. 현재 서울시에서는 '야간도보해설관광', '경복궁 야간개장' 등 다양한 프로그램들을 개최하고 있습니다. 야간 문화관광에 대한 욕구가 점점 증대하고 있는 상황에서 서울시민을 비롯한 국내외 관광객들이 보다 안전하게 서울의 밤을 즐길 수 있도록 힘쓰고 싶습니다."

└ [후속] **야간관광 활성화와 관련하여 해 보고 싶은 정책**

"반려견과 함께하는 한강 나이트런입니다. 한강 나이트런은 현재 개별적인 모임으로도 많이 진행되고 있는데, 서울시에서 공식적으로 나이트런을 개최하여 참가자들의 교통, 안전을 보장하고, 사람들과 소통하는 기회를 가지며, 보행문화 확산에 기여할 수 있습니다. 여기에 반려견과 함께할 수 있다는 점을 강조하여 반려가구의 만족도 또한 높일 수 있습니다. 금·토·일요일 위주로 실시하여 일반 직장인들도 부담 없이 참여할 수 있도록 하면 좋을 것 같습니다."

└ [후속] **그 부서에 가지 못한다면?**

"희망하는 부서에 지금 당장 배치되지 않더라도, 제가 담당하게 될 모든 업무가 공무원으로서의 전문성을 키우는 데 필요하다고 생각합니다. 여러 부서를 다니며 쌓은 경험과 지식으로 후에 제가 희망하는 부서에 배치되었을 때 시행착오를 줄이고 업무의 효율성을 높일 수 있다고 생각합니다. 또한 전혀 다른 업무를 맡게 되더라도 성실히 수행하는 과정에서 또 다른 재미와 성취감을 느낄 수 있을 것입니다. 그렇기 때문에 제가 희망하는 부서에 배치되지 않는다고 하더라도 그곳에서 주어진 업무에 열정과 애정을 가지고 임할 것입니다."

└ [후속] **관광 분야에 대한 문제점과 해결방안**

"포스트코로나 시대에 관광산업은 메타버스의 영향을 강하게 받고 있습니다. 가상과 현실세계를 오가는 메타버스는 많은 사람들의 기대를 받고 있지만, 동시에 몇 가지 문제점을 가지고 있습니다. 인프라적 측면에서 메타버스는 MZ세대가 활용하기는 수월하나 노인계층의 활용이 저하되어 관광격차가 발생할 수 있다는 문제점이 있습니다. 이를 해결하기 위해 노인계층을 대상으로 '노년층 메타버스 배움터'를 운영하여 메타버스에 대한 친밀감을 높이고, 기본적인 사용법부터 교육을 진행하여 노년층 또한 메타버스를 활용한 관광의 적극적인 주체가 될 수 있도록 해야 합니다. 이를 통해 다양한 계층의 의견을 모아 메타버스 관광의 질을 더욱 높일 수 있습니다.

참여적 측면에서 메타버스 관광산업의 단발성을 문제로 들 수 있습니다. 대부분의 공공 메타버스 사업이 처음에는 큰 주목을 받다가도 그것이 유지되지 못하는 경우가 많았습니다. 메타버스 속에서 관광객들에게 미션을 주고 이를 달성하면 실제 관광명소 현장에서 사용할 수 있는 바우처를 지급하는 등, 퀘스트 형식의 프로그램을 통해 메타버스 관광의 참여율을 높일 수 있습니다."

5. [서울시] 사회복지 공무원이 하는 일과 임용 후 맡고 싶은 업무

◎ 지원자: 사회복지

"사회복지 공무원은 취약계층의 생계보호, 복지심사, 예산집행, 자립지원 등의 업무를 하는 것으로 알고 있습니다. 임용 후 다양한 복지 분야의 업무를 접해 보고 싶지만, 그중 평소 관심을 가지고 있던 아동 관련 업무를 하고 싶습니다.

서울시에서 2021년부터 꿈나무카드 사용처를 모든 식당으로 확대하였다는 기사를 보았습니다. 아이들이 다양한 식사를 할 수 있게 되어 반가운 소식이었습니다. 다만, 물가가 너무 올라 1식 7천원으로 부족하지 않을까 하는 걱정도 되었습니다. 임용이 된다면 이러한 정책들이 형편이 어려운 아동들에게 꼼꼼히 전달되도록 하고, 필요에 따라 제도를 개선하여 아동들이 건강하고 행복하게 자라도록 노력하는 공무원이 되고 싶습니다."

6. 만약 희망부서와 상관없는 곳에 배치된다면?

◎ 지원자: 건축직

"희망하는 부서에 지금 당장 배치되지 않는다고 하더라도 담당하는 모든 일이 공무원으로서 전문성을 키우는 데 필요한 일이라고 생각하기에 열심히 임할 것입니다. 여러 부서를 다니며 쌓인 경험과 축적된 지식을 가지고 전문성을 향상시킨 후 희망하는 부서에 배치되어 일할 때가 지금 당장 배치되어 일을 하는 것보다 시행착오를 줄이고 효율성을 높일 수 있다고 생각합니다."

02 정책 · 서비스

서비스

1. 최근 이용해 본 서울시 앱

◎ 지원자: 일반행정

"모바일 앱 '메타버스 서울시청'입니다. 메타버스 서울시청은 서울시가 메타버스 서울을 구축하기에 앞서 시민들이 미리 체험해 볼 수 있는 파일럿 서비스입니다. 아바타를 이용해 시청 로비와 시장실을 방문할 수 있고 E-Book 열람, 서울시 주요정책 확인, 의견 보내기 등의 다양한 기능들이 갖춰져 있었습니다. 서울시는 2026년까지 경제, 문화, 교육 등 시정 전 분야에 메타버스 기술을 단계적으로 적용하겠다는 계획을 밝혔는데, 이에 앞서 시민들은 메타버스 서울시청을 통해 가상세계를 미리 체험해 보며 거부감을 줄이고, 서울는 '엠보팅', '민주주의 서울'에 이어 시민의견을 수렴할 수 있는 또 하나의 플랫폼이 마련되어 시정에 대한 시민의 의견에 귀 기울일 수 있습니다."

정책 (인상적인, 관심있는, 홍보하고 싶은, 성공했다고 생각하는)

1. [서울시] 서울시 노인문제 대응방안에 대해 아는 대로 말하라.

"베이비붐 세대가 2020년을 시작으로 대거 65세에 도달하고, 저출산 현상이 누적돼 온 만큼 한국의 고령화는 굉장히 빠른 속도로 진행되고 있습니다. 급격한 고령화에 대한 대응책으로 고령친화적인 근로환경을 조성하는 것이 중요합니다. 이에 서울시에서는 노인들을 대상으로 직접 일자리 제공, 직업훈련 실시, 취업알선 등 다양한 시니어 일자리 지원사업을 수행하고 있습니다. 특히 '노노케어'제도가 인상 깊었는데, 노노케어란 건강한 노인이 병이나 다른 사유로 도움을 받고자 하는 노인을 돌보는 제도입니다. 건강한 노인은 일자리를 얻음으로써 경제활동을 통해 만족감을 가질 수 있고, 일상생활이 불편한 노인은 도움을 받음으로써 다른 사람과 소통하며 지낼 수 있습니다. 고령화에 따른 경제적 충격을 완화하는 동시에 복지를 제공하는 일거양득의 제도라고 생각합니다."

◎ 지원직렬: 일반행정

답변 전략	구상	• 헌신·열정, 창의·혁신

	답변	• 답변point: 노인문제 예방의 필요성, 대응방안 및 효과
		• 기본논리형
		  – [개요 및 결론] 고령화 증가 추세, 서울시 노인제도 현황, 노노케어
		  – [설명] '건강한 노인'이 '도움이 필요한 노인'을 돌보는 제도
		  – [기대효과] 건강한 노인(경제활동), 도움이 필요한 노인(도움 및 소통)

	표현	• 사례의 구체화: [개요 및 결론] 서울시 노인지원사업(일자리 제공, 직업훈련 실시, 취업 알선 등)

2. [서울시] (지원 분야에서) 서울시의 인상적인 정책

"서울형 수변감성도시 사업 중 첫 번째로 조성된 '홍제천 수변테라스 카페'입니다. 홍제천 수변테라스 카페는 주차장과 창고로 이용되던 낙후된 수변공간을 서울시 내 최초의 수변노천카페로 탈바꿈한 것으로, 코로나19로 침체되었던 도심 곳곳에 활력을 불어넣었고, 북카페나 음악마당 등의 휴식공간이 조성되어 있어 시민들이 다양한 여가·문화활동을 즐길 수 있습니다. 서울시는 홍제천을 시작으로 내년에는 도림천, 정릉천 등을 완료하고, 자치구 공모사업을 통해 10개소를 추가할 것이라는 계획을 밝혔습니다. 서울형 수변감성도시 사업은 시내 물길을 따라 수세권을 조성하여 서울의 도시경쟁력을 강화하는 효과가 있습니다."

◎ 지원직렬: 일반행정

답변 전략	구상	• 헌신·열정

	답변	• 답변point: 서울시 정책을 물어봤으나, 지원직렬 관련 정책과 연계하여 답변하는 것이 좋다.
		• 기본논리형
		  – [결론] 홍제천 수변테라스 카페
		  – [설명] 서울시 최초 수변노천카페
		  – [근거] 도심활력 상승에 기여 및 사업확장계획
		  – [마무리] 도시경쟁력 강화

	표현	• 사례의 구체화
		  – [근거] 도심활력: 북카페, 음악마당 등 휴식공간 조성, 다양한 여가·문화활동
		  – [근거] 사업확장: 23년 도림천, 정릉천 완료 및 자치구 공모사업 10개구 추가계획 예정

3. [서울시] 서울시의 인상 깊은 정책

"올해 9월 개최된 '2022 구로g페스티벌'입니다. 올해로 8번째를 맞이하는 페스티벌은 코로나19 이후 3년 만에 오프라인으로 열리는 것을 기념하여 특별히 빛축제와 함께 개최되었습니다. 페스티벌은 공연, 어린이테마파크, 걷기대회 등 다양한 프로그램으로 진행되었는데, 그중에서도 특히 '소상공인, 청년 마켓'이 가장 인상적이었습니다. 이는 시민 입장에서는 다양한 제품들을 체험하고 저렴한 가격에 구입할 수 있어 경제성이 향상되었고, 서울시의 중소기업과 청년창업자 입장에서는 오프라인 판로를 확대하고 자연스러운 홍보효과를 누릴 수 있었던 일거양득의 프로그램이었습니다. 평소 문화관광 업무에 관심이 있던 저에게 구로g페스티벌은 시험을 앞두고 큰 동기부여가 되었고, 저도 서울시 공무원이 되어서 시민의 문화향유와 소득창출로 이어지는 선순환 상생축제를 기획해 보고 싶습니다."

◎ 지원직렬: 일반행정

답변 전략	구상	• 헌신·열정
	답변	• 답변point: 서울시에서 이용해 본 정책으로 대체 가능하다. • 기본논리형 　– [결론] 2022 구로g페스티벌 　– [설명] 코로나19 이후 3년만의 개최 　– [근거 1] 소상공인, 청년 마켓 및 효과 　– [근거 2] 상생축제 기획 희망
	표현	• 사례의 구체화: [근거] 소상공인, 청년 마켓의 효과(시민: 경제성, 기업: 판로확대)

4. [인천시] 홍보하고 싶은 정책이 있다면 무엇인지?

"인천시는 복지 취약계층을 위한 다양한 사업을 진행하고 있습니다. 예를 들어 돌봄 플러그나 AI 케어콜 등 여러 사업이 있지만, 그중에서도 인천시가 최초로 진행한 '시니어 드림 스토어'를 홍보하고 싶습니다. 왜냐하면 이 사업을 통해 노인들의 경제적 자립을 도울 수 있고, 작년에 1호점에 참여한 어르신의 85.7%가 계속 참여하고 싶다고 응답하실 정도로 만족도가 높았기 때문입니다. 올해는 2호점까지 개점하였으며, 65세 이상 고령인구가 14.9%를 차지하는 인천시에서 어르신들의 활기차고 건강한 노후생활을 위하고 있기 때문에 알리고 싶습니다."

◎ 지원직렬: 사회복지

답변 전략	구상	• 헌신·열정
	답변	• 답변 point: 지원직렬과 관련된 정책으로 답변해야 한다. • 기본논리형 　– [결론] 시니어 드림 스토어 　– [근거] 노인들의 경제적 자립 활성화, 정책의 높은 만족도 　– [마무리] 인천시 고령인구 현황 및 의견제시
	표현	• 사례의 구체화 　– [근거] 정책의 높은 만족도(21년 1호점에 참여한 노인 중 85.7%가 지속적인 참여 희망) 　– [마무리] 인천시 고령인구 현황(14.9%)

5. [서울시] 서울시 정책 중 잘했다고(성공했다고, 관심 있는) 생각하는 정책

◎ 지원자: 일반행정

"제가 서울시 정책 중 성공했다고 생각하는 정책은 시민참여 플랫폼 '민주주의 서울'입니다. 시민이 시에 제안하는 것뿐만 아니라, 서울시가 시민에게 묻고 시민투표와 공론을 거쳐 서울시의 정책에 시민의 의견을 반영하는 것이 인상 깊었습니다. 한 사례로, 이번 8월 6일 광화문광장이 새롭게 개장했습니다. 서울시는 광장 재조성을 위해 '민주주의 서울'을 활용하여 시민에게 어떤 광화문광장을 원하는지 물었습니다. 시민 약 2,300명이 참여하여 다양한 행사들로 채워진 문화광장, 힐링의 공간 등을 원한다는 의견을 내었습니다. 시민들의 의견을 바탕으로 서울시는 '해치마당 광화화첩', '조선시대 육조거리' 등의 역사·문화적 요소와 '소나무정원', '광장숲' 등의 꽃과 나무그늘의 공원요소를 담은 광장을 새롭게 조성했습니다. 이런 사례를 본받아 서울시의 주인인 시민의 의견을 듣고, 물으며 시민과 소통하는 공무원이 되겠습니다. 감사합니다."

6. [서울시] 서울시의 인상적인 정책

◎ 지원자: 일반행정

"네. 서울시에는 훌륭한 정책들이 많지만, 그중에서도 서울시와 민간기업 '라이트브라더스'가 함께한 재생자전거 프로젝트가 인상적이었습니다. 서울에서 지난 5년간 방치된 자전거의 숫자는 7만 9천여 대로, 1년에 약 2만 대 정도의 자전거가 방치되고 있습니다. 지자체에서 방치된 자전거를 수거하는 시스템은 예전부터 있었지만, 이 재생자전거 프로젝트는 방치된 자전거를 수리하여 저렴한 가격에 다시 판매하고, 판매수익은 서울지역 자활센터 참여주민의 자립을 위해 사용된다는 것에 차별점이 있습니다. 동시에 도시의 미관 또한 개선하는 효과가 있어 모두가 만족할 수 있는 선순환정책이라고 생각합니다."

PART
02

정책 (아쉽다고 생각하는, 개선이 필요한, 활성화가 필요한, 벤치마킹이 필요한)

1. [서울시] 서울시의 개선이 필요한 정책

"저는 서울시의 손목닥터9988의 연령 제한에 대해 아쉬운 점이 있습니다. 현재 손목닥터9988의 대상 나이는 만19~69세까지로 해당 연령이 아니면 신청할 수 없는 것으로 알고 있습니다. 시민의 건강을 증진하는 것을 목표로 사업이 진행되고 있지만 가장 건강 관리가 필요한 나이대인 70대 이상의 노인분들은 대상에서 제외된다는 것이 아쉬운 부분이라 생각합니다. 최근 70~80대의 어르신 분들도 걷기 운동 등을 통해 건강을 관리하고 있는데 손목닥터9988을 통해 관리한다면 더 효과적일 것이라 생각합니다. 따라서 연령 제한을 없애 다양한 연령대의 분들이 손목닥터9988을 활용할 수 있도록 하는 방안이 필요하다고 생각합니다."

> **TIP**
>
> **손목닥터9988**
> • 서울시민의 건강한 생활습관을 만들어주는 서울형 헬스케어
> • 무상으로 대여한 스마트워치로 맞춤형 건강관리는 물론 관련 서비스 이용 가능
> • 건강활동 미션으로 포인트 적립도 가능

◎ 지원직렬: 사회복지

답변 전략	구상	• 헌신·열정
	답변	• 그룹핑형 – [개요] 서울시 손목닥터 9988 연령제한 – [문제점] 연령 제한의 문제점, 사업의 목표를 고려했을 때의 아쉬움 – [개선방안] 연령 제한 완화
	표현	• 사례의 구체화: [문제점] 서울시 대상나이(만 19~69세), 연령 제한 완화(70대)

2. [경기 포천] **포천시에서 시행하고 있는 것 중 관심 있는 정책과 더욱 활성화할 수 있는 방안**

"제가 가장 관심 있는 포천시의 정책은 '대학생 지방행정체험'입니다. 2020년부터 실시된 대학생 지방행정체험은 포천시에 거주하는 대학생 신청자들 중에서 선발하여 시청 및 행정복지센터에서 지방행정을 체험할 수 있도록 하는 정책입니다.

제가 이 정책에 관심이 있는 이유는 2022년 포천시에서 청년인구의 유출을 막기 위해 청년정책에 많은 관심을 기울이고 있기 때문입니다. 예를 들어 포천시에서는 청년정책위원회를 구성하여 청년들의 의견을 듣는 등의 활동을 펼쳤습니다. 대학생 지방행정체험도 이러한 활동의 결과물입니다. 포천시의 중장년 및 노인인구가 약 65%를 차지하는 상황에서 청년인구의 유출을 막는 것은 장기적인 포천시의 발전에 도움이 된다고 생각합니다.

이를 활성화할 수 있는 방안으로는 신청요건을 완화하는 것입니다. 현재 대학생 지방행정체험은 휴학생이나 복학예정자 등은 신청할 수 없습니다. 신청 시 대학에 재학 중이어야만 신청할 수 있는데 2019년 통계청의 기준으로 대학 졸업자 중 휴학 경험자의 비율은 약 45%로 나타났습니다. 대학생들의 휴학 추이가 높아지는 만큼 휴학생이나 복학 예정자도 지방행정체험에 참여할 수 있도록 하면 이 정책이 더욱 활성화될 것이라 생각합니다."

◎ 지원직렬: 일반행정

답변 전략	구상	• 헌신·열정, 창의·혁신
	답변	• 답변 point: 관심 있는 이유를 개인적 측면보다 조직적·사회적 측면으로 접근해야 한다. • 기본논리형, 문제해결형 – [결론 및 부연설명] 대학생 지방행정체험 – [근거] 청년인구 유출 방지를 위한 정책활동 중 하나이기 때문 – [활성화방안] 신청요건 완화: 휴학생, 복학예정자는 신청 불가하나 대학생들의 휴학 추이가 높아지는 만큼 정책참여율 향상을 위해 필요
	표현	• 사례의 구체화 – [근거] 노인인구 비중이 높은 포천시(약 65%) – [활성화방안] 2019년 통계청 휴학 경험자 비율(약 45%)

3. [서울시] **서울시에서 개최하고 있는 축제나 관광사업**

◎ 지원자: 일반행정

"올해 8월 잠실운동장을 중심으로 서울 전역에서 개최되었던 '서울페스타2022'입니다. 세계 최대 전기차 경주대회부터 케이팝 공연, 쇼핑페스타 등의 다채로운 행사가 진행되었습니다. 서울페스타2022와 같은 관광사업은 서울시 입장에서는 관광과 지역경제를 활성화하여 침체된 지역분위기를 되살릴 수 있고, 시민 입장에서는 저렴한 상품을 구매할 수 있어 경제성이 향상되고 문화향유의 기회가 증가하여 삶의 질을 높일 수 있습니다."

  └ [후속] **'서울페스타2022'의 아쉬웠던 점은?**

"홍보적인 측면으로는 서울시 SNS계정을 구독한 사람이라면 서울페스타2022의 소식들을 쉽게 접할 수 있었지만, 그렇지 않은 사람들은 그 소식이 전해지지 않은 것 같습니다. 따라서 다음 서울페스타2022는 SNS뿐만 아니라, 서울시 공식 홈페이지의 팝업창과 동주민센터, 우체국 등의 오프라인 포스터를 통해 더욱 적극적인 홍보가 이루어졌으면 좋겠습니다. 참여적 측면으로는 프로그램 중 하나였던 전기차 경주대회가 시민들의 입장에서는 다소 비싸게 책정되었다는 의견이 있었습니다. 많은 시민들이 참여할 수 있도록 가격을 조정하여 부담을 낮추는 게 중요하다고 생각합니다."

└ [후속] 현재 서울시에서 개최하고 있는 야간관광정책에 대하여 자세히 말하라.

"야간도보해설관광에 대해 말씀드리겠습니다. 서울로7017, 낙산성곽, 인사동 등 서울의 주요 관광명소를 서울문화관광해설사의 전문적인 해설을 들으며 도보로 탐방하는 관광프로그램입니다. Visit Seoul 홈페이지를 통해 신청할 수 있으며, 코스별로 시각장애인, 청각장애인, 휠체어를 이용하는 관광객을 위한 장애인도보해설관광을 동시에 운영하고 있습니다. 아쉬운 점은 서울문화관광해설사분들이 자원봉사자로 구성되어 있기 때문에 희망 예약일자에 지원한 자원봉사자가 계시지 않을 경우, 야간도보해설관광이 어렵다는 점입니다. 이 점을 보완하기 위해 자원봉사자 분들의 지원을 미리 받고, 서울시에서 한 달 단위의 도보해설관광 스케줄을 미리 홈페이지에 업로드하면 더 많은 시민과 관광객들의 참여가 있을 것이라고 생각합니다."

4. [서울시] 서울시에서 개선이 필요하다고 생각하는 정책

   ◎ 지원자: 일반행정

   "서울시가 시행하고 있는 '청년대중교통지원제도'입니다. 청년대중교통지원제도는 만 19~24세의 서울시 거주 청년들을 대상으로 교통카드 이용금액의 20%를 마일리지로 적립해 주는 제도입니다. 서울시가 시행하고 있는 대부분의 청년정책의 연령이 만 19~39세인 반면, 청년대중교통지원제도의 연령 폭이 좁은 것이 아쉬웠습니다. 이는 사회에 첫발을 내딛는 20대 초반 청년들의 교통비 부담을 덜어 주는 것을 목적으로 하고 있기 때문이지만, 아직 자리를 잡지 못한 20대 중후반 취업준비생의 교통비 부담도 만만치 않다고 생각합니다. 따라서 만 24세를 기준으로 구간을 나누어, 만 25세 이상의 청년들은 마일리지 지원 퍼센트를 약간 하향조정하고, 아직 취업준비생임을 증명할 수 있는 서류를 제출하는 등의 절차를 마련하여 교통비를 지원한다면, 서울시의 예산적 부담을 최소화하면서도 20대 중후반 청년들의 교통비 부담을 줄일 수 있을 것이라고 생각합니다."

03 기관

1. 구청 vs 시청 선호 근무지

"구청과 시청 어디에서 근무하게 되어도 맡은 업무를 성실히 수행할 자신이 있지만, 제게 선택권이 주어진다면 저는 시청에서 먼저 근무해 보고 싶습니다. 제가 살고 있는 자치구의 업무조직도를 살펴보니 문화관광과가 있었지만 그 업무의 범위가 자치구로 한정되어 있었습니다. 서울시의 종합적인 관광계획 추진업무에 관심이 있는 저로서는, 서울시청에서 근무하면서 자치구뿐만 아니라 서울시 전체의 발전을 위해 힘쓰고 싶습니다."

└ [후속] 행정복지센터란?

"행정복지센터란 관할지역단위의 민원과 주민복지 서비스 지원을 위한 역할을 수행하는 기관입니다. 또한 선거 시에는 선거인명부 작성, 투표소 설치 등 선거실무 전반을 담당하기도 합니다. 최초의 명칭은 동사무소였지만 주민센터라는 명칭변경을 거쳐 현재는 행정복지센터라는 명칭이 되었습니다. 줄임말로 '행복센터'라고도 불려 주민들에게 따뜻하고 편안한 이미지를 주는 반면, 명칭을 바꾼 지 10년 이상 지난 지금까지도 일부 주민들은 동사무소 혹은 주민센터라는 명칭을 더 많이 사용하며, 행정복지센터라고 하면 민원인 특히 노인 분들이 잘 이해하지 못하는 경우가 많아 공무원들도 그냥 주민센터, 동사무소라고 안내하는 경우가 많습니다. 행정복지센터 명칭을 널리 알리기 위해 버스정류장 명칭을 행정복지센터로 더 많이 표기하되, 괄호처리로 주민센터와 같은 기관임을 알리고, 민원인에게도 행정복지센터에 대해 더 자세히 설명드리면 좋을 것 같습니다."

CASE 04 [지역·시정·직렬] 세부패턴: 직렬

01 직무이해

1. [직무이해] **보건연구사가 하는 일에 대해 아는 대로 말하세요.**
"서울시 보건연구사는 서울시민의 건강을 위해 질병과 식약품 시험검사 및 조사연구를 수행하는 직무입니다. 많은 보건연구사 분들께서 식중독, 동물 매개 질병 등의 각종 감염병에 대하여 신속한 질병감시를 하고 있으며, 농수산물의 농약잔류검사, 중금속검사 등을 통하여 안전한 먹거리를 제공하기 위해 노력하고 계십니다. 최근 코로나19의 계속된 유행으로 신종감염병 부서를 신설하여 좀 더 빠르고 정확한 검사업무를 통해 확산방지 및 종식을 위해 노력하고 계신 것으로 알고 있습니다."

2. [직무이해] **일반행정직이 하는 일에 대해 아는 대로 말하세요.**
"일반행정은 시·구청, 주민센터 내 여러 부서의 행정적 업무를 담당하기 때문에 다양한 분야에 배치되는 것으로 알고 있습니다. 주민센터에 배치되는 경우 주민등록, 인감, 전출입 업무를 담당하게 됩니다. 시·구청에 입직하게 될 경우 홍보과에 배치된다면 보도업무 자료작성, SNS 운영, 현수막 제작과 같은 오프라인 업무 등을 담당하고, 복지과에 배치된다면 복지 보조기구 구입 및 행정업무, 저소득층 사업 관련 대상자 선발 등의 업무를 담당하게 됩니다. 이외에도 정책기획, 건축 인허가 보조업무 등을 담당할 수도 있습니다. 어떤 부서에 배치되든 지방직 행정직은 시민의 삶과 직결되기 때문에 제 자신의 일처럼 생각하고 최선을 다하도록 하겠습니다."

3. [직무이해] **세무직이 하는 일에 대해 아는 대로 말하세요.**
◎ Original Ver.
"지방직 세무공무원은 지방세를 담당합니다. 국가직과 다른 점은 법인세, 소득세(양도소득세, 종합소득세) 등의 세금업무를 담당하지 않는다는 것입니다. 제가 지원한 서울시에서는 세분화된 세금을 다루는 업무를 하며, 주로 자동차세, 재산세, 취득세, 등록면허세, 지방소비세, 지방교육세 등의 세금 업무를 담당합니다. 뿐만 아니라 지방세 관련 고충민원의 처리와 세무상담 등에 대한 전반적인 민원업무를 진행하며 세무조사를 하거나 세무조사기간 연장 및 연기에 관련된 업무를 진행하기도 합니다. 그 밖에도 납세자 권리보호, 고액체납자 명단공개, 세외수입 관리 등 다양한 업무를 처리합니다."

"국가직과 다른 점은 법인세, 소득세(양도소득세, 종합소득세) 등의 세금 업무를 담당하지 않는다는 것입니다. 인천시 지방직 세무공무원은 11개의 지방세 세목의 부과, 감면, 징수에 관련된 신고서와 서류를 검토하여 인천시의 재정수입에 기여하는 업무를 수행합니다."

4. [직무이해] 건축직이 하는 일에 대해 아는 대로 말하세요.

"건축직은 건축계획부터 해체까지 모든 과정을 인허가하고 건축물 관리, 불법건축물에 관한 민원처리 업무 등을 합니다. 단순히 건축물만 인허가를 내주는 것이 아니라 시공을 할 때 필요한 비계나 가설건 축물도 법규에 맞게 설계되었는지, 설치를 해도 되는 위치인지 확인하고 허가해 주는 것으로 알고 있습 니다. 불법건축물에 관한 민원처리는 과거 측량과 현재 측량이 달라 오차범위가 있어서 생기는 문제 등 에 대한 민원, 도로 적치물, 간판 등에 관한 민원이 들어오면 현장에 가서 확인하고 처리하는 업무를 하는 것으로 알고 있습니다."

5. [직무이해] 전기직이 하는 일에 대해 아는 대로 말하세요.

"전기직은 기본적으로 전봇대, 신호등, 하수처리장 등의 생활기반시설을 유지관리하는 업무를 담당하고 설비 관련 민원처리, 신호등, 전봇대 신설사업, 전기 관련 행정사무 업무도 진행하는 것으로 알고 있습니 다. 업무 외 전기직이 수행하는 사업 분야로는 스마트 그린시티를 위한 전기차 충전소 설치 사업, 스마트 관망관리 인프라 구축사업 등이 있으며 그 외에 노후한 전기시설을 보강하는 사업을 담당하게 됩니다."

6. [직무이해] 일반행정직에 있어서의 전문성이란?

"첫째, 다양한 민원인들을 잘 응대하는 능력이라고 생각합니다. 따라서 평소 민원응대 매뉴얼 사례를 숙지하고, 민원응대 역량을 위한 다양한 교육참여가 필요하다고 생각합니다.

둘째, 조직 안에서 상사 및 동료들과 문제없이 잘 지낼 수 있는 친화력이라고 생각합니다. 친화력이 없 으면 팀워크가 깨지고 팀워크가 깨지면 좋은 업무성과를 낼 수 없다고 생각합니다.

셋째, 다양한 업무와 업무 관련 법령들을 잘 숙지하고 행정절차에 맞게 공정하게 처리하는 능력이라고 생각합니다.

넷째, 기획과 행정상의 문서작성과 서류정리를 잘 할 수 있는 능력 등이라 생각합니다."

7. [어려운 점] 사회복지직 업무에서 예상되는 어려움

"복지에 해당되는 여러 대상자와 관련 법이 다양하여 해당 내용을 완벽하게 숙지하는 데 오랜 시일이 걸릴 것으로 예상됩니다. 이에 따라 체계적인 자기개발 계획이 중요하다고 생각됩니다. 우선 입직 후 담당업무를 완벽하게 숙지하고, 담당업무와 관련된 주요 대상자를 확인한 뒤 민원의 우선순위를 확인하 겠습니다. 또한 관련 사례집 및 법령을 꾸준히 공부하여 신규공무원 티가 나지 않도록 노력하겠습니다. 이후 가능하다면 제가 담당하는 업무와 관련된 타 지역의 우수사례가 있는지 확인하여 저의 지자체 특 성에 맞춰 벤치마킹이 가능한지 검토하여 성남시 발전에 기여하겠습니다. 감사합니다."

8. [아쉬운 점] 복지행정에서 아쉬운 점

"복지사각지대의 발생이라고 생각합니다. 하지만 최근 기초생활수급자의 부양의무자 폐지 등 복지사각 지대가 발생하는 기준이 완화되고 복지수급 향상을 위한 제도가 활성화되고 있다고 생각합니다."

9. 직무가 적성에 맞지 않는다면 어떻게 하시겠습니까?

◎ 지원자: 일반행정

"「헌법」 제7조 제1항은 공무원의 국민에 대한 책임을 명시하고 있고, 공무원의 6대 의무에는 성실의 의무가 있습니다. 따라서 공무원이 자신에게 주어진 직무가 적성에 맞지 않는다는 등의 이유로 업무를 소홀히 한다는 것은 용납될 수 없다고 생각합니다. 또한 어떠한 일이든 자신이 좋아하는 일만을 하기 원한다면 조직의 업무는 원활하게 돌아가지 않을 것입니다. 다만, 공무원도 사람이기 때문에 적성에 맞지 않는 일을 계속한다면 분명 실수가 있거나 최선을 다하지 못하는 일이 발생할 수도 있다고 생각합니다. 이런 경우, 상사 혹은 동료와 상담을 통해 문제를 해결할 수 있는 방법을 찾아 해결하도록 하겠습니다. 어떠한 업무를 맡더라도, 부족하더라도 꾸준하고 책임감 있게 근무하여 공직에 도움이 될 수 있는 공무원이 되겠습니다."

10. 모르는 업무가 주어진다면 어떻게 할 것인가?

◎ 지원자: 일반행정

"업무를 하다 보면 익숙지 않거나 새로운 업무를 접할 상황은 빈번하게 일어난다고 생각합니다. 어떤 상황에서든지 책임감 있게 업무수행을 하려는 태도가 중요하다고 생각합니다. 따라서 저는 담당 업무를 수행했던 동료에게 물어보거나 관련 업무의 법령과 매뉴얼을 숙지하겠습니다. 또한 이 과정에서 업무처리가 지연되지 않도록 자기개발을 해 빠른 시일 내에 능숙하게 업무를 처리할 수 있도록 노력하겠습니다."

---

02 보유역량

직무역량

1. [자세·역량] 전기직에 필요한 자세 및 역량

"전기직 공무원에게 필요한 역량은 문제의 원인을 분석하는 자세입니다. 전기직 공무원의 경우 하수 처리장, 배수펌프와 같은 생활기반시설들을 관리하는 업무를 수행합니다. 인천 수돗물 유충사태나 최근 경기지방 홍수와 같이 이러한 설비들을 철저하게 관리한다고 해도 문제는 발생합니다. 따라서 동일한 문제가 재발하는 것을 방지하기 위해서 원인을 분석해야 합니다.

저는 학부시절 전기회로실험 등의 여러 실험을 하며 회로의 출력과 이상현상의 원인을 분석했고, 작은 변수에도 전혀 다른 결과가 나올 수 있다는 것을 깨달았습니다. 이런 경험을 통해 업무를 수행하며 과거와 동일한 문제들이 발생하는 것을 방지하기 위한 분석력이 중요하다고 생각합니다.

이외에도 민간업체에 하청을 주는 과정에서 합의점을 찾는 의사소통능력, 안전수칙을 준수하는 자세가 필요하다고 생각합니다. 설비들은 3.3kv 이상이기 때문에 귀찮다고 안전수칙을 지키지 않으면 가정용 220v에도 사망사고가 발생할 위험이 있기 때문입니다."

2. [자세·역량] 세무직에 필요한 자세 및 역량

"세무직에 필요한 자세와 역량은 청렴성과 전문성이라고 생각합니다. 세무직은 시민이 납부한 세금을 다루는 업무를 맡습니다. 이때 청렴성을 가지고 업무를 수행해야만 꼭 필요한 곳에 세금이 쓰일 수 있습니다. 또한 세무와 회계 관련 지식을 숙지하는 전문성을 가져야 어려움 없이 업무에 임할 수 있다고 생각합니다. 물론 공직자로서 지켜야 할 여러 가지 공직가치가 있지만 세무직은 특히 청렴성을 유지해야 시민으로부터 신뢰를 얻을 수 있습니다. 작년에도 뉴스기사화 되었던 세무공무원의 비리에 관한 문제는 시민들에게 매우 민감한 사항입니다. 세금이 필요한 곳에 쓰이지 않고 엉뚱한 곳으로 흘러갔을 때 세무공무원에 대한 신뢰는 쉽게 깨지게 됩니다.

전문성도 마찬가지입니다. 세무와 회계에 대한 지식 없이 세금 관련한 업무를 수행한다는 것은 매우 어려운 일입니다. 저는 세무 관련 문제로 담당 부서에 연락을 드렸을 때 뛰어난 지식을 보유하신 세무공무원 분에게 빠르고 정확하게 도움을 받았던 경험이 있습니다. 때문에 세무공무원은 세무와 회계에 대한 전문성을 가지고 시민 분들께 도움을 드려야 한다고 생각하게 되었습니다. 저는 청렴성과 전문성을 바탕으로 업무에 임하는 공직자가 되겠습니다."

3. [자세·역량] 사회복지직에 필요한 자세 및 역량

"제가 생각하는 사회복지직에서 가장 필요한 자세는 공정성입니다. 왜냐하면 사회복지직은 다른 공직보다 국민의 생활에 밀접하게 연결되어 있기 때문입니다. 예를 들어 대표적인 사회복지 업무라 할 수 있는 수급자 선정 같은 경우, 수급자로 선정되느냐 아니냐는 당사자에게 대단히 중요한 문제입니다. 여기에 명확한 기준을 세워 공정하게 처리하지 않으면 선정되지 못한 사람은 납득하지 못하고 불만을 가질 수밖에 없습니다. 자기 생활에 직접 관련되어 있기 때문에 타 업무보다 더 큰 불만을 가질 가능성이 큽니다. 이런 특정 상황 외에도 공정한 업무처리가 되지 않으면 다양한 문제가 발생할 수 있습니다. 그렇기 때문에 공정성은 모든 공직에서 중요하지만 사회복지직은 특히 중요하다고 생각합니다."

4. [자세·역량] 일반행정직에 필요한 자세 및 역량

"일반행정직에게 필요한 역량은 순발력을 겸비한 민원응대입니다. 다양한 연령층의 민원인을 상대하는 업무특성상 민원인의 니즈 및 성향에 맞춰 적절하게 응대하는 태도가 중요하다고 생각하기 때문입니다. 특히 순발력을 겸비한 민원응대를 위해서는 고객 유형 및 성향에 대한 지식이 선행되어야 한다고 생각합니다. 이에 관련된 저의 경험을 말씀드리겠습니다. 평소 소통에 관심이 많아 관련된 책을 읽고 화장품 편집샵에서 아르바이트를 하며 배운 내용을 실천하고자 했습니다. 호감이 느껴지는 소통을 위해 고객 연령대에 맞는 관심사를 찾아 질문을 하려 노력했습니다. 예를 들어 반려견을 데리고 오는 손님들에게는 반려견 행동교정, 호텔링 등 고객의 관심을 끌 수 있는 대화를 하며 상품 추천에 부담을 느끼지 않도록 노력하곤 했습니다. 그 결과 아르바이트를 하는 동안 단골고객을 유치할 수 있었습니다. 공무원이 되어 민원인에 대한 대처능력을 기르기 위해 끊임없이 노력하고 전문성을 강화하도록 하겠습니다."

5. [자세·역량] 환경연구사에게 필요한 자세 및 역량

"환경연구사로서 필요한 역량은 '책임감'이라고 생각합니다. 환경연구사는 시민들이 신뢰할 수 있는 측정자료를 제공해야 되기 때문에 정확히 분석해야 된다는 책임감이 중요하다고 생각합니다. 저는 석사과정 동안 제가 해온 연구에 대해 논문을 써서 마무리를 지어야 된다는 책임감을 가지고 있었습니다. 이 책임감 덕분에 SCI급 논문 1편을 작성할 수 있었습니다. 제가 환경연구사가 된다면 시민들이 신뢰할 수 있는 정보를 제공해야 된다는 책임감을 가진 공무원이 되겠습니다."

직무강점

1. 직무강점

"제 직무강점 두 가지를 말씀드리겠습니다.

첫째, 전문성입니다. 대학교에서 '비교사회복지론' 강의를 수강하며 우리나라의 복지정책과 외국 사례를 비교하여 두 차례 연구한 경험이 있습니다. 우선 노인복지 분야에 대해서, 「부모부양법」을 제정할 정도로 전통적인 효를 중요하게 생각하는 싱가포르와 실버타운 등 실버산업이 가장 발달한 미국의 사례를 비교하여 보고서를 작성하였습니다. 다음으로 노동복지 분야에 대해서, 우리나라의 고용보험과 독일, 네덜란드, 스웨덴의 노동시장정책을 비교분석하는 조과제를 수행하여 발표하였습니다. 이런 경험을 바탕으로 제가 맡은 업무에 해당하는 성공한 외국의 복지정책을 분석하여 경기도의 복지정책 발전에 기여할 수 있을 것이라고 생각합니다.

둘째, 성실성입니다. 패스트푸드점에서 1년 이상 마감타임 아르바이트를 한 적이 있습니다. 아르바이트를 할 때 매일 사용하는 조리기구 외에도 매장 내 모든 청소를 마치고 퇴근했습니다. 덕분에 본사에서 온 불시검문에서 좋은 점수를 받을 수 있었고, 본사의 지원금을 받을 수 있었습니다. 사회복지직 공무원이 되어서도 제 강점을 살려 성실하게 업무를 수행하겠습니다."

◎ 지원직렬: 사회복지

답변 전략	구상	• 헌신·열정
	답변	• 그룹평형 　- [개요] 직무강점 2가지 소개 　- [강점 1: 전문성] 국내외 복지사례 연구 경험 　- [강점 2: 성실성] 아르바이트 경험
	표현	• 사례의 구체화 　- [강점 1: 전문성] 비교사회복지론 강의 수강: 노인복지 분야(미국사례 vs 국내사례), 노동복지 분야(국내 고용보험 vs 독일, 네덜란드, 스웨덴 노동시장정책 분석) 　- [강점 2: 성실성] 마감타임 아르바이트 시 조리기구 외 매장 내 모든 청소, 본사의 지원금 수령

2. 직무강점과 지난 경험(경력)이 업무에 어떠한 도움을 줄 수 있는지?

◎ 지원자: 일반행정

"일반행정직 업무수행에 필요한 직무강점 2가지를 말씀드리겠습니다.

첫째, 소통능력입니다.

일반행정직은 민원을 응대하거나, 혹은 정책을 추진하는 과정에서 민관협치를 진행할 때 다양한 관계자들과 업무를 함께하게 됩니다. 이러한 점에서 소통능력은 '필수' 자질이라고 생각됩니다. 음식점 서빙 아르바이트 당시 손님이 붐비는 시간이더라도 한 분 한 분 응대하고, 음식점 내 불편한 점이 없는지 의견을 청취하곤 했습니다.

둘째, 홍보기획능력입니다

'좋은 정책은 홍보로써 완성된다'라고 생각합니다. 고등학교 홍보동영상 제작을 진행했습니다. 기존 학교 홍보영상의 틀을 깨고 학생들의 관심을 유도할 수 있는 k팝의 가사를 개사해 학교를 홍보하고, 학교친구들과 선생님, 교장선생님까지 섭외해 학교소개 뮤직비디오를 제작했습니다.

서울시는 시민소통정책을 강조하는 만큼 다양한 축제나 정책, 챌린지를 SNS를 통해 홍보하며 다각도적 노력을 하고 있습니다. 향후 경기도 일반행정직 공무원이 되어 재치 있는 기획을 통해 경기도의 좋은 정책을 더욱 알리고 싶습니다."

3. 일반행정직으로서 지원자의 직무강점은 무엇인지?

◎ 지원자: 일반행정

"첫째, 신속·정확한 일처리입니다.

적응력이 빠르다 보니 일처리를 하는 것에 어려움을 겪지 않았습니다. 최근 산업인력공단에서 외국인명단을 확인하고 수정하는 업무를 처리했는데 일처리가 마음에 드셨는지 매우 흡족해 칭찬을 아끼지 않으셨습니다. 이러한 일처리 능력을 십분 발휘할 수 있는 공무원이 되겠습니다.

둘째, 문제해결을 위한 의사소통능력이 우수합니다.

서비스업에서 일했을 때 탄 커피가 나가게 되어 목소리가 높아지게 되는 상황이 있었는데 고객님의 마음을 헤아려드리고 사과를 드리니 고객님께서 누그러지셨고 바로 커피를 다시 제조해드려서 문제 없이 해결할 수 있었습니다. 이러한 의사소통능력을 바탕으로 타인의 목소리에 귀를 기울이고 해결할 수 있는 공무원이 되겠습니다.

셋째, 전문지식을 가지고 있습니다.

경기도 일반행정직 공무원이 되기 위해 전산세무 2급 자격증과 컴퓨터활용능력을 취득하였습니다. 또한, 현재 경기도 이슈의 흐름을 알기 위해 뉴스시청을 게을리하지 않고 있습니다."

4. 사회복지직으로서 지원자의 직무강점은 무엇인지?

◎ 지원자: 사회복지

"네. 제가 가진 장점은 직무수행을 위한 적극성입니다. 저는 3년간 여성복지기관에서 상담 및 구조지원사업 등을 맡았습니다. 피해여성을 상담할 때에 공감과 지지하는 점에 부족함을 느꼈고 상담을 더 잘하고 싶은 마음이 생겼습니다. 그래서 평생교육원의 상담심리과정을 수강하여 상담심리사 2급을 취득하였습니다. 이외에도 실적에 필요한 엑셀업무나 홍보를 위한 영상작업 등 업무에 필요한 일이라면, 퇴근 후에도 혼자 공부하거나 시청의 교육과정을 수강하기도 하였습니다.

다음으로, 전문성입니다. 저는 사회복지를 전공하였으며 사회복지사 1급을 취득하였습니다. 사회복지는 법령, 정책, 실천론 등 다양한 범위의 학문이며, 복지공무원 역시 정책과 법 등을 알고 있어야 주민들에게 쉽게 설명해줄 수 있습니다. 저의 전공을 살려 문제를 겪는 주민들에게 도움을 드리겠습니다."

5. 지원자의 장점이 특히 토목직에 필요한 이유

◎ 지원자: 토목직

"토목직에서 창의성이 필요한 이유는 지역의 문화적 발전을 위해 보다 뛰어난 심미성을 갖춘 교량을 건설하고, 근로자와 시민들의 안전, 환경, 편의성을 높이기 위한 방법을 끊임없이 고민해야 하기 때문입니다. 콘크리트의 구조는 안전성, 사용성, 내구성, 미관을 갖도록 하게 되어 있으며 내진설계기준의 경우에도 "창의력을 발휘하여 보다 발전된 설계를 할 경우 이를 인정한다"처럼 창의적인 부분을 인정하는 경우도 있습니다. 그리고 국내에 인천대교를 포함하여 다양하게 시도된 교량들은 각 지역을 대표하는 교량으로 문화적인 명소로 각광을 받고 있습니다. 이처럼 토목직에는 기존과 다른 참신함으로 새로운 공법을 찾아 더 나은 방법을 구상하고, 단순한 기능의 구조물이 아닌 미적 요소를 지닌 명소로 탈바꿈할 수 있다는 점에서 토목직의 창의성은 꼭 필요하다고 생각합니다."

6. 지원자의 장점이 특히 '찾아가는 복지과'에 필요한 이유

◎ 지원자: 사회복지

"저의 장점은 '공감능력과 소통'입니다. 중학교 때부터 수업을 해 오던 고1 학생이 학교를 자퇴하겠다면서 부모님과는 상담하고 싶지 않다며 저에게 상담을 해 온 난감한 상황에 빠지게 된 적이 있었습니다. 부모님과 학생 사이에서 1년 정도의 시간을 어느 날은 학생의 결단에 공감하고, 어느 날은 부모님의 입장에 공감하며 소통을 이어 나가는 중간 다리 역할을 했습니다. 그 결과 그 학생은 무사히 학교도 졸업하고 대학교까지 입학할 수 있게 되었습니다.

이런 저의 공감능력과 소통을 바탕으로 복지혜택을 받을 수 있음에도 사회적 낙인 때문에 거부감을 갖고 있는 시민들이 맞춤복지혜택을 받을 수 있도록 이끌겠습니다. 또한 정보가 부족하여 복지혜택을 받지 못하고 있는 시민들과도 적극적으로 소통하여 제도권 안에서 안정된 복지혜택을 받을 수 있도록 돕겠습니다."

7. 직무수행에서의 수험생의 강점은 무엇이며 지원자를 왜 뽑아야 하는가?

◎ 지원자: 전기직

"저의 강점은 작은 이상현상조차도 예민하게 바라보는 태도입니다. 학부시절 전기회로실험 과목을 수강하며 회로에 발생한 이상현상을 무시했다가 문제가 생긴 적이 있습니다. 회로의 출력이 오차를 넘었음에도 불구하고 그 차이가 미세하다는 이유로 무시했었습니다. 그 결과 회로를 구성하는 소자들이 연기를 내면서 타버리는 일이 발생했습니다. 이때의 경험으로 사소해 보이는 이상현상도 좌시해서는 안 된다는 것을 깨달았습니다. 전기직 공무원이 담당하는 생활기반시설들에 약간의 이상이라도 발생한다면 수돗물 유충사태와 같이 시민들의 일상에 불편함이 생깁니다. 직무를 수행하며 작은 이상도 놓치지 않는 공무원이 되겠습니다."

1. 인천시 세무직 공무원이 되기 위해 노력한 점

◎ 지원자: 지방세

"저는 세무직 공무원이 되기 위해 세무사 자격증 공부와 회계사 자격증 공부를 계속해 왔습니다. 저는 세무 관련 전공자는 아니지만 제가 지원한 직렬에 대한 전문성을 높이기 위해 세무사 자격증 그리고 회계사 자격증 공부를 계속함으로써 전문성을 쌓아 갔습니다. 이렇게 쌓은 지식은 업무를 수행할 때나 민원인 분들께 도움을 드릴 때 큰 힘이 될 것입니다. 자격증을 취득한 후에도 저 자신의 전문성을 갈고 닦기 위해 끊임없이 노력할 것입니다. 특히, 세무법령은 자주 바뀌기 때문에 새로운 법령을 자주 확인하는 부지런함으로 업무에 임하는 태도를 유지하겠습니다."

2. 세무직 공무원이 되기 위해 어떤 노력을 했는지?

◎ 지원자: 지방세

"우선 전문성을 갖추기 위해 대학교 시절 회계를 전공하면서 회계원리부터 세법까지 관련 과목을 우수한 성적으로 이수하며 세무직 업무에 필요한 관련 지식들을 쌓았습니다. 또한 1년간의 전화상담원 아르바이트 경험을 통해 고객 유형별 응대요령을 익혔습니다. 입직 후에도 업무가 끝난 후 개정되는 세법을 꾸준히 공부하고 전산회계 같은 자격증을 따기 위해 자기계발에 힘쓰겠습니다. 또 공무원은 국민을 위한 봉사자라는 마음을 잊지 않고 청렴하며 소신을 가지고 맡은 바를 다하는 공직자가 되겠습니다."

3. 축산직 공무원이 되기 위해 노력한 점

◎ 지원자: 축산직

"저는 축산직 공무원이 되기 위해 관련 자격증을 취득했으며, 여러 문제를 풀면서 이론적 배경지식을 많이 쌓았습니다. 하지만 이외에도 저는 직무와 관련해 실전적인 경험을 쌓으려 일찍부터 노력했습니다. 대학 강의시간에 소 거세와 관련한 가축생식 실습을 해 보았고, 조별로 동물의 여러 신체부위에 대한 보고서도 작성했었습니다. 이러한 활동들을 통해 직무에 대한 지식을 쌓았을 뿐 아니라 동시에 협동심과 책임의 가치를 배웠습니다. 더불어 지저분한 양계장을 청소하는 현장체험에 참여하면서 역지사지(易地思之)의 마음이 중요하다는 것을 몸소 체험했습니다. 가축들도 인간들과 마찬가지로 위생이나 사료의 영양소 등을 각별히 신경 써 주지 않는다면 몸과 마음이 병들게 됩니다. 따라서 저는 가축들을 적절한 방식으로 사육하고 연구하면서 궁극적으로는 건강한 가축을 필요로 하는 우리 사회에 이바지하고 싶습니다."

4. 농업직 공무원이 되기 위해 어떤 노력을 했는지?

◎ 지원자: 농업직

"제가 농업직 공무원이 되기 위해서 한 노력은 직접 경험입니다. 농업인에게 실질적으로 도움이 되기 위해서는 그들이 필요로 하는 것이 무엇인지 몸소 느끼는 것이 중요합니다.

저는 대학에서 농업 관련 지식을 배웠지만 직접 농사를 지어 본 경험은 없었습니다. 그러나 이론과 현실은 다를 거라고 생각했기에 작년에 직접 농사에 참여해 보았습니다. 직접 경험해 보니 농사는 이론처럼 명확하게 이루어지기 힘들었고 변수가 많았습니다. 농작물이 비, 가뭄, 온도, 병충해 등에 생각보다 더 예민해서 관리에 조금만 소홀해도 농작물로서의 가치가 떨어지는 것을 보았습니다. 이 과정에서 제가 농업직 공무원이 된다면 농업인들이 원활하게 농사를 지을 수 있도록 빠른 대응을 통해 최대한 뒷받침하고 싶다고 생각했습니다."

5. 사회복지직 공무원이 되기 위한 수험생의 노력과정에 대해 말하라.

◎ 지원자: 사회복지

"앞서 말씀드렸듯이 저는 상담업무를 보완하기 위하여 '상담심리사' 교육과정을 수강하였습니다. 또한, 상담원으로 근무하면서 '경청'의 중요성을 깨달았습니다. 한 번은 상담할 때 내담자로부터 기록을 지적받았던 적이 있습니다. 기록하기보다는 눈을 보며 내담자의 말을 들어주는 것이 중요함을 깨닫고 경청하려고 노력하였습니다.

마지막으로 공직은 국가에 일임을 알고 주변에 관심을 갖는 게 중요하다고 생각합니다. 저는 이웃에게 항상 인사를 하며 노약좌석 양보하기, 신호등 지키기 등 기본을 지키려고 노력하였습니다."

02 실무역량

직무상황: 직무

1. 어려운 형편이지만 수급대상자가 아닌 사람이 수급대상자로 해 달라고 한다면?

"공무원은 법에 따라 업무를 처리해야 하기 때문에 이 경우 수급대상자로 해 줄 수 없는 것이 원칙입니다. 하지만 그 사람이 복지사각지대에 있어서 어려운 형편인데도 지원을 못 해주는 경우라면, 예외적 승인이 가능하다고 알고 있습니다. 그렇기 때문에 예외적 승인이 가능한지 검토해 보고, 그것도 불가능하면 민간복지로 연결해 줄 수 있는지 알아보겠습니다."

◎ 지원직렬: 사회복지

답변전략	구상	• 헌신·열정, 창의·혁신
	답변	• 상황형 – [판단] 공무원은 법에 따라 업무처리를 해야 함 – [해결방안] 경제적으로 어려운 형편인 수급자의 예외적 승인 재검토 → 힘들 경우 민간복지 연결 고려
	표현	—

2. 형편이 어려운 할머니에게 쓰레기 과태료를 부과할 것인가?

"공무원은 법규를 준수해야 하기 때문에 할머니께 과태료를 부과해야 한다고 생각합니다. 그러나 부과하는 데서 멈추는 것이 아니라 형편이 어려울 경우 과태료 금액의 감면대상이 되는지, 분할해서 납부가 가능한지 등 법적 태두리 내에서 부담을 경감시킬 방안을 찾아봐야 합니다. 마지막으로 이런 상황이 재발하지 않도록 하기 위해 할머니께 쓰레기 무단투기 시에 부과될 법적인 조치와 그 결과에 대해 다시 한 번 자세히 설명해 드려야 한다고 생각합니다.”

◎ 지원직렬: 사회복지

답변 전략	구상	• 헌신·열정, 창의·혁신
	답변	• 배경지식 [「질서위반행위규제법」상 과태료 감경제도] – 자진납부자에 대한 과태료 감경(「질서위반행위규제법」 제18조 제1항·제2항): 행정청은 당사자가 사전통지 및 의견제출 등의 기한 이내에 과태료를 자진하여 납부하고자 할 경우 20% 이내로 과태료를 감경해 줄 수 있으며, 당사자가 감경된 과태료를 납부하면 과태료 부과 및 징수절차 종료 – 사회적 약자에 대한 과태료 감경(「질서위반행위규제법 시행령」 제2조의2 제1항·제2항): 행정청은 사전통지 및 의견제출 결과 당사자가 다음과 같은 어느 하나에 해당하는 경우에는 해당 과태료의 50% 범위에서 과태료를 감경할 수 있으며 이러한 사유가 여러 개에 해당하더라도 중복감경은 되지 아니하나, 자진납부 감경은 중복감경 사유에 해당 [사회적 약자] – 「기초생활보장법」 제2조에 따른 수급자 – 「한부모가족지원법」 제5조 및 제5조의2 제2항·제3항에 따른 보호대상자 – 「장애인복지법」 제2조에 따른 제1급부터 제3급까지의 장애인 – 「국가유공자 등 예우 및 지원에 관한 법률」 제6조의4에 따른 1급부터 3급까지의 상이등급 판정을 받은 사람 – 미성년자 [과태료 감경대상 사실입증] 행정청은 질서위반행위자가 감경대상자에 해당하는지를 미리 확인할 의무가 없기 때문에 원칙적으로 감경대상자는 사전통지에 따른 의견제출기간 종료 전까지 스스로 감경대상자에 해당한다는 사실을 입증하여야 함 • 상황형 스피치 – [판단] 공무원은 법에 따라 업무처리를 해야 함 – [해결방안] 경제적으로 어려운 형편인 수급자의 예외적 승인 재검토 → 힘들 경우 민간복지 연결 고려
	표현	–

직무상황: 민원

1. **민원인과의 전화상담 중 '당신의 말투가 마음에 안 드니 상사와 통화하겠다'고 한다면 어떻게 하겠는가?**
"의도치 않게 민원인에게 기분을 상하게 한 부분에 대해 사과를 드려야 한다고 생각합니다. 또한 사과를 드리면서 즉시 저의 말투를 부드럽게 말하려고 노력하겠습니다. 군복무 시절 업무상 전화를 받을 때 사투리 억양이 심해 상대가 저를 쏘아붙이는 듯이 말하는 것처럼 느껴진다고 얘기해 주신 적이 있습니다. 저의 의도와 다르게 상대방은 오해를 할 수 있는 상황이 충분히 있을 수 있다고 생각합니다. 사과드린 후에도 민원인께서 불편함을 이야기하시면서 상사와 통화를 하겠다고 말씀하시면, 상사와 통화를 연결시켜 드리기 전에 민원인이 불편해 하는 이유와 부족한 점을 보고한 후 통화연결을 시켜드리도록 하겠습니다.”

◎ 지원직렬: 일반행정

답변 전략	구상	• 헌신·열정, 창의·혁신
	답변	• 배경지식 [상급자(기관장 등) 통화요구] – 민원의 요구에 끌려가지 말고 기관 입장 설명 – (1단계) 실무자 대응: 기관장으로부터 민원 관련 권한을 위임받았음을 설명하고 일관되게 응대 "말씀을 잘 듣고 도와드릴 수 있는 방법을 찾아보겠습니다." – (2단계) 부서장 대응: 불만이 지속되고 상급자와의 통화를 요구할 때 "담당부서 책임자에게 연락드리도록 하겠습니다. 잠시만 기다려주시겠습니까?" 이후 담당 부서장 또는 상급자가 통화 진행 • 상황형 – [판단] 민원인에게 사과드리도록 하겠음 – [근거] 군 복무 시절 업무상 전화 시 사투리 억양으로 인해 오해받았던 경험 – [해결방안] 사과 → 그럼에도 상사와의 통화를 요구할 경우, 상사에게 현재 상황을 먼저 보고한 뒤 통화연결 진행
	표현	–

2. 민원인이 불만을 표시하여 난동을 부리면 어떻게 하시겠습니까?

"민원인께서 불만을 표시하는 데에는 이유가 있다고 생각합니다. 또한 공무원은 국민 전체의 봉사자로서 민원인의 불만을 해결해야 할 의무가 있다고 생각합니다. 먼저 민원인께서 불만을 표시하는 이유를 확인하기 전에 충분한 사과를 통해 민원인을 진정시키겠습니다. 또한 문제를 최대한 빠르게 해결하도록 하겠습니다. 하지만 불만의 표시가 과해 난동을 부리는 행위가 지속되어 다른 민원인에게 피해를 주는 상황이라면, 국민의 안전을 지켜야 한다는 의무 차원에서 정중하게 경고를 드리고 빈 사무실로 민원인을 이동시키도록 하겠습니다. 충분한 안정을 취하실 때까지 기다린 후 불만의 원인을 찾기 위해 최선을 다하겠습니다."

◎ 지원직렬: 일반행정

답변 전략	구상	• 헌신·열정, 창의·혁신
	답변	• 배경지식 [민원인이 물건파손을 하는 경우 대응방안] – 민원인이 민원실 내 물품파손 시 청원경찰, 동료직원 등과 함께 민원인을 제지 – 타 민원인을 대피시킨 후 상급자 적극 개입 – 이때 단호하고 정중하게 법적 대응 고지 • 상황형 – [판단] 민원인의 불만을 해결해야 할 의무 – [근거] 민원인의 불만을 듣고 충분한 사과 후 문제해결 → 그럼에도 난동행위 반복 시 정중하게 경고한 후 사무실로 민원인을 안내하여 차분해질 때까지 대기
	표현	–

3. 민원인이 고맙다며 음료수를 줄 때 어떻게 할 것인지? .

"민원인의 민원을 해결하는 것은 공무원으로서 당연히 해야 할 일을 한 것이기에 이에 대한 대가로 음료수를 받는다는 것 자체가 저는 모순된 상황이라고 생각합니다. 민원인 분께 '생각해 주신 것은 감사하지만 마음만 받겠습니다'라는 말로 공손하게 거절하겠습니다. 반복적인 거절에도 불구하고 음료수를 두고 가버리신다면 민원인에게 다시 돌려줘야 하나 그마저도 거부당하면 상사님 혹은 조직 내 행동강령 책임관에게 보고하겠습니다."

◎ 지원직렬: 일반행정

답변 전략	구상	• 헌신·열정, 창의·혁신

	답변	• 배경지식
		[청탁금지법]
		  – 직무관련성: 직무관련성이 있는 대상자라면 금액에 상관없이 선물제공이 금지된다. 판례는 인·허가 신청인, 지도·단속 대상자, 고소·고발인, 입찰상대방 등이 담당 공직자에게 제공하는 선물에 대해 직무관련성을 인정하고 있다.
		  – 받는 사람에 대한 명확성: 누구에게 주는 것인지를 분명히 해야 한다. 공직자 10명이 근무하는 부서에 10만 원 상당의 음료수를 두고 간 경우나 받는 사람이 명확하지 않을 경우, 관련 규정은 부서장에게 주는 것으로 보고 있다. 음료제공은 계약체결 전후 상황 모두에 해당된다. 즉, 계약체결 전후와 무관하게 직무관련성이 있다면 음료수를 제공할 수 없다.
		• 상황형
		  – [판단] 민원인의 민원해결은 공무원으로서 당연히 해야 하는 일
		  – [해결과정] 감사함을 표현하며 공손히 거절
		  – [의견정리] 조직 내 행동강령책임관에게 보고

	표현	–

4. 특정 지역에 쓰레기 소각장을 설치하는데, 주민들이 반발하고 시위까지 할 때 어떻게 이를 해결할 것인지?

◎ 지원자: 일반행정

"해당 사례는 관민갈등으로, 가장 좋은 해결책은 설치의 필요성을 여러 자료를 들어 소통하는 것이 중요하다고 생각되지만, 시위 중인 상황으로 비춰 봤을 때 이미 소통이 불가한 상황이라고 판단됩니다. 따라서 시위를 하는 주민들의 이유를 확인하고 그 지역의 발전을 위해 혜택을 줄 수 있는 방법에 대해 고민해 보는 것이 필요하다고 생각합니다. 인천시의 경우, 환경특별시인 만큼 소각장을 설치하게 되면 환경이 안 좋아질 것으로 예상됩니다. 같은 이유는 아니지만 현재 꽃마루에 미세먼지 숲을 조성하는 것처럼 소각장 설치 시 환경오염 문제를 해결할 수 있는 장치들이 필요할 것으로 판단되며, 점차적으로 환경오염을 줄이는 방안을 검토해 볼 것입니다."

5. 본인이 폐기물 매립지 담당 공무원이라면 지역주민들을 어떻게 설득할 것인지?

◎ 지원자: 일반행정

"지역주민들의 집 근처로 폐기물 매립지가 들어서면 대부분의 주민은 반대할 것이라고 생각합니다. 이를 위해 지역주민을 만나면서 주민들이 걱정하는 문제를 해결하기 위해 객관적 사례를 통해 지역주민을 설득하겠습니다. 예를 들어 지역주민들이 가장 걱정하는 문제요소는 '악취'문제라고 생각합니다. 하지만 대구시 쓰레기 매립장에서 발생하는 매립가스를 포집·정제하여 악취가 발생하지 않도록 한 사례가 있습니다. 또한 그 매립가스를 에너지원으로 바꿔 1만 5,000가구에 지역난방온수를 공급하고, 전국 시·도에 온실가스 배출권을 판매하여 580억 원의 세입확보를 하였으며, 온실가스 목표관리제에서도 정부의 감축목표인 32%를 크게 웃도는 55%의 감축률을 달성하면서 5년 연속 광역지자체 1위를 달성하였습니다. 이처럼 시민, 환경, 세입 등의 우수사례를 통해 주민들을 설득하도록 하겠습니다."

6. 지원자의 잘못으로 수급혜택을 못 받았으니 그 돈을 지원자에게 물어내라고 한다면?

◎ 지원자: 사회복지

"우선 제가 잘못한 부분이기에 사과를 드리는 것이 우선순위입니다. 물론 받지 못한 수급비는 다시 받을 수 없는 것으로 알고 있으므로 그 부분을 재차 설명드리고, 긴급생계비 신청이 가능한지 알아보겠습니다. 만약 그것도 안 된다면 지역후원금, 후원물품이 들어오면 그분을 우선순위로 챙겨드리고, 민간과 연계하여 지원을 받을 수 있는 방법을 알아보고 노력하여 진심으로 일을 해결하려는 모습을 보이겠습니다. 그리고 다시는 이런 일이 발생하지 않도록 수급대상자 요건 등을 면밀하게 살피고, 복지규정 변화 등을 꾸준히 숙지하여 업무처리에 실수가 일어나지 않도록 신중을 다하겠습니다."

7. 복지 수급대상이 안 되는 분에게 어떻게 대응할 것인지?

◎ 지원자: 사회복지

"공무원으로서 규정과 원칙을 지키는 자세는 중요하다고 생각합니다. 따라서 수급지원을 받지 못하는 분에게 수급대상자 선정은 법적인 규정을 적용하여야 하고 정확해야 하기 때문에 지원이 불가능한 이유에 대해 설명드리겠습니다. 다만, 복지수급이 되지 않아도 받을 수 있는 사업이 무엇인지 도청이나 보건복지부 등 상급기관에 의뢰를 하고 건강보험연금공단, 사회복지기관 등에 의뢰하여 최대한 지원을 받을 수 있는 방법을 찾아 도와드리도록 하겠습니다."

8. 이유 없이 화내는 민원인이 있다. 어떻게 대처할 것인가?

◎ 지원자: 일반행정

"이유 없이 화내는 민원인이라고 하여 무관심 및 기피의 태도로 소극적인 조치를 하는 것은 공무원으로서 책임 있는 행동이 아니라고 생각합니다. 특히 무관심 및 기피의 태도, 더 나아가 악성민원인이라고 치부해 버리는 태도는 공직자로서 들어야 할 국민의 목소리를 더욱 위축시킬 수 있다고 생각됩니다. 보통 화를 내는 민원인들은 그분의 이야기를 잘 들어드리는 것만으로도 화를 누그러뜨리는 경우가 많다고 들었습니다. 따라서 우선 해당 민원인의 이야기를 경청한 후 제가 도와드릴 수 있는 부분이라면 최선을 다해 도와드리고, 도와드릴 수 없는 부분이라면 왜 도와드릴 수 없는지를 이해하실 수 있게끔 잘 설명해드리도록 하겠습니다. 공직자로서 최선을 다해 민원응대를 하지만 설득이 되지 않고 지속적으로 화를 내고 소리를 질러 공무에 방해가 되는 상황이라면, 공무집행에 방해가 될 수 있다는 점도 안내하겠습니다."

답변 POINT

민원인 관련 질문에서 민원인의 태도를 무조건적으로 악성민원인으로 치부해 버리는 것은 좋은 점수를 받을 수 없다. 민원인의 감정적인 호소는 국가제도로부터 직·간접적으로 피해를 받고 억울함을 호소하기 위한 것이기에 어떤 사유로 화를 내는지 원인을 파악할 필요가 있다.

9. 민원인이 장시간 통화를 지속하고 자기 말만 계속하는 상황이라면?

"민원인이 억울함을 호소하고자 장시간 통화를 하고 있는 상황이라고 생각됩니다. 다만 통화시간이 30분 이상 지속될 경우, 민원인에게 시간 제한성을 고지하고 용건 위주의 통화가 될 수 있도록 질문을 유도하겠습니다. 또한 민원인을 응대하는 상황에서 제가 중간에 말을 끊지 않고 충분히 민원인의 이야기를 경청하겠습니다. 민원인이 충분히 다 얘기하고 제가 경청하고 있다는 것을 느끼셨다면 흥분을 가라앉힐 것이고, 그때 무슨 이유로 민원을 해결해드릴 수 없는지를 자세히 설명해드리겠습니다."

장시간 통화응대

장시간 통화를 통해 현 업무에 방해가 될 경우, 전화상담의 시간제한성을 고지하고 용건 위주의 질문을 유도한다.
예 "대기하고 있는 다른 민원인 때문에 많은 시간을 할애해 드릴 수 없는 점을 양해해 주시면 감사하겠습니다."

장시간 통화

통화시간이 30분 이상 지속될 경우 상담곤란을 설명한 후 응대를 종료한다. 다만, 같은 내용의 민원을 반복하는 경우에는 통화시간이 10분 이상 지속될 경우 응대종료가 가능하다.

10. 악성민원인에게 어떻게 대응할 것인가?

"악성민원인에 대해서는 기본적으로 평정심을 잃지 않고 유연하게 대처해야 한다고 생각합니다. 흥분된 상태일 수 있으니 일단 민원인의 말을 듣고 어떠한 이유로 민원을 처리해드릴 수 없는지 한 번 더 설명해드리겠습니다. 만약 고성·기물파손·폭언 등의 형태로 번질 경우 이러한 행동이 문제해결에 전혀 도움이 되지 않음을 알리고 중단할 것을 요청하겠습니다. 그럼에도 불구하고 계속적인 상태라면 녹화·녹음이 될 수 있음과 법적 조치가 처해질 수 있음을 고지하여 단호하게 대응하겠습니다."

11. 딱한 상황이지만 규정에 없어서 해결해 줄 수 없는 민원인의 요구에 어떻게 대처할 것인지?

"우선 규정상 해결이 어려운 부분을 민원께 잘 풀어서 설명해드려야 합니다. 아무리 딱한 사정이 있다고 하더라고 공무원은 주어진 규정에 따라 민원을 처리해야만 하기에 민원을 해결해드릴 수 없습니다. 사정이 딱하다는 이유만으로 규정을 벗어나 민원을 처리하게 되면 형평성에 어긋나게 됩니다. 결국 유사한 경우의 다른 민원인들에게 피해가 발생하게 되어 최대한의 공익을 실현하지 못하게 됩니다."

12. 주민등록증이 필요한 업무인데 민원인이 주민등록증을 가지고 오지 않았다면 어떻게 할 것인가?

"주민등록증이 필요한 대표적인 업무는 인감증명서 발급인 것으로 알고 있습니다. 실제 인감증명사무를 처리하는 공무원이 주민등록증을 확인하지 않고 증명서를 발급해 은행권에 손실을 끼친 것에 대해 공무원의 직무상 과실이 인정된다는 판결을 본 적이 있습니다. 주민등록증이 필요한 업무에 대해서는 주민등록증이 지금 없으면 안타깝지만 업무를 처리해드릴 수 없다고 공손히 말씀드리고, 다음에 가져오시면 처리해드린다고 말씀드릴 것입니다. 그래도 지속적으로 업무를 처리해 달라고 하신다면 주민등록증이 없는 상태에서 업무를 처리하게 되면 저희의 직무상 과실이 인정되어 처벌을 받게 된다는 사정을 말씀드린 뒤 거절하도록 하겠습니다."

직무수행 능력

1. 연구사로서 해결 가능한 사회적 문제는 무엇이며 그에 대한 연구계획은?

"연구사로서 식품안전 분야에서 최근 사용이 급증한 일회용기 안전성에 대한 우려를 해소하는데 기여할 수 있다고 생각합니다.

최근 코로나 사태의 장기화로 포장 및 배달 음식의 소비가 폭증함에 따라 일회용품의 안전성에 대한 시민들의 걱정이 커지고 있는 상황입니다.

일회용기 안전성 평가를 위해 먼저 가장 많이 사용되는 일회용 식품용기들을 수거해 실제 음식이 담겨있는 상황을 가정하여 내분비 교란물질과 중금속 등의 화학물질검사를 수행해 용출도를 측정해야 합니다. 각 재질별 용출 수준, 온도별 용출 정도, 용출 감소 방안 등 다각적으로 비교검토가 이루어져야 합니다.

이를 통해 일회용 식품 용기에 대한 규격준수 여부를 확인하고 용출 저감 방안 등을 제시해 시민들의 불안감을 해소할 수 있고, 향후 식품안전관리를 위한 기초자료를 확보할 수 있을 것입니다."

◎ 지원직렬: 환경연구사

	구상	• 헌신·열정
답변 전략	답변	• 기본논리형 　－ [결론] 일회용기 안정성 　－ [부연설명] 코로나19의 장기화로 포장 및 배달음식 소비폭증에 따른 일회용품의 안정문제 　－ [근거: 연구계획] 화학물질검사 수행을 비교검토 　－ [마무리] 규격준수 여부 확인 및 용출 저감방안을 통한 시민불안감 해소 및 기초자료 확보
	표현	• 사례의 구체화 　－ 화학물질검사: 내분비 교란물질, 중금속 등 　－ 비교검토: 용출로 측정, 재질별 용출 수준, 온도별 용출정도, 용출 감소방안 등

2. 보편적 복지사업은 예산이 많이 들어가는 것으로 알고 있다. 이 부분에 대해 어떻게 할 것인지?

◎ 지원자: 사회복지

"맞습니다. 선별복지에 비해 큰 비용과 납세부담은 보편적 복지의 가장 큰 문제점입니다. 하지만 선별복지도 수급자를 선정하는 데에 많은 행정비용이 부담됩니다. 저는 보편적 복지에서 소득 간 세금의 사회적 합의가 굉장히 중요하다고 생각합니다. 또한 예방차원에서 본다면 사회적 비용은 효과적이지 않을까 생각합니다."

3. 고액체납자로 하여금 어떻게 세금을 내게 할 것인가?

◎ 지원자: 지방세

"미납된 세금은 반드시 징수된다는 것을 보여줘야 한다고 생각합니다.

먼저 제도적 해결방안입니다. 서울시는 지난해 고액체납자 전담을 위해 '오메가 추적 징수반'을 신설하였고 이를 통해서 가택수색, 동산압류, 공매처분 등 체납액 징수를 위한 모든 역량을 집중하고 있습니다. 또한, 관세청에 체납처분을 위탁하여 인천공항에서 고액체납자들의 해외직구 물품을 압류하는 제도를 추진하고 있습니다.

다음으로 인식 개선방안입니다. 서울시는 은닉재산 신고포상제도와 지방세 체납징수 활동을 SNS에 적극적으로 홍보하여 납세의식을 고취하고 비양심 체납자가 납부할 수밖에 없는 전 방위적 체납징수 전략을 실행하고 있습니다. 이 같은 강력한 세금징수제도들을 잘 활용한다면 미납된 세금은 반드시 징수된다는 인식이 강해져 체납액 징수에 큰 도움이 될 것이라 생각합니다."

4. 고액체납자 명단공개가 효과가 있다고 생각하는가?

◎ 지원자: 지방세

"네. 저는 고액체납자 명단공개의 효과가 있다고 생각합니다. 국세청에 따르면 고액체납자 명단이 공개된 이후 세금을 징수(납부)한 인원이 2014년 대비 2018년 3.6배 증가했습니다. 또한 징수(납부)액의 경우도 2014년 대비 2018년 2.1배 증가한 것으로 알고 있습니다. 이처럼 고액체납자 명단공개 정책은 간접징수 수단임과 동시에 공개된 체납자들의 은닉재산 신고를 유도하기에 효과가 있다고 생각합니다."

5. 지방세수 확보방안

[유사] 체납액 징수방안, 재정자립도 향상을 위한 방안

◎ 지원자: 지방세

"확보방안으로는 3가지가 있습니다. 먼저 시민들의 인식개선을 위해 국세청에서 개최한 '국세행정 청렴콘텐츠'를 예로 들 수 있습니다. 국세행정 청렴콘텐츠는 일상생활 속에서 청렴한 국세행정을 경험했거나 느낀 점을 주제로 제작된 영상을 공모하였습니다. 안산시에서도 청렴콘텐츠를 시행하게 된다면 인식개선을 이뤄내면서 세수확보를 할 수 있다고 생각합니다. 두 번째로 정책입니다. 현재 안산시에서는 지방세 체납자의 사해행위 취소소송을 통해 체납액 징수를 시행하는 것으로 알고 있습니다. 사해행위 취소소송은 한마디로 채권자가 빼돌린 재산을 되찾아오는 소송입니다. 이 징수기법을 통해 체납된 세금을 낼 수밖에 없다는 분위기를 조성하여 자진납부를 하도록 유도하고 있습니다. 세 번째는 지방세징수법으로 정당한 사유 없이 체납한 경우 사업을 허가하지 않거나 취소할 수 있는 관허사업의 제한을 통해 자진납부를 권고하고 징수함으로써 지방세수를 확보할 수 있다고 생각합니다."

6. 지방세수 확보방안

◎ 지원자: 지방세

"원활한 지방세수 확보를 위해서는 세금에 대한 정보의 비대칭성 해소와 납세편의성 증진이 우선되어야 합니다. 이 문제를 해결하기 위해 서울시는 마을세무사제도를 운영하여 세무에 대한 도움이 필

요한 저소득층과 영세사업자에게 세무상담을 지원하고 있습니다. 또한 지방세 상담 챗봇 '이지(IZY)'를 운영하며 지방세목별 안내와 납부제도 소개 등의 서비스를 제공하고 있습니다. 납세자의 편의성을 재고할 수 있도록 모바일 납부기능 추가, 자동이체 활성화 등 시민들의 지방세 관련 편의 증진을 위한 서비스를 지속적으로 확대해 나갈 계획을 가지고 있습니다. 이 같은 정책들을 적극적으로 홍보한다면 시민들의 세무정보의 비대칭성을 해소하고, 납세편의를 증진하여 원활한 세수확보에 큰 도움이 될 것이라고 생각합니다."

7. 세금을 내는 것에 대해 시민들의 인식이 좋지 않은데, 인식 개선방안은?

[유사] 시민들의 저항 없이 세금을 징수할 수 있는 방법, 새로운 세수확보 방법

◎ 지원자: 지방세

"시민들의 인식개선을 위해 과거 국세청에서 개최한 '국세행정 청렴콘텐츠'를 예로 들 수 있습니다. 국세행정 청렴콘텐츠는 일상생활 속에서 청렴한 국세행정을 경험하였거나 느낀 점을 주제로 제작된 영상을 공모하였습니다. 안산시에서도 청렴콘텐츠를 시행하면 인식개선을 이뤄내면서 세수확보를 할 수 있다고 생각합니다."

04 시사현안

1. 미세먼지 원인 및 저감방안

"미세먼지란 미세먼지와 초미세먼지로 구분합니다. 발생원 구분으로 화산, 바람, 먼지, 마찰 등에 의한 자연발생원과 공장 굴뚝에 의한 먼지, 비료에 존재하는 질소성분, 자동차 배기가스 등에 의한 인위배출원이 있습니다.

미세먼지에 의해 피부병, 호흡기질환, 폐암 등이 발생할 수 있고, 동물 또한 사람과 마찬가지이며, 식물은 기공폐쇄로 고사할 수 있습니다. 실질적인 피해는 인위배출원을 통해 이루어지는데 공장, 자동차 등에서의 배출을 통한 먼지, SOx, NOx가 원인이고, 비료 속 암모니아에 의해서도 발생하며, 인위발생원에서 배출량을 줄여야 대기환경을 개선시킬 수 있다고 생각합니다.

예를 들면, 석탄연료를 사용하는 자동차와 같은 탈것에 설치하는 미세먼지 저감장치 부착 의무화, 미세먼지 배출이 없는 전기차와 수소차 보급, 석탄연료를 주 연료원으로 사용하는 공장에서 배출하는 황산화물에 대한 법적 규제치 강화, 비료 과대사용을 막기 위한 농·축산업 종사자 대상 교육 및 대중교통 이용, 일회용품 사용 자제 등을 통한 미세먼지 저감노력이 필요하다고 생각합니다.

대기의 공기질 개선은 필수라고 생각합니다. 사람에게는 마스크, 실내생활, 공기청정기 등의 대책수단이 있지만, 동식물은 직접적으로 영향을 받기 때문에 사람분만이 아니라 생태계를 위해서도 개선해야 합니다."

◎ 지원직렬: 환경직

답변전략	구상	• 헌신·열정, 창의·혁신
	답변	• 답변 point: 개인적 측면, 지역적 측면 및 사회적 측면을 고려하여 답변해야 한다. • 문제해결형 　－ [개요] 미세먼지의 개념 및 특징 　－ [문제점] 사회적 측면(인체 및 동식물에 미치는 문제점) 　－ [해결안] 지역적 측면(정책·제도, 규정, 교육), 개인적 측면 　－ [마무리] 공기질 개선의 필요성
	표현	• 사례의 구체화 　－ [문제점] 인체(피부병, 호흡기질환, 폐암 등), 동식물(피부병, 기공폐쇄 등) 　－ [해결안] 생활밀접형 정책(미세먼지 저감장치 부착 의무화), 제도 및 규정(수소차 및 전기차 보급, 법적 규제치 강화), 교육(비료 과대사용 방지), 개인적 노력(대중교통, 일회용품 사용자제 등)

2. 선별적 복지 vs 보편적 복지

"저는 보편적 복지를 추구해야 한다고 생각합니다. 그 이유는 선별적 제도를 통하여 저소득층이나 취약계층에게 집중적으로 자원을 배분할 수도 있지만, 송파 세 모녀 사건처럼 복지혜택을 알지 못하거나 수급자 신청을 하여도 부양 의무자에 맞지 않아 지원을 받을 수 없는 복지사각지대가 생기기 때문입니다. 또한 선별수급 시 수급의 기준에 맞추어 자신의 소득을 줄이는 노동의지가 약화될 수 있으며, 낙인으로 인하여 사회통합도 저해합니다.

현재도 보편적 복지인 기본소득제가 대안으로 나오고 있으며, 무조건적 보장소득과 개별적 보장소득은 사회통합은 물론 소득을 통한 소비유도로 경제에도 긍정적 영향을 줄 수 있습니다. 코로나19 긴급재난지원금이 보편적 복지를 대표하는 사례라고 생각합니다. 코로나19 긴급재난지원금은 소비로 이어져 매출증대 효과로 지역경제를 활성화하는 데 일조했기 때문입니다."

◎ 지원직렬: 사회복지

답변전략	구상	• 헌신·열정, 창의·혁신
	답변	• 답변 point: 지원자의 주장을 뒷받침할 수 있는 구체적인 근거가 필요하며, 압박질문에 대응하기 위해 선별적 복지의 문제점까지 제시할 수 있어야 한다. • 기본논리형 　－ [결론] 보편적 복지 　－ [근거 1] 선별적 복지의 단점(복지사각지대, 사회통합 저해) 　－ [근거 2] 보편적 복지의 장점(보장소득 및 사회통합, 경제활성화), 코로나 긴급재난지원금 사례
	표현	• 사례의 구체화 　－ [선별적 복지 사례] 송파 세 모녀사건, 수급자 신청의 사각지대 　－ [보편적 복지 사례] 기본소득제, 코로나 긴급지원금

└ [직렬: 실무역량] **보편적 복지는 예산이 많이 들어가는 것으로 알고 있다. 이 부분에 대해 어떻게 할 것인지?**

"맞습니다. 선별복지에 비해 큰 비용과 납세부담은 보편적 복지의 가장 큰 문제점입니다. 하지만 선별복지도 수급자를 선정하는 데에 많은 행정비용이 부담됩니다. 저는 보편적 복지에서 소득 간 세금의 사회적 합의가 굉장히 중요하다고 생각합니다. 또한 예방차원에서 본다면 사회적 비용은 효과적이지 않을까 생각합니다."

3. 스마트행정 활성화방안
◎ 지원자: 일반행정

"네, 저는 스마트행정을 관광과 교통 분야로 나누어 보았습니다.

먼저 관광 분야에서는 스마트 서울맵을 통해 관광이 어려운 교통약자나 서울에서 멀리 살고 있는 분들께 VR도보여행 서비스를 제공할 수 있습니다. 서울을 대표하는 명소들을 360도 기술을 활용하여 실제 그곳에 있는 것처럼 실감나는 관광을 즐길 수 있습니다. 귀여운 캐릭터와 친숙한 성우의 더빙을 활용한다면 어린이들을 위한 교육콘텐츠로도 활용도가 높을 것 같습니다.

교통 분야에서는 횡단보도에 인공지능 CCTV를 설치하여 보행자가 횡단보도를 건너는 중에 차량이 접근하면 음성안내를 통해 사고를 예방할 수 있습니다."

4. 아동학대의 문제점과 개선방안
◎ 지원자: 사회복지

"양부모의 학대로 16개월 영아가 숨진 '정인이 사건'에 이어 화성시 남양읍에서 유사한 입양아동 학대사건이 발생했습니다. 양부모가 입양아동을 학대해 죽음에 이르게 한 사례는 끊이지 않고 있습니다. 하지만 아동학대 가해자 중 양부모가 차지하는 비율 자체가 높은 것은 아닙니다. 아동권리보장원 자료에 따르면 친부모 가족이 57%를 차지하고 입양가족은 0.3%에 불과합니다. 하지만 입양 결연 단계부터 사후 관리까지 전 과정에서 학대방지 시스템이 제대로 작동했다면 한 명의 피해아동이라도 더 지킬 수 있었을 것이라는 점에서 많은 안타까움이 남습니다. 입양아동 학대를 방지하기 위해서는 입양절차와 관련해 공공개입을 강화하여야 한다고 생각합니다. 또한, 친부모와 양부모 누구에 의해 발생했든 간에 아동학대의 근본적인 원인은 '아이를 내 마음대로 할 수 있다'는 왜곡된 판단 때문이기에 입양가정 부모를 비롯한 모든 부모를 상대로 지속적이고 체계적인 부모교육이 이뤄질 필요가 있다고 생각합니다."

5. 지방세수 확보방안
◎ 지원자: 지방세

"원활한 지방세수 확보를 위해서는 세금에 대한 정보의 비대칭성 해소와 납세편의성 증진이 우선되어야 합니다. 이 문제를 해결하기 위해 서울시는 마을세무사제도를 운영하여 세무에 대한 도움이 필요한 저소득층과 영세사업자에게 세무상담을 지원하고 있습니다. 또한 지방세 상담 챗봇 '이지(IZY)'를 운영하며 지방세목별 안내와 납부제도 소개 등의 서비스를 제공하고 있습니다. 납세자의 편의성을 재고할 수 있도록 모바일 납부기능 추가, 자동이체 활성화 등 시민들의 지방세 관련 편의 증진을 위한 서비스를 지속적으로 확대해 나갈 계획을 가지고 있습니다. 이 같은 정책들을 적극적으로 홍보한다면 시민들의 세무정보의 비대칭성을 해소하고, 납세편의를 증진하여 원활한 세수확보에 큰 도움이 될 것이라고 생각합니다."

1. [법령] 사회복지 관련 개정된 법령

◎ 지원자: 경기도 사회복지

"먼저 영유아보육법입니다. 이는 아동학대로 영유아에게 중대한 생명, 신체 또는 정신적 손해를 입힌 경우 원장 및 보육교사의 자격정지를 2년에서 5년으로 강화한 법령입니다.

다음으로 국민기초생활보장법입니다. 재산을 타인에게 증여·처분하고 수급신청하는 부정수급 방지를 위해 조사기간을 확대하는 내용입니다.

마지막으로 노인복지법입니다. 최근 노인보호전문기관의 상담, 교육 등을 받지 않는 노인학대 행위자 등에 대하여 300만 원 이하의 과태료 부과기준을 마련하였습니다."

2. 민관 거버넌스란 무엇인지?

◎ 지원자: 일반행정

"민관 거버넌스는 기관주도의 운영이 아닌 정책참여자가 기관과 파트너가 되어 수평적으로 운영하는 민주적인 방식입니다.

민관 거버넌스를 진행하면 지역현황에 맞는 정책을 개발하고 진행할 수 있습니다. 실제로 대구시 달성군에서는 지역의 민·관·산학이 함께 협력하는 문화적 거버넌스를 구축하여 다양한 문화·관광콘텐츠를 개발해서 많은 관광객의 발길이 이어지게 한 점을 높이 평가받아 거버넌스 최우수상을 수상했습니다. 저도 공무원이 되면 시민들과 적극적으로 화합하고 참여할 수 있도록 시민들과 소통하는 공무원이 되겠습니다."

3. 고액체납자에 대한 행정처분

◎ 지원자: 지방세

"고액체납자에 대한 대표적인 행정처분으로 체납자에 대한 출국금지요청과 고액 상습체납자 명단공개가 있습니다.

지자체장은 3천만 원 이상의 지방세를 체납한 자들 중 체납처분을 회피할 우려가 있다고 판단되는 자에 한하여 출국금지를 요청할 수 있습니다.

또한, 체납발생일부터 1년이 지난 지방세가 천만 원 이상인 체납자에 한하여 체납정보를 공개할 수 있습니다. 이에 따라 인천시는 올해 초 940여 명의 체납자 명단을 공개하였습니다."

4. 체납 시 강제징수절차 혹은 체납절차에 대해 아는지?

◎ 지원자: 지방세

"지정된 납부기한까지 세금을 납부하지 않은 납세자에게는 납부기한이 지난 날부터 50일 이내에 독촉장을 문서로 고지합니다. 이후에도 체납이 지속된다면 압류절차를 진행한 후 압류물품을 매각하여 세금을 충당합니다."

구체적으로 이야기할 필요는 없다. 핵심과 관련된 예시를 2~3개 정도로 표현하자. 한 가지만이라도 치밀하게 묘사하고 설명하자. 이 한마디 했다고 답변이 30초 이상 길어질 수 없다. 길어야 10초이다.

CHAPTER 03

[인성·조직] 기출패턴 & 답변

| POINT 01 질문패턴: 인성·조직 기출질문

■■ [지역·시정·직렬트리] 지식확장

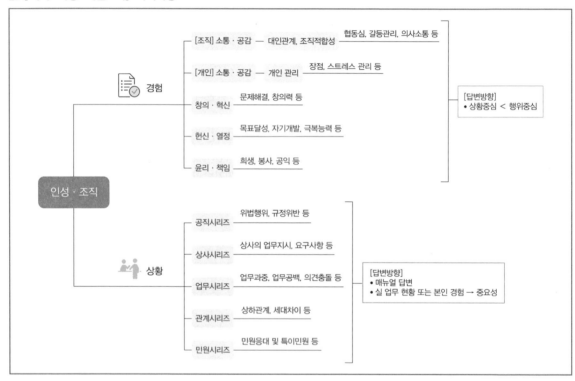

---

01 [인성·조직] 질문패턴

평가기준		빈출질문
경험	소통·공감 [조직]	[조직: 대인관계, 조직적합성] 협동심, 갈등관리, 의사소통, 적응성 등 Q. 공무원 조직생활에서 중요한 것이 무엇이며, 관련 경험이 있는지? Q. 팀이나 조직에 적응하는 본인만의 노하우가 있는지? Q. [2024] 업무과중 및 업무공백 경험 Q. 타인과 협동해서 일을 처리한 경험은? Q. 일을 할 때 혼자 일하는 게 편한지? 팀원들과 함께 일하는 게 편한지?

경험	소통·공감 [조직]	Q. 잘 안 맞는 사람과 일해 본 경험 Q. 조직 내 갈등이나 문제를 어떻게 해결했고, 어떠한 방법으로 설득했는지? Q. 자신의 의사소통능력은 100점 만점 중에 몇 점, 그 이유 및 경험은? Q. 만약 후임이 본인보다 나이가 많다면 잘 지낼 수 있는지? 비슷한 경험은? Q. 설득하기 가장 힘든 유형은 무엇이며, 관련 경험은?	
	소통·공감 [개인]	[개인] 성격의 장점, 스트레스 관리 등 Q. 장단점 Q. 타인이 생각하는 지원자는 10점 만점 중 몇 점인지? Q. 스트레스 관리 Q. 존경하는 인물 Q. 삶을 살아가는 가치관 또는 좌우명	
	창의·혁신	[사고력] 문제해결, 창의력 등 Q. [2024] 업무과중 및 업무공백 경험 Q. 조직의 문제를 해결했던 경험은? Q. 목표달성에 실패했던 사례의 원인과 결과는? Q. 창의성을 발휘했던 경험은?	
	헌신·열정 [열정]	[열정] 목표달성, 자기개발, 극복능력 등 Q. 목표를 달성하기 위해 노력했던 경험과 성취감을 느꼈던 경험은? Q. 자기개발을 위해 노력한 경험은? Q. 살면서 가장 힘들었던 경험은? (학업, 가정사 제외)	
	윤리·책임	[공직] 봉사, 공익 등 공직 관련 Q. ○○, ○○ 공직가치 관련 경험 Q. 봉사활동 / 희생 / 청렴성 / 책임성 경험	
상황	공직 시리즈	[위법 및 규정위반 관련] ※ 41p([공직] 세부패턴 '상황제시형'과 유사) Q. 동료 / 상사의 위법행위 / 부정행위를 알게 될 경우	
	상사 시리즈	[상사의 업무지시, 요구사항 등] Q. [업무지시] 업무시간 외 카카오톡 지시, 개인적 업무 지시, 직속상관이 업무 지 시를 했으나, 그 위의 상사가 즉시 처리해달라는 업무 요구를 할 경우 등 Q. [상사상] 성과 추구 상사 VS 성과 관심 없는 상사	
	업무 시리즈	[업무과중, 업무공백, 의견충돌 등 업무 진행시 발생하는 문제상황] Q. [2024] 본인 업무 외 추가 업무가 주어진다면? (업무과중) Q. [2024] (장기휴가, 출산휴가 등) 업무 공백이 일어난다면? Q. 상사와 의견 충돌할 때 어떻게 대처할 것인지? Q. 본인의 아이디어에 반대하는 사람이 있다면? Q. 업무과중으로 동료에게 업무분담을 요청했으나 거절당한다면? Q. 본인의 잘못으로 업무나 정책에 문제가 생긴다면?	
	관계 시리즈	[상하관계, 세대차이 등 관계적 측면의 문제상황] Q. 상사가 본인보다 나이가 어리다면? Q. 상사와 갈등이 생긴다면?	
	민원 시리즈	[민원응대 및 특이민원 관련 대응상황] ※ 67p([지역·시정·직렬] 세부패턴 '직무/민원'상황과 유사) Q. 특이민원을 만난다면 어떻게 대처할 것인지? Q. 어려운 형편이지만 수급대상자가 아닌 사람이 수급대상자로 해 달라고 한다면?	

01　공직 시리즈: 위법행위·규정위반

CASE 01 [인성·조직] 경험

01　소통·공감 [조직]

1. [조직적합성] 조직생활에서 중요한 것은 무엇이라고 생각하는지?

[결론] 조직생활에서 중용한 것은 희생정신 및 팀워크라고 생각합니다.

[근거] 4년 전 민간분석기관에서 야근했을 때의 일입니다. 평소보다 접수된 금요일 시료의 양이 10배 정도 되어 새벽 2시까지 근무한 날이 있었습니다. 당일 시료 전처리를 끝내더라도 미생물 특성상 배양이라는 과정을 거쳐야 했기에 주말까지 그 업무량이 이어져야 했던 상황이었습니다. 토요일, 일요일 한 명씩 나와서 업무를 할 수 있는 양이 아니라고 생각했던 저는 토요일에 3명, 일요일에 3명이 나와서 같이 하고 빨리 끝내자는 제안을 했습니다. 다행히 팀원들도 평소와는 다른 업무량임에도 적극적으로 협조하였고, 그 결과 한 사람당 짊어져야 했던 업무량이 확연히 줄어들 수 있었습니다.

[의견정리] 아는 팀원들과 고생을 나누고 뿌듯함이 배가 된 소중한 경험이 되었으며 팀원들과 유대관계가 끈끈하게 맺어진 계기가 되었습니다.

◎ 지원직렬: 환경연구사

답변 전략	답변	• 기본논리형 　– [결론] 희생정신, 팀워크 　– [근거] 평소의 10배 정도 되는 시료의 양 접수→새벽 2시까지 근무 → 팀원들에게 주말 　　교대근무 협조 제안→업무량 감소 　– [의견정리] 팀원 내 유대관계 강화
	표현	–

◎ 지원직렬: 일반행정

"책임감이라고 생각합니다. 4년 전 직장에서 2년 간 아동청소년지원사업을 맡아 진행한 적이 있습니다. 상담과 프로그램 기획, 홍보 등을 직접 계획하여 실시하였습니다. 완수하였을 때 제 자신에게도 뿌듯했고, 완수한 그 사업을 대외적으로 알릴 수 있어 소명의식을 되새겼습니다. 책임지는 일이 제 자신뿐만 아니라 동료, 제가 속한 조직에게도 굉장히 큰 영향을 미친다는 사실을 깨달았습니다."

◎ 지원직렬: 일반행정

"책임감이라고 생각합니다. 조직생활이기 때문에 한 명만 잘해서도 안 되고 모두가 노력하여 하나의 결과를 만들어야 하기 때문입니다. 제가 책임감을 발휘한 사례에 대해 말씀드리겠습니다. 저는 대학시절 여행사 서포터즈 대외활동을 한 경험이 있습니다. 남해와 관련하여 관광코스를 개발하는 조별 과제를 해야 했었는데 저희 조에는 한국어를 잘 하지 못하는 조원이 포함되어 있었습니다. 해당 조원은 한국어가 서툴렀기에 할당된 일을 제대로 하지 못했고 이로 인한 다른 팀원들의 불만이 쌓여가는 상황이었습니다. 저는 조장이라는 맡은 바 책임감으로 일주일에 두 번 해당 조원을 만나 자료조사를 돕고 담당자 분께 양해를 구하여 그분의 발표까지 대신하였습니다. 저의 도움을 받은 조원 분은 이후에 과제를 할 때 전처럼 소극적으로 참여하지 않고 궁금한 것은 적극적으로 물어보며 팀 활동에 참여하게 되었고, 다른 팀원들도 그분의 노력을 보고 마음을 열게 되어 갈등이 해결된 경험이 있습니다. 당시 학교생활을 병행하느라 육체적으로 힘들었지만 한 명의 낙오도 없이 무사히 대외활동을 마칠 수 있게 되어 조장으로서 매우 뿌듯했던 경험이었습니다."

2. [조직적합성] 협동심 경험

[개요] 협동을 한다는 것은 서로 똑같은 일을 하는 것이 아니라 같은 목표를 위해 잘 할 수 있는 일을 나눠서 하며 시너지를 내는 것이라고 생각합니다.

[상황] 제가 학원에서 근무할 당시 대학별 입시조건이 다양해지면서 고입을 앞둔 중3 학생들에게는 고등입시와 고등학교 성적관리에 대한 정보가 필요했습니다. 하지만 중등부 선생님들이 고등부 성적산출과 성적관리에 대한 상담까지 하기엔 전문성이 떨어지므로 많은 시간적 투자가 필요한 상황이었습니다.

[해결과정] 당시 중등팀장이었던 저는 고등팀장님께 고등학교 정보는 중등부에서 조사해서 취합하는 것으로 하고 중3 학생 및 학부모 대상 입시설명회를 부탁드렸습니다. 설명회의 홍보까지 중등부에서 하고 입시설명회 자료와 진행은 고등부에서 맡아 진행하여 부모님과 학생들의 궁금증을 해소하고, 많은 학생들이 자연스럽게 고등부로 이관이 가능한 토대를 마련하였습니다.

[의견정리] 중등부와 고등부는 학생들에게 목표의 설정과 나아갈 방향의 제시라는 하나의 목표 아래 협력하여 학원의 발전이라는 더 큰 목표까지 이뤄냈다고 생각합니다.

◎ 지원직렬: 일반행정

| 답변
전략 | 답변 | • 답변 point: 협동심을 위한 업무분장(역할분담), 공동의 목표달성을 위한 소통 등 해결·노력과정을 표현해야 한다.
• 경험형
  – [개요] 협동의 정의(목표를 위해 일을 나눠 시너지를 내는 것)
  – [상황] 고입을 앞둔 중3 학생들을 위한 고등입시 및 성적관리에 대한 정보 필요→중등부 선생님들의 전문성 부족, 시간적 투자 필요
  – [해결과정] 협업요청→고등팀장(입시설명회 자료와 진행 담당), 중등부(고등학교 정보 취합 및 설명회 홍보)
  – [의견정리] 고등학교 이관을 통한 학원발전 기여 |
| | 표현 | • 사례의 구체화: [해결과정] 고등팀장(입시설명회 자료와 진행 담당), 중등부(고등학교 정보 취합 및 설명회 홍보) |

3. [의사소통능력] 갈등을 주도적으로 해결했던 경험

[개요] 저는 대학교 시절 통계학과 학술제에 참여했던 경험이 있었습니다.

[상황] 1학년부터 3학년까지 랜덤으로 8~10명씩 배정이 되었고, 조원들 중 저와 동기 한 명, 1학년 학생 한 명이 코딩작업과 자료조사를 맡게 되었습니다. 그런데 1학년 후배가 자료조사를 정확하게 해오지 않아서 저와 동기가 처음부터 다시 자료조사를 해야 하는 상황이 벌어졌고, 동기가 1학년 후배를 다그쳤습니다.

[해결과정] 저는 저희가 맡았던 것이 잘 되어야 학술제에서 좋은 결과를 볼 수 있었기 때문에 제가 갈등 상황을 잘 풀어야 한다고 생각하였습니다. 그래서 먼저 동기에게 우리도 1학년이었을 때 경험이 부족하여 잘 몰랐던 것을 이야기해 주면서 진정시켰습니다. 그 다음 후배에게는 기초적인 자료조사와 코딩작업 중에서도 가장 쉬운 부분들을 맡게 했고, 그래도 부족한 부분이 있으면 옆에서 도와주었습니다. 그러다 보니 후배도 처음에는 서툴렀지만 마지막에는 능숙하게 하였습니다. 이에 동기도 그 후배에게 다그쳤던 부분들에 대해서 사과하였고, 결과적으로 학술제를 잘 마칠 수 있게 되었습니다.

[의견정리] 공직생활에 있어서도 갈등상황은 분명히 생길 수 있다고 생각합니다. 그럴 때 화내는 것이 아니라 서로 이야기를 통해 협조하여 좋은 결과를 낳을 수 있도록 노력하겠습니다.

◎ 지원직렬: 일반행정

| 답변
전략 | 답변 | • 답변 point: 갈등해결을 시계열, 역할별 등으로 나누어 구체적인 과정을 제시할 수 있어야 한다.
• 경험형
  – [개요] 통계학과 학술제 참여
  – [상황] 자료조사를 맡은 1학년 후배가 자료조사를 정확하게 하지 않아 처음부터 자료조사를 해야 하는 상황 발생→동기(3학년 선배)가 1학년 후배를 다그침
  – [해결과정] 동기에겐 이해를, 후배에겐 도움을 주어 원만하게 갈등 해결
  – [의견정리] 입직 후에도 소통을 통해 협조하는 태도로 조직 기여 |
| | 표현 | • 사례의 구체화: [해결과정] 동기(1학년 특성상 경험부족을 예로 들어 설득), 1학년 후배(기초 자료조사 및 작업이 쉬운 코딩작업으로 역할변경, 부족한 부분 도움) |

◎ 지원직렬: 기계직

"대학생 때 학생회 홍보부장으로 활동했던 경험이 있습니다. 홍보부의 주 업무는 학과행사를 대자보에 적어 게시하는 일이었습니다. 대자보 작성을 위해 정기적인 회의보다 더 자주 모여야 했고, 이를 부당하게 생각하는 부원이 있었습니다. 이를 해결하기 위해 부원들과 상의하여 순번을 정해 돌아가며 대자보를 작성하기로 했고, 따로 모이는 시간을 정하는 대신 가능한 시간에 자유롭게 작성하여 게시하도록 했습니다. 방식을 바꾼 후에 부원들의 불만도 줄었을 뿐 아니라 더욱 효율적으로 활동할 수 있었습니다.
이러한 경험을 바탕으로, 작은 불만도 허투루 듣지 않고 팀원들과의 소통으로 해결할 수 있도록 노력하겠습니다."

> **TIP**
>
> **꼬리질문**
> └ 갈등의 순기능과 역기능은 무엇인지?
> └ 갈등을 해결하는 본인만의 노하우가 있다면?
> └ 가장 해결하기 힘든 갈등의 유형은 무엇인지?

02 소통·공감 [개인]

1. 좌우명

"제 좌우명은 '무한불성'입니다. '노력하지 않고는 어떤 일도 이룰 수 없다.'라는 의미입니다. 대학 재학 중에 지도교수님의 추천으로 전산해석 프로그램인 아바쿠스의 외부교육을 수강한 적이 있습니다. 해당 과정은 실무에 종사하시는 분들과 대학원생이 주 수강층이라 학부생의 지식으로는 따라가기 힘든 부분이 많았습니다. 교육내용을 따라잡기 위해 수업이 끝난 후 매일 2시간씩 연습하여 교육기간이 끝날 때에는 수업에서 배운 예제를 모두 수행할 수 있었고, 이를 바탕으로 지도교수님의 논문작성에 많은 도움을 드렸습니다. 이를 통해 처음에는 어려운 일이라도, 노력하면 이룰 수 있다는 것을 느꼈습니다."

◎ 지원직렬: 기계직

답변 전략	답변	• 근거제시형 – [결론] 무한불성 – [부연설명] 노력하지 않고는 어떤 일도 이룰 수 없다. – [근거] 외부교육 수강 경험 → 학부생의 지식으로 따라가기 힘든 수업 → 수업 이후 매일 2시간씩 연습 – [의견정리] 어떤 일이든 노력하면 이룰 수 있다.
	표현	–

◎ 지원직렬: 토목직

"군간부로 근무할 당시 군용지도에 대한 서류상 인수인계를 받고 훈련기간 2주 전에 사전조사를 위해 창고로 가서 지도 보유현황을 확인하였습니다. 그런데 서류상 지도의 개수와 실제 개수가 맞지 않았던 일이 있었습니다. 저는 훈련상에 필요한 지도는 다 있어서 현재 상황에는 문제가 없는 상황에서 훈련 전에 지도 보유현황을 전산체계에서 수정하고 손망실처리를 해야 하는지, 아니면 훈련상황을 종료하고 여유가 있는 상황에 이를 처리해야 하는지를 고민하였으나, 공무원 윤리관인 도덕성을 떠올리며 훈련일정 및 인원계획을 작성하면서 동시에 지도 분실에 대한 손망실처리를 같이 진행하였습니다. 비록 저의 잘못으로 지도가 없어진 것은 아니었으나 새로 인수받은 일에 대한 책임감을 가지고 임해야 한다고 생각하여 훈련 전까지 22시까지 야근을 하며 업무를 처리하였고, 결과적으로 중대훈련은 우수하게 마무리되었습니다. 이는 도덕성과 책임감을 중요시한 결과였다고 생각하며 제가 가장 중요하게 생각하는 가치관입니다."

◎ 지원직렬: 토목직

"'백 번 꺾여도 굴하지 않는다.'라는 뜻의 백절불굴입니다. 저는 안전공학을 전공했는데 대학교 졸업 조건으로 산업안전기사를 취득해야 했습니다. 두 번이나 고배를 마셨음에도 저는 포기하지 않고 더 많은 문제를 풀기 위해 노력했고, 문제를 이해할 때까지 계속해서 반복하고 또 반복했습니다. 그 결과 기사 자격증을 취득할 수 있었고, 좌절감을 겪어도 굴하지 않고 묵묵히 나아 간다면 원하는 결과를 얻을 수 있다는 교훈을 얻었습니다. 공직생활을 하면서 어떤 어려운 업무를 만나더라도 기사자격증을 취득했던 경험을 생각하며 포기하지 않고 성실하게 업무를 해 나가도록 노력하겠습니다."

◎ 지원직렬: 일반행정

"저의 좌우명은 '맡은 것은 최선을 다하자'입니다.
웃리치 사업을 맡았을 때였습니다. 당시 내담자 발굴이라는 사업은 위생식품업소를 방문하여 기관을 홍보하는 일이었습니다. 당시 갖고 있던 자료가 오래되어 개업·폐업 현황을 알 수 없었고 저는 상사에게 이를 알려 시청의 협조로 새 현황을 알 수 있었습니다. 300여 개의 위생식품업소 현황을 일일이 행정구역별로 지도와 업소목록을 수정하여 하나의 '책자'로 만들었습니다. 책자로 만들 필요는 없었지만, 이 책자로 인해 다른 사람도 쉽게 알 수 있었으며 업무하는 데도 효율적으로 할 수 있었습니다. 저의 이러한 노력이 업무의 능률을 높이고 타인에게도 도움이 된다는 것을 알았습니다."

◎ 지원직렬: 일반행정

"제 좌우명은 윈스턴 처칠(Winston Churchill)의 "절대, 절대, 절대 포기하지 마라."입니다. 이를 통해 맡은 일에 책임감을 가지고 끊임없이 성장하는 사람이 될 수 있었기 때문입니다. 실제로 저는 대학생 시절 학회 여름 학술제 모의법정에서 공인의 성범죄를 보도한 기자를 변호해야 하는 역할을 맡은 적이 있습니다. 관련 지식이 없었던 데다 많은 사람들 앞에서 발표를 해 본 적도 없었지만, 좌우명을 되새기며 포기하지 않고 2주간 알 권리와 사생활 침해에 대한 자료를 조사하고 대본을 써서 외웠습니다. 그 결과 모의법정을 성공적으로 마무리하고 전공지식과 발표능력을 키우는 기회로 삼을 수 있었습니다. 앞으로 저는 공무원이 되어서 힘든 일에 부딪히더라도 절대 포기하지 말라는 좌우명을 되새기며 맡은 바 책임을 다하겠습니다."

2. 성격의 장점 ①

[결론] 저의 장점은 소통 및 문제해결능력입니다.

[근거] 제가 카페에서 일할 당시 카페는 1인 1음료가 규정이었습니다. 그럼에도 한 잔만 시켜서 나눠드시겠다는 손님이 계셨고 카페 매니저님은 매출 문제, 형평성 문제로 거절하곤 했습니다. 하루는 앞선 문제로 손님과 매니저님의 갈등이 커져 언성이 높아졌고 저는 다른 손님들에게 피해를 주지 않기 위해 문제해결에 나섰습니다. 먼저 손님에게는 커피를 한 잔만 시키되 디저트 메뉴가 맛있으니 같이 시킬 것을 권유했고 다음번에는 규정을 꼭 지켜달라고 당부드렸습니다. 매니저님께서도 디저트 주문으로 대체하면 매출에 영향이 없을 것이라며 저의 제안을 수용해 주셨습니다. 이후 재발방지를 위해 1인 1음료를 1인 1메뉴 규정으로 변경하였습니다.

[의견정리] 아르바이트 경험을 통해 갈등해결은 갈등주체가 수용할 수 있는 범위를 이해할 때 조율 가능한 해결책이 나올 수 있다는 것을 배우게 되었습니다.

◎ 지원직렬: 일반행정

답변 전략	답변	• 답변 point: 성격의 장점이 직무수행에 어떠한 영향을 줄 수 있는지 풀어내거나 유추할 수 있도록 제시해야 한다. • 기본논리형 – [결론] 소통 및 문제해결능력 – [근거] 카페 1인 1음료→규정을 지키지 않는 손님과 매니저의 갈등→1인 1음료를 디저트 주문으로 대체할 수 있도록 1인 1메뉴 변경 권장 – [의견정리] 갈등주체가 수용할 수 있는 범위에서 조율 가능
	표현	• 사례의 구체화: [근거] 매니저의 거절(매출 및 형평성 문제), 문제해결(손님: 디저트 및 규정준수 권유, 매니저: 디저트 주문 대체 제안)

> TIP
>
> **답변 활용법**
>
> 위의 사례를 활용할 수 있는 다른 주제는 무엇일까? '창의성을 발휘했던 경험', '규정을 준수했던 경험'의 답변으로 활용할 수 있다. 지원자는 문제해결을 위해 1인 1음료라는 규정은 준수하되 제한적인 음료의 메뉴를 디저트 메뉴까지 확대했으며, 재발방지 대책까지 세웠다. 이는 창의성, 규정준수의 태도가 돋보이는 부분이다. 이처럼 본인의 경험에서 끌어낼 수 있는 키워드가 무엇인지 확인하면 다른 질문의 답변으로 활용할 수 있다.

3. 성격의 장점 ②

[결론] 장점을 말씀드리겠습니다.

[그룹핑 1: 꼼꼼함] 제 첫 번째 장점은 꼼꼼함입니다. 지역 어린이 도서관에서 주말 사서 일을 할 당시 도서관 내 사고예방을 위해 매일매일 출근 및 퇴근 직전 아이들이 이용하는 책상과 의자를 살펴 풀린 볼트를 조이곤 했습니다.

[그룹핑 2: 계획성] 제 두 번째 장점은 계획적인 점입니다. 대학 4학년 때 아버지께서 중환자실에 입원한 적이 있습니다. 졸업 프로젝트와 여러 자격증을 취득하는 시기에 아버지의 병간호도 맡게 되었습니다. 시간이 많이 부족했지만 평소 계획을 잘 짜는 습관 덕에 우선순위를 정해 일을 처리했습니다. 그 결과 아버지 건강도 좋아지시고 목표했던 자격증도 모두 취득했습니다.

[의견정리] 임용 후에도 제 장점을 살려 공직자로서 꼼꼼하게 일을 하고 작은 부분에도 큰 신경을 써서 계획적으로 일하겠습니다.

◎ 지원직렬: 기계직

| 답변
전략 | 답변 | • 답변 point: 그룹핑으로 나누어 접근할 경우, 성격의 장점 또는 업무수행에 필요한 장점으로 구분하여 접근해도 좋다.
• 그룹핑형
 – [그룹핑 1: 꼼꼼함] 출퇴근마다 책상과 의자의 볼트 확인
 – [그룹핑 2: 계획성] 계획적 습관으로 아버지의 병간호, 자격증 취득 모두 병행 |
| | 표현 | – |

◎ 지원직렬: 토목직

"저의 장점은 업무적 측면에서 계획적 업무를 진행할 수 있다는 장점이 있습니다.
군간부 시절 업무인수를 받은 지 얼마 되지 않았을 무렵 업무량에 비해 작업역량이 낮아서 업무처리도 느리고 인원관리도 소홀하게 되는 문제가 생겼습니다. 그때 업무의 계획을 세우는 것이 해결책이 될 것이라는 중대장님의 조언을 받아 업무의 중요도와 시급성을 고려하여 4단계로 나눠 스티커 메모를 통해 분류하여 순위를 정하여 처리하고 일일계획, 주간계획을 세워 진행하였고 업무수행이 수월해진 경험이 있어 그 이후로 계획적 업무를 생활화하였고 토목직 공무원에도 이를 적용하여 효율적 업무수행을 할 수 있습니다."

◎ 지원직렬: 일반행정

"저의 장점은 계획적인 성격입니다. 무슨 일을 해야 할 때면 항상 계획을 세우고 그것에 따라 행동하도록 노력합니다. 계획에 따라 실행함으로써 효율적으로 시간을 사용할 수 있었고, 경제적으로도 돈을 아낄 수 있었습니다. 저는 대학생 때 과 내 학생회 집행부장 역할을 했었습니다. 과 내 행사의 진행과 관리, 필요한 물품구매 등을 계획을 세워 진행했었고, 그 결과 집행부원들과 학우들의 만족감을 얻을 수 있었습니다. 앞으로도 공무원이 되어 계획적, 체계적으로 업무를 처리하여 '사람 중심, 새로운 용인' 건설에 기여하겠습니다."

4. 성격의 단점

[결론] 저의 단점은 일을 한꺼번에 많이 처리해야 할 때 당황한다는 것입니다.
[부연설명] 신입 간호사 시절 많은 양의 업무를 처리해야 해서 힘들었던 적이 있습니다.
[근거] 이를 해결하기 위해 퇴근 후 해야 할 일의 우선순위를 정하였습니다. 예를 들어, 몇 시에는 환자의 약을 투여하고, 몇 시에는 간호기록을 남기는 등 시간에 따라 해야 할 일을 정하니 일이 한꺼번에 주어지더라도 일을 빠르게 해결할 수 있었습니다.
[다짐] 이러한 경험을 바탕으로 코로나19로 바쁜 보건소 업무도 우선순위에 맞게 빠르고 정확하게 일을 처리해 나가겠습니다.

◎ 지원직렬: 간호직

답변 전략	답변	• 답변 point: 본인이 인지하고 있는 단점을 보완하기 위해 노력하는 점까지 제시해 주어야 한다. • 기본논리형 　－ [결론] 한꺼번에 일을 처리할 때 당황하는 점 　－ [부연설명] 신규 간호사 시절 많은 업무처리 경험 　－ [근거: 극복사례] 할 일의 우선순위를 정함 　－ [의견정리] 코로나19로 바쁜 보건소 업무 또한 우선순위에 맞춰 빠르고 정확하게 업무처리
	표현	• 사례의 구체화: [근거] 해야 할 일의 우선순위(환자의 약 투여시간, 간호기록 등)

◎ 지원직렬: 일반행정

"저의 단점은 참을성이 강하다는 것입니다. 저는 군대에서 매일 운동하는 습관을 들였고 전역 후에도 그 습관을 계속 이어 나갔습니다. 운동을 너무 과하게 하다 보니 허리디스크가 터졌고 수술을 하게 되었습니다. 절망적인 상황에서도 포기하지 않고 재활을 꾸준히 하였으며 현재는 일반인과 다른 생활을 할 수 있게 되었습니다. 저의 성향으로 입직 후 스트레스를 과하게 받을 경우, 상황을 참고 넘기기보다 스트레스를 풀 수 있는 수단을 생각해서 번아웃되지 않고 장기적으로 업무를 수행하려고 노력하겠습니다."

5. 최근 감명 깊이 읽은 책이나 기억에 남는 신문기사

[결론] 제가 제일 감명 깊게 읽은 책은 '오늘 내가 살아갈 이유'입니다.

[부연설명] 이 책의 저자는 서른 살에 세계 100대 대학교수가 되었지만, 말기 암 판정을 받아 좌절을 겪으면서도 희망을 잃지 않고 자신의 일상과 생각을 기록한 책입니다.

[근거] 손가락 하나가 다쳐도 많은 일들을 할 수 없어 불평만 했던 제 자신과 다르게 저자는 작은 일에도 늘 희망과 감사함으로 살아가는 모습에 부끄러움을 느꼈습니다. 이후 아르바이트를 할 때 불평불만을 이야기하는 고객을 만나도 '그럴 수 있지, 심한 민원이 아닌 게 어디야'라는 생각으로 긍정적인 삶을 살아가게 되었습니다.

[의견정리] 저의 태도는 다양한 민원인을 만날 때 긍정적으로 작용할 수 있다고 생각합니다.

◎ 지원직렬: 일반행정

답변 전략	답변	• 답변 point: 책에서 느낀 점을 본인의 삶에 적용하고 있는 사례나 직무에 도움이 되는 점 으로 풀어낼 수 있어야 한다. • 기본논리형 　－ [결론] 감명 깊게 읽은 책(오늘 내가 살아갈 이유) 　　[부연설명] 말기 암 판정으로 좌절을 겪으면서도 희망을 잃지 않은 저자의 삶을 기록한 책 　－ [근거: 인상적인 점] 희망과 감사함으로 삶을 사는 저자의 모습을 본받아 긍정적인 삶을 　　살아가도록 노력함 　－ [의견정리] 일반행정직으로서 민원인을 만날 때 적용
	표현	• 사례의 구체화: [근거] 본인의 삶에 적용(긍정적 태도: 불평불만을 이야기하는 고객을 만나 도 '그럴 수 있지, 심한 민원이 아닌 게 어디야'라고 생각)

◎ 지원직렬: 기계직

"제가 감명 깊게 읽은 책은 '조 메노스키의 킹 세종'입니다. 이 책은 사료를 통해 알아본 세종대왕의 업적과 애민정신을 소설화했습니다. 책을 통해 단순히 한글을 사용할 때는 몰랐던 한글 창제이유에 대해 깊이 감명을 받았습니다. 특히 한글 창제를 반대하는 신하들의 모습이 나오는데, 당시의 권위자가 백성들을 위해 한글을 창제한다는 것이 자신의 권위를 내려놓고 모두를 위해 희생하는 것 같아 더 고마웠고 대단했습니다. 저도 세종대왕의 정신을 마음 깊이 새겨 모두를 위해 희생하며 봉사해야겠다는 다짐을 하게 된 책이었습니다."

◎ 지원직렬: 일반행정

"제가 감명 깊게 읽은 책은 대장금입니다. 대장금이라는 인물이 수라간 나인에서 혜민서 의녀가 되기까지의 여정을 담은 이야기입니다. 최근 발매된 책은 아니지만 올해 초까지도 여러 번 반복해서 정독했습니다. 그만큼 배울 점이 많은 책이라고 생각합니다. 대장금은 수라간 최고상궁을 목표로 할 때는 자신의 요리실력을 갈고 닦기 위해 끊임없이 조리법을 연구하고 실험하는 것을 멈추지 않았고, 자신이 맡은 요리를 대접해야 할 때는 끝까지 그 요리를 책임지는 책임감을 보였습니다. 혜민서 의녀를 목표로 자신의 모든 것을 걸었을 때는 역병이 도는 마을로 기꺼이 들어가 자신의 안위를 살피지 않고 사람들을 치료하는 봉사자로서의 역할을 기꺼이 수행함으로써 사익보다 공익을 택하는 모습을 보였습니다. 저도 대장금처럼 책임감 있게 공익을 위하여 일하는 공직자가 되고 싶습니다."

6. 존경하는 인물

◎ 지원직렬: 일반행정

"제가 존경하는 인물은 조선시대 실학자 우하영 선생입니다.
수원 특례시에 대한 소개 e-book을 통해 우하영 선생에 대해 알게 되었으며, 그의 가치관에 깊은 감명을 받게 되었습니다.
우하영 선생께서는 직접 농사를 지으면서 깨달은 것들을 내용으로 농업에 관한 책을 만들고, 양반의 입장임에도 광산 민영화, 노비제 폐지, 과부의 제가 허용 등 평민, 노비의 처지를 개선한 인물입니다. 우하영 선생의 업적을 보며 토목직 공무원이 된다면 국민의 입장에서 적극적으로 생각하고 국가와 지역에 도움이 되는 일을 하기 위해 끊임없이 노력할 것을 다짐하게 되었습니다."

◎ 지원직렬: 세무직

"제가 존경하는 인물은 황희입니다.
저는 공직자로서 청렴함과 시민을 위하는 마음이 중요하다고 생각합니다. 황희는 청백리재상으로 유명하고, 정승이 되었는데도 초가집에 담장도 없이 살 정도로 청렴함의 대명사로 알려져 있으며, 영의정이 되어서도 겸손하였다고 합니다. 기록상에 의하면 황희는 세종대왕을 잘 보필하여 성시를 이루는 데 큰 역할을 하였다고 합니다. 또한 그는 인권 문제에도 관심이 많아 태종시대 첩의 소생에게 역을 면제하는 등 백성들을 위해 힘썼기 때문입니다.
저도 공직자가 되어 상관을 잘 보필하고 겸손하며 청렴하게 공직생활을 하겠습니다. 그리고 시흥시민의 입장에서 그들의 편의가 실현되도록 하여 살고 싶은 동네가 될 수 있도록 하겠습니다."

7. 스트레스 해소법

◎ 지원직렬: 세무직

"최대한 스트레스를 받는 일에 대해서 생각을 안 하려고 노력을 하지만 저는 친구와 함께 운동을 함으로써 스트레스를 해소합니다. 저희 집 주변 서부천 옆에 운동할 수 있는 공간이 잘 마련되어 있습니다. 그곳에서 친구와 함께 운동기구로 운동을 하면서 서로 부족한 부분들을 보조해 주고, 운동 후에 가볍게 산책하면서 서로 이런저런 이야기를 나누면서 스트레스를 해소합니다. 공무원 업무에 있어서도 스트레스를 받는 일이 있게 되면 저의 스트레스 해소법으로 해소하여 업무의 능률을 높여 공익실현에 이바지하겠습니다."

8. 인생에서 가장 감동받았던 경험

◎ 지원직렬: 사회복지

"대학생 때 도봉 노인 복지관에서 사회복지 현장실습을 하였고, 경로당 네 곳을 방문하여 경로당 핸드폰 활성화 교육을 진행했던 적이 있습니다. 어르신들께서 잘 보실 수 있게 대형 교육책자를 만들었고, 실습생들은 할머님들께 문자보내기, 사진 촬영하기 등의 간단한 핸드폰 교육을 하였습니다. 그리고 어르신들께서 평소에 잘 몰랐던 기능들을 추가적으로 가르쳐 드렸습니다. 교육이 끝날 때쯤 제 옆에서 교육을 들으시며 손자 분께 문자를 보내신 한 할머니께서 손자 분의 문자 답장을 받으시고 행복해 하시면서 저에게 고마움을 표현하셨습니다. 그리고 제 얼굴을 기억하고 싶다고 하시면서 저와 사진을 찍으시고 앨범에 저장하셨습니다. 저의 작은 도움으로 어르신께서 행복해하시는 것을 보면서 실습생으로서 큰 감동과 보람을 느꼈습니다."

> **TIP**
>
> **꼬리질문**
> ㄴ 정보화 사회가 되면서 노인들이 겪는 가장 큰 문제가 무엇인지?
> ㄴ 최근 키오스크의 도입으로 노인들이 겪는 어려움이 많다. 원인은 무엇이며 해결방안을 제시하시오.

03 창의·혁신

1. [발전가능성] 목표달성에 실패했던 경험

[개요] 대학시절 친구들과 팀을 짜서 P사 홍보물 제작대회에 참여한 적이 있었습니다.

[상황] P사는 P제철이 전신인 기업이므로 신화 속 아틀라스가 지구를 떠받드는 모습을 토대로 강한 기업 이미지의 홍보물을 제작하였습니다. 그런데 당시의 P사는 철강회사라는 강한 이미지를 벗고 친근하고 환경을 생각하는 이미지로의 변화를 꾀하던 중이었습니다. 방향성을 잘못 잡고 접근했던 저희 팀은 뒤늦게 수정을 했지만 완성도가 떨어지는 작품을 제출할 수밖에 없었습니다. 의욕이 앞서서 열심히는 했지만 기업을 조사하고 분석하는 초기단계부터 잘못했으므로 결과는 좋지 못했습니다.

[노력과정 및 의견정리] 그래서 지금은 일을 할 때 업무의 목적과 방향성을 잃지 않기 위해서 체크리스트를 만들고, 변동사항이 없는지 반복해서 확인하고 꼼꼼하게 따져보려고 노력합니다.

◎ 지원직렬: 사회복지

답변 전략	답변	• 답변 point: 목표달성에 실패한 원인분석, 재발방지를 위한 노력과정을 이야기할 수 있어야 한다. • 경험형 　– [개요] P사 홍보물 제작대회 참여 경험 　– [상황] 기업의 이미지에 맞는 홍보물을 제작하였으나, 기존 이미지에서 벗어나고자 했던 기업동향에 대한 분석 미흡→뒤늦게 수정하였지만 완성도가 떨어지는 작품을 제출→좋지 않은 결과를 얻음 　– [노력과정 및 의견정리] 현재 업무의 목적과 방향성에 맞는 업무추진을 위해 체크리스트를 만들고, 변동사항 여부를 꼼꼼히 따지곤 함
	표현	–

2. [발전가능성] 창의성을 발휘했던 경험

[개요 · 상황] 군대에서 행정병이었던 저는 간부님과 보내는 시간이 많았습니다. 행군을 실시했을 때 보급관님으로부터 담당중대 체력이 약해 걱정이라는 말씀을 들었던 적이 있었습니다.

[해결방안] 강압적인 체력단련은 병사들에게 역효과를 일으킬 것 같아 군대에서의 최고의 선물인 포상을 이용해 체력단련을 시키는 두 가지 이벤트를 생각했습니다. 일정 기간 내에 150km를 뛰면 1박 2일의 포상휴가를 주는 '함께 뜁시다'와 분기별로 미니 체육대회를 열어 선의의 경쟁을 통해 우수한 부대로 선정되면 부대외출을 보내 주는 것이었습니다. 보급관님은 저의 의견을 반영해 주셨고, 실행 결과 주말에도 스스로 나가 체력단련을 하는 병사들이 많아져 소속 중대원들의 체력이 많이 향상되었습니다.

[의견정리] 조직에 문제가 생길 때 구성원들의 동기부여도 하나의 해결방법이 될 수 있다는 것을 배우게 된 시간이었습니다.

◎ 지원직렬: 일반행정

답변 전략	답변	• 답변 point: 창의성 경험은 기존 제도에 새로운 아이디어를 더하거나 벤치마킹 사례를 활용한 경험으로 풀어내면 된다. • 경험형 　– [개요 · 상황] 보급관으로부터 담당중대 체력이 약하다는 이야기를 들음 　– [해결방안] 강압적 체력단련이 아닌 자발적 체력단련을 제안(함께 뜁시다, 분기별 미니 체육대회) 　– [의견정리] 구성원들의 동기부여의 중요성 체감
	표현	–

◎ 지원직렬: 일반행정

"저는 군대 행정병으로 간부님들과 보내는 시간이 많았습니다. 제가 병장으로 복무할 당시 아침구보를 하다가 사고가 나서 아침구보를 한동안 하지 않아 병사들 체력이 떨어져 대대장님께서 걱정이 많다는 말씀을 들은 적이 있었습니다.

아침구보를 지속적으로 하지 않은 병사들에게 갑자기 체력단련을 시키게 되면 병사들이 힘들어 할 것 같다는 생각이 들어, 일정 기간 내에 어느 시간에든지 40km를 구보로 채운 병사들에게 외출이라는 포상을 주면 어떻겠냐고 중대장님께 건의드린 적이 있었습니다.

저의 의견이 반영이 되어 많은 병사들이 목표를 이루고 체력도 향상되었으며 외출도 나가게 되었습니다. 또한 제가 전역하고 나서도 부대에서 지속적으로 진행하고 있다고 들어서 부듯했습니다. 공직생활에 있어서도 혹시나 조직에 문제가 생길 때 동기부여할 수 있는 방안이 무엇인지 고민하는 공무원이 되도록 노력하겠습니다."

3. [문제해결경험] 잘못된 관행을 고친 경험

[개요·상황] 제가 전에 일했던 곳에서는 세금계산서를 주고받는 규정이 잘 잡혀 있지 않았습니다. 그래서 제가 거래가 이루어질 때 불이익이 없도록 거래방식을 바로잡았던 적이 있습니다.

[해결과정] 저는 세금계산서 작성방법부터 시작해 거래 시 언제 어떻게 주고받아야 하는지 정확히 일의 순서를 정리해 모두가 알 수 있도록 공지했습니다. 그렇게 하기 시작한 후 제대로 된 세금계산서 작성으로 인해 거래내역이 확실히 기록에 남기 시작했습니다.

[효과: 문제예방] 얼마 후 한 거래처에서 수량이 잘못되었다는 연락이 와서 곤란해졌던 일이 있었는데, 세금계산서가 증거로 남아 있었기에 세금계산서를 보여드리고 신속히 문제를 해결할 수 있었습니다.

[의견정리] 이러한 경험을 살려 공직생활을 하는 중에도 조직의 피해를 줄이기 위해 잘못된 관행은 바로잡는 공무원이 되겠습니다.

◎ 지원직렬: 세무직

| 답변
전략 | 답변 | • 답변 point: 관행개선의 필요성, 관행개선을 위한 노력과정 및 긍정적 변화를 표현할 수 있어야 한다.
• 경험형
  - [개요·상황] 거래 시 불이익이 없도록 세금계산서 거래방식을 바로 잡은 경험
  - [해결과정] 세금계산서 작성방법, 거래시기 등 순서 공지
  - [효과: 문제예방] 수량이 잘못되었다는 거래처 주장 → 세금계산서를 통해 문제해결
  - [의견정리] 입직 후 조직의 피해를 최소하하는 잘못된 관행개선 노력 |
| | 표현 | − |

4. [문제해결경험] 조직의 문제를 해결했던 경험

[개요] 항공사 재직시절 전체 운항스케줄을 취합, 정리 및 배포하는 업무를 맡은 적이 있습니다.

[상황] 각 부서에서 확정된 스케줄을 모두 받아 모든 운항정보를 정리해 대내외 관련자들에게 배포하는 일이었습니다. 그런데 제공받은 스케줄은 각 공항상황, 운항허가시각에 변동이 많았고, 자료가 제때 업데이트 되지 않아 전체적으로 스케줄에 혼선이 자주 생겼습니다.

[해결과정] 이 문제를 개선하기 위해 저는 타부서의 스케줄 회의에 자발적으로 참여하여 변동사항 등을 꼼꼼히 살폈고, 현지 담당자와 직접 메신저로 교신해 새로운 정보들을 보다 빨리 얻었습니다. 이후 스케줄의 정확성을 높였을 뿐만 아니라 전체적인 업무파악이 수월해져 동료들 간 업무 장점을 찾아 활용할 수 있었습니다.

[의견정리] 저는 이 경험을 통해 주어진 일만 잘 해 내자라는 소극적 태도보다 나의 업무 바깥 영역에도 관심을 기울이는 적극적 태도를 취하면 조직업무가 효율적으로 운영된다는 것을 배웠습니다.

◎ 지원직렬: 일반행정

| 답변
전략 | 답변 | • 답변 point: 조직 내 문제원인, 해결을 위한 본인의 역할 등을 구체적으로 표현할 수 있어
야 한다.
• 경험형
  – [개요] 항공사 재직 시 본인의 역할
  – [상황] 제공받은 스케줄의 잦은 변동 및 업데이트 내용 미반영 문제→스케줄 혼선
  – [해결과정] 타 부서 스케줄 회의 자발적 참여(스케줄의 잦은 변동 문제 해결)→현지 담
    당자와 직접 교신(최신 정보 업데이트)→스케줄의 정확성 확보 및 전체적인 업무파악이
    수월해짐
  – [의견정리] 주어진 업무 외의 일도 적극적으로 수행해야 하는 자세 함양 |
| | 표현 | • 사례의 구체화: [상황] 제공받은 스케줄의 잦은 변동(공항상황, 운항허가시각 등) |

5. 다른 사람의 부당한 행동 및 발언을 고쳐준 경험

◎ 지원직렬: 일반행정

"대학 시절 합창단 활동을 한 경험이 있습니다. 당시 선후배 관계가 매우 엄격하고 규율이 강해서 선배들의 기합으로 힘들었던 기억이 납니다. 2학년으로 올라가면서 합창단 임원을 맡았는데 다른 동기들이 선배들에게 받았던 기합을 후배들에게 똑같이 대물림하려는 모습을 보고 부당하다 느껴 동기들을 소집해 잘못된 관행의 문제점을 설명하며 관행개선을 제안했습니다. 이후 보다 민주적인 문화가 정착되어 졸업 후 모교를 찾았을 때 후배들이 제가 겪던 어려움 없이 편안한 분위기에서 활동하는 것을 보고 뿌듯함을 느꼈습니다."

6. 뚜렷한 규칙이 없을 때 문제를 처리한 경험

◎ 지원직렬: 일반행정

"작년 국어 스터디를 시작할 때 저의 제안으로 규칙을 정한 경험이 있습니다. 처음 하는 스터디라 룰이 없어 잡담시간과 지각하는 사람이 많아져 규칙이 필요하다고 생각했습니다. 광범위했던 학습 범위를 요일별로 엑셀로 만들고, 틀린 개수만큼 내는 벌금과 지각비·결석비도 함께 표시하여 계획표를 만들어 보여줬습니다. 스터디원이 모두 만족해했고, 시간낭비하지 않고 매일 스터디가 안정적으로 운영이 되었습니다. 조원들이 고생했다며 고맙다는 인사 한마디에 매우 보람 있었습니다. 규칙대로 스터디를 운영하게 되니 좀 더 효율적인 시간배분이 가능했고, 안정적으로 1년 이상 지속되면서 실력향상으로 이어졌습니다. 앞으로 공직사회에서도 맡은 업무에 소극행정이 아닌 적극적인 자세로 책임의식을 갖고 공직에 임할 것이고, 학생과 지역사회를 위해 힘쓰는 공무원이 되겠습니다."

04 헌신·열정[열정]

1. 목표를 이루기 위해 노력했던 경험은?

◎ 지원직렬: 일반행정

"2019년 10월 워킹홀리데이 비자를 취득해 호주에 간 적이 있습니다. 한인이 운영하는 일식 매장에서 6개월 동안 일을 했습니다. 저는 음식에 대해서 잘 몰랐기에 배달 업무에 지원을 했습니다. 업무를 수행함에 있어 최대 과제는 영어로 된 도로들의 명칭을 숙지하는 것이었습니다. 내비게이션을 통해서 이동하려고 해도 안내말이 다 영어로 되어 있다 보니 온 신경을 집중하지 않으면 길을 잘못들기 십상이었습니다. 그래서 저는 유일하게 쉴 수 있는 시간인 주말 시간을 이용하여 호주의 지하철 트레인을 타고 다니면서 최대한 도로명을 익히고 동선을 최소화할 수 있는 방법을 생각했습니다. 그 후 노력을 인정받아 정식 배달원이 되어 매장에서 만들어진 대부분의 음식을 제가 배달을 할 수 있게 되었습니다."

> **TIP**
>
> **꼬리질문**
> 목표를 이루는 과정에서 가장 힘든 점은 무엇이었는지?

2. 힘들었던 경험

◎ 지원직렬: 전기직

"가장 힘들었던 경험은 기사 자격증 시험을 연달아서 떨어졌을 때였습니다. 대학교 졸업조건 및 전공에 맞는 취업의 필수요건이 산업안전기사 자격증 취득이었기 때문입니다. 기사 자격증 시험은 1년에 세 번의 기회만 주어지기 때문에 빠른 시일 내에 취득해야만 했습니다. 저는 '기출문제만 돌려보면 되겠지'라면서 안일하게 공부했고 그 결과 두 번이나 떨어져 버려서 당시에 정신적으로 많이 흔들렸습니다. 하지만 곧바로 어떤 과목이 부족한지 확인해 보았고 어떻게 공부해야 전략적으로 더 많은 문제를 맞출 수 있는지 분석해서 철저하게 준비하며 더 많은 문제를 풀었고, 모르는 문제들을 이해할 수 있도록 여러 번 반복해서 공부했습니다. 결국 기사 자격증을 취득할 수 있었고, 이 과정에서 전략의 중요성과 객관적으로 저를 바라보는 법을 배웠습니다."

◎ 지원직렬: 세무직

"네 있습니다. 대학교 1학년 때 저희 과가 축제에서 주점을 하기로 했습니다. 제가 맡은 업무는 주점 기획이었으나 당일 날 동기가 오지 않아 제가 회계까지 맡게 되었습니다. 갑작스럽게 해 보지 않은 어려운 일을 맡게 되어 당황스럽고 힘들었습니다. 어떠한 일을 해야 하는지조차 파악이 안 된 상황이었으며 업무를 익힐 시간도 많지 않았습니다. 그래서 우선 함께 회계를 맡은 친구에게 업무를 설명해 달라 하였고 제가 해야 할 일을 파악했습니다. 축제는 저녁부터 시작되었기에 연락을 들은 오전부터 오후까지 계속 친구와 함께 회계 연습을 했습니다. 저는 예상치 못한 업무를 맡았지만 함께 업무를 맡은 친구의 조언을 얻어 회계 역할을 잘 해내었고 제가 회계 일을 하면서 작성한 엑셀파일이 다음 축제에도 쓰였습니다."

◎ 지원직렬: 세무직

"2021년 공항에서 외국인들에게 세금을 환급해 주는 아르바이트를 하며 힘들었던 경험이 있습니다. 처음엔 영어로 외국인에게 생소한 전문용어를 설명하고 안내하는 것이 어려웠습니다. 그래서 틈나는 대로 영어매뉴얼을 암기하여 연습하였고 결국 매뉴얼을 보지 않고도 편안하게 대응할 수 있었습니다. 공직에서도 난관에 부딪힐 때 적극적으로 해결방안을 찾아 문제를 극복하려고 노력하는 공무원이 되겠습니다."

3. 실패했던 경험

◎ 지원직렬: 일반행정

"네. 있습니다. 대학교 시절 팀별 토론수업에서 '히로시마 원자폭탄 투하가 2차 세계대전을 종결시켰다는 데에 정당성이 있는가?'로 토론을 한 적이 있는데 저희 팀이 '정당하다.'를 맡게 되었습니다. 젊은 세대일수록 이 주제에 부정적인 것을 미리 알고 있었던 터라 함께 수업을 듣는 동기들을 잘 설득시킬 수 있을지 걱정이 많이 됐습니다.

저희는 예상 피해자 숫자 등 과학적인 수치와 공리주의적 접근을 통하여 토론을 이어나갔으나 현대의 도덕적 관점에서 올바르지 않다는 지적을 들었습니다. 결국 최선을 다했으나 동기들을 설득하지 못하였고 토론에서는 지게 되었습니다.

이처럼 살다 보면 최선을 다한 일이 실패하여 좌절하는 경우가 있습니다. 그러나 저는 이 과정에서 구체적인 수치로 접근하는 방법과 다양한 관점으로 접근할 수 있다는 것을 배웠습니다. 이처럼 실패에서도 배울 점을 찾아 성장하는 사람이 되도록 노력하겠습니다."

4. 부족한 면을 채우기 위해 노력했던 경험

◎ 지원직렬: 전기직

"저는 전기설비를 유지·보수하는 업무에서 최신 기술을 파악하기 위한 노력이 필요하다고 느꼈습니다. 최신 기술 동향 파악을 위해 「커넥톰」이라는 책을 읽었으며 인공지능과 관련된 식을 위해 수학과 수업과 코딩공부를 병행하여 공부했습니다. 그 결과 전기설비 유지·보수업무에 큰 도움이 되었으며 앞으로 입직 후에도 부족한 부분은 자기개발을 통해 전문성을 향상시키겠습니다."

5. 본인의 단점을 극복했던 경험

◎ 지원직렬: 사회복지

"저는 제가 소신껏 또는 선의로 한 행동에 설명은 필요 없다고 생각했었습니다. 하지만 저의 설명 없는 태도는 남에게 오해를 줄 수도 있다는 사실을 몰랐습니다. 바쁜 사람을 도와주려고 혼자 처리한 일이 상대를 무시하고 협력하지 않는 사람처럼 여겨졌고, 매뉴얼대로 처리해 버린 일에는 융통성 없는 사람이 되어 있었습니다. 당시엔 상처받고 속상했지만 이후에는 "지금 내가 다른 일이 없는데, 이 부분을 먼저 하고 있을게요. 바쁜 일 끝나고 도와주세요."라고 상황을 설명해 주고 "이 부분은 매뉴얼대로 하는 것이 맞지만 A씨가 말한 방법도 좋은 것 같아요"하고 여러 견해를 받아들이자 서로 기분 좋게 오해 없이 일할 수 있었습니다. 이를 계기로 내 뜻을 상대에게 전달하는 것의 중요성을 배웠고 동료들과 더 많이 대화하고 서로를 이해하는 방법을 알게 되었다고 생각합니다."

6. 인생에서 가장 부끄러웠던 경험

◎ 지원직렬: 일반행정

"저는 터기 여행을 간 적이 있었는데 터키에서는 석류가 특산품이라서 어디를 가든 석류주스를 판매하는 상인들이 많았습니다. 그 상인들 사이에서 가격을 비교하여 흔히 말하는 에누리를 시도했습니다. 터키 여행이 끝나고 집에 와서 남아 있는 터키 돈을 계산하여 보니 약 오천 원 정도가 남아 있었습니다. 그 남은 돈들을 보면서 사실 이 정도 액수의 돈이 제게 엄청나게 큰 의미가 있는 것도 아니고, 그 상인 분들의 형편이 저보다 어려운 텐데 제가 가격을 깎으려고 했다는 사실이 부끄러워졌습니다. 경제적인 관점에서는 저는 가격비교를 할 줄 아는 현명한 소비자였을지는 모르지만, 상대적으로 조금 더 여유 있는 사람으로서 기분 좋게 배려를 해줄 수 있지 않았었나 하고 생각했습니다. 그 이후로 제가 조금 손해를 보는 일이 있더라도 다른 사람들의 형편을 고려할 줄 아는 선택을 해야겠다고 다짐하였습니다."

CASE 02 [인성 · 조직] 상황

01 공직 시리즈: 위법행위 · 규정위반

1. 만약 상사나 동료가 위법한 행위를 하는 것을 알게 되었다면 어떻게 하시겠습니까?

답변방향	위법행위 관련 자신이든, 가까운 상급자 및 동료이든 기본적으로 위법행위에 대한 사항은 불법이기 때문에 원칙을 지키는 것이 중요하다. 다만, 이 과정에서 상급자의 위법행위에 대한 즉각적인 신고는 면접관에게 좋지 않게 보일 수 있다. 조직은 기본적으로 업무를 수행할 때 동료들과 함께 일하는 관계에서 시작하기 때문이다. 따라서 완곡한 태도를 비춘 후 설득을 했음에도 설득되지 않을 때 상부에 보고하고, 공무원행동강령관 적용은 최후수단으로 사용하는 것이 좋다.
모범답안	상사나 동료가 위법한 행위를 하는 것을 알고도 적극적으로 조치하지 않는 것은 공무원으로서 책임 있는 행동이 아니라고 생각합니다. 또한 위법행위는 법에 반하는 행위입니다. 공무원은 모든 법령을 준수하며 성실히 직무를 수행해야 한다는 성실의 의무에도 어긋나는 행위라고 판단됩니다. 상사나 동료가 했던 위법한 행위를 정확하게 파악한 후 스스로 잘못을 뉘우치고 보고할 수 있도록 돕겠습니다. 설득을 했음에도 설득되지 않는다면 상부에 보고하도록 하겠습니다. 평소 상사나 동료들과 원만한 소통을 하며 공무원 태도에 어긋나는 생각을 갖고 있지는 않는지, 개인적인 힘든 상황은 없는지 등을 살펴 사전에 위법한 행위가 벌어지지 않도록 노력하겠습니다.

2. 개인적으로 고마운 상사가 뇌물을 받는 상황일 때 어떻게 대처하겠는가?

배경지식	금품 등 수수 관련 신고절차 • 소속기관장 신고(국민권익위원회, 감독기관, 감사원, 수사기관에도 신고 가능) • 금품 수수 관련 제공자에게 반환하거나, 거부의사 표시(반환이 곤란하거나 어려울 경우, 소속 기관장에게 전달)
질문의도	공무원의 올바른 가치관 확립을 묻는 질문이다. 공직 업무 수행 중 본인이 위법을 저지르지 않더라도 위법 상황을 알게 되거나 목격하는 경우 상황에 대한 사실판단을 한 후 상사보고 및 신고제도(공무원행동강령관 신고 및 내부고발제도)를 통해 문제를 해결해야 한다. '나만 모르면 괜찮아'의 태도는 공직의 무사안일을 만들게 한다. 또한 신고제도는 최후의 수단으로 사용하는 것이 좋다.
모범답안	아무리 개인적으로 고마운 상사라고 할지라도 뇌물을 받는 행위는 공직자로서 올바른 태도가 아니라고 생각합니다. 공무원행동강령 제14조에 따르면 공무원은 금품 등의 수수가 금지되어 있기 때문에 상사의 행위는 위법한 행위입니다. 문제해결을 위해 우선 상사가 한 위법한 행위에 대해 정확하게 파악한 후 상사를 설득하여 상사가 스스로 잘못을 뉘우치고 보고할 수 있도록 돕겠습니다. 그리고 이처럼 위법한 일이 발생하지 않도록 상사나 동료들과의 지속적인 소통을 통해 혹시 어려운 상황으로 고민하고 있지 않은지 등을 살피도록 노력하겠습니다. [꼬리질문] • 상사를 설득했는데도 설득되지 않는다면? • 위 상사에게 보고 후에 덮으라고 한다면?

3. 상사나 동료가 위법한 행동을 저지르는 것을 알게 되었다. 그런데 그 잘못을 나에게 책임전가 한다면 어떻게 하겠습니까?

질문의도	이전 질문과 유사한 형태이다. 공직사회는 위법행위 근절을 위해 내부적으로 제도적·인식적 측면에서 많은 노력을 하는 만큼 절대로 간과해서는 안 되며, 지원자가 상사의 위법행위와 무관하다는 점을 정확히 밝혀야 한다.
모범답안	국가공무원법 제56조·지방공무원법 제48조에 의하면 모든 공무원은 법령을 준수하며 직무를 성실히 수행하여야 합니다. 또한 제 개인적인 소신 또한 잘못된 행동보다 더 잘못된 것은 자신의 행동에 책임지지 않는 것이라고 생각합니다. 따라서 이러한 사실을 상의드릴 수 있는 믿을 만한 상사에게 보고 드린 후 내부감찰제도와 매뉴얼에 따라 정확하고 공정한 절차에 따르겠습니다.

4. 상사가 부당한 지시를 할 경우, 어떻게 할 것인지?

배경지식	부당지시의 판단기준(고용노동부훈령 제318호) • 법령, 규정 위반 여부 • 직무의 취지 및 목적에 맞는 지시 • 공적 이익이 아닌 사적 이익을 추구하는 지시 • 불합리한 행위를 강제하거나 권한을 남용하는 지시
질문의도	위법 여부와 같은 사고의 기준성과 준법정신을 평가하기 위한 질문이다. 공무원의 의무에는 복종의 의무가 있지만 위법한 상황에서도 지시를 따라야 하는 것은 아니다. 부하직원은 상사의 지시를 거부하는 것이 현실적으로 어려울 수 있다. 하지만 어렵다는 이유로 지시를 이행할 경우 처벌대상이 될 수 있기 때문에 거부 사유를 소명하고 지시를 거부하거나 행동강령책임관과 상담해야 한다. 지시를 거부하였음에도 같은 지시가 반복될 경우 즉시 행동강령책임관과 상담해야 한다.
모범답안	[모범답안 1] 네. 답변드리겠습니다. 공무원의무 중 복종의 의무가 있지만, 규정에 따라 지시를 이행하기 이전 상사의 부당한 지시의 위법 여부를 먼저 확인하겠습니다. 만약 부당한 지시가 위법이라면 준법정신을 준수해야 하는 공직자로서 절대 따르지 않을 것이며, 개인적인 부당함이라면 상사의 지시를 이해하도록 하겠습니다. 이후 상사의 부당한 지시가 지속적으로 이뤄진다면, 먼저 제게 문제가 없는지 살펴보고 그럼에도 불구하고 문제가 없다면 상사분께 면담을 요청드려 어떠한 사유로 지시가 이뤄지는지 조심스럽게 여쭙도록 하겠습니다. [모범답안 2] 상사의 지시가 위법사항이라면 따르지 않겠습니다. 하지만 위법이 아닌 개인적인 부당함이라면 따르도록 하겠습니다. 공무원행동강령 제4조를 보면 상급자가 자기 또는 타인의 부당한 이익을 위해 공정한 직무수행을 해치는 지시를 하였을 때는, 사유를 상급자에게 소명하고 지시에 따르지 않을 수 있습니다. 또한 공무원은 명령 복종의 의무가 있고 위법처럼 업무상 문제가 되지 않는 경우라면 상사의 지시는 존중하는 것이 조직생활에 필요하다고 생각하기 때문입니다. 하지만 부당하다고 판단되는 지시가 반복적이고 지속적으로 이뤄질 경우, 먼저 저에게 문제가 없는지 돌아보고, 그럼에도 불구하고 문제가 확인되지 않는다면 부당한 지시가 이뤄지는 사유를 상사분께 조심스럽게 여쭤보도록 하겠습니다. 조직 내의 위법행위는 절대로 따르지 않되, 업무상의 부당함을 느끼는 것은 주관적 차이가 있기 때문에 원활하게 해결해 나가도록 하겠습니다.

5. 상사가 법규를 어기는 지시를 내린다면?

질문의도	준법의식 여부를 평가하기 위한 질문이다.
모범답안	'검토해보겠습니다'라는 말을 드린 후 제자리로 와 해당 지시가 위법인지 아닌지를 관련 법령을 분석하며 스스로 검토해보겠습니다. 충분한 검토 후 위법한 지시라는 것이 판단되면 상사님께 관련 법령, 관련 사례 등을 보여드리며 어디에 저촉되는 사항이고 위반 시에 어떤 불이익이 따르는지, 어떤 공익을 침해하는지를 자세히 설명하고 정중하게 거절하겠습니다. 만약 지시가 위법이 아닌 적법의 테두리 내에 있는 것이라면 저의 희생이 요구되더라도 상사님의 지시를 따르겠습니다.

6. 상사가 사무실 공공용품을 가져가면?

질문의도	공무원이 공용물을 개인 소요물처럼 사용하는 도덕적 해이에 대한 이해를 묻는 질문이다.
모범답안	공공용품을 사적인 용도로 사용하는 행위는 공직 사회에 도덕적 해이를 불러일으킬 수 있다고 생각됩니다. 또한 내부 법규상 공공용품은 개인소지로 사용할 수 없는 것으로 알고 있습니다. 상사가 사무실 공공용품을 가져갈 경우 실수로 가져가셨을 수도 있으니 이를 한 번 목격했다고 해서 단정짓고 판단하지 않겠습니다. 그러나 이후에 여러 차례 목격하게 되면 상사님과 둘만 있는 상황에서 공무원 규정에 대해 말씀을 드려 가져가지 않도록 설득하겠습니다.

02 상사 시리즈: 상사의 업무지시, 요구사항 등

1. 업무시간 외 카톡지시에 대해 어떻게 생각하는지?

질문의도	업무환경 외 사생활 침해 vs 공직조직의 이해 정보통신기기의 발전으로 일과 삶의 경계가 사라지면서 업무 외 카카오톡 지시가 증가하면서 사생활 침해 문제가 대두되고 있다. 현재 업무 외 카카오톡 지시와 관련된 현행법은 없으며 도의적인 측면에서 접근해야 하는 문제이다. 특히 공무원 업무는 국민의 삶과 직결되는 만큼 업무의 특수성을 고려해야 한다는 것을 이야기할 필요가 있다. 대표적인 사례로는 코로나19이다. 코로나19 이후 대부분의 부처 공무원들은 비상근무 체제에 들어갔으며, 현재도 주말 없이 일하고 있는 공무원이 있다.
모범답안	업무시간 외 카톡지시에 대하여 사안의 긴급성 유무에 따라 달라질 수 있다고 생각합니다. 헌법 제7조 제1항을 보면 공무원은 국민 전체의 봉사자라고 명시되어 있습니다. 최근 코로나19 사태처럼 사안의 긴급성과 중요성과 같은 문제일 경우 공무원은 언제 어디서든 일할 수 있는 사명감을 가지고 근무해야 한다고 생각합니다. 반면, 퇴근 후 카톡지시가 긴급성을 띄지 않고, 다음 날 근무시간에 지시를 내려도 되는 사안이고 팀원들 모두가 불편해 한다면 개선해야 할 필요는 있다고 생각합니다. 특히 지시가 지속적이고 반복적으로 이뤄질 경우 상사분께 조심스럽게 사안에 대한 건의를 해보겠습니다. 업무효율성을 끌어올리는 방법 중 하나는 팀워크라고 생각합니다. 팀원들 모두 만족할 수 있는 근무환경에서 일할 수 있도록 팀원으로서 최선을 다하겠습니다.

▶ [유사질문] 관용차량을 개인적으로 사용한다면?

2. 상사가 기차표 끊기 등 개인적 업무를 시킨다면?

배경지식	제13조의2(사적 노무 요구 금지) 공무원은 직무 권한을 행사하거나 지위 및 직책 등에서 유래되는 사실상 영향력을 행사하여 직무 관련자 또는 직무 관련 공무원으로부터 사적 노무를 제공받거나 요구 및 약속해서는 아니 된다.

질문의도	조직구성원의 올바른 태도와 신념을 묻는 질문이다. 최근 공직사회뿐 아니라 여러 조직사회의 상하간, 공무원·민간인(직원·고객) 간 다양하게 발생하고 있는 '갑질'행위에 대한 사회적 비판과 개선요구가 높아지고 있다. 개인 사정상 일회적인 부탁은 허용할 수 있지만, 잘못된 지시 및 부탁이 지속적이고 반복적으로 이뤄지고 관행화될 경우 근절할 필요가 있다. 또한 공무원은 국민의 삶 증진을 목표로 하는 공익적인 업무를 하므로 공직업무에 방해가 되는 일을 해서는 안 된다(사적 업무가 공적 업무에 방해가 되면 안 된다).
모범답안	상사의 지시가 일회성이며 공직업무를 방해하지 않는 부분이라면 기분 좋게 업무에 응해드리겠습니다. 상사의 지시가 의도된 것이 아니라 피치 못할 사정으로 부탁을 하는 경우도 있기 때문입니다. 하지만 개인적 업무가 지속적, 반복적으로 이뤄지고 공직업무에 방해가 되며, 직장 내 괴롭힘으로 비춰질 수 있는 고의적인 행동이라면 거절하도록 하겠습니다.

3. 상사의 지시와 국민의 요구가 배치되는 상황에서 어떻게 행동하시겠습니까?

배경지식	공공갈등 발생이유 4차 산업혁명의 발전으로 행정수요는 복잡하고 다양해지고 있다. 행정수요의 증가만큼 공공갈등도 비례하여 증가하는데, 이로 인해 행정적·재정적 비용도 증가하고 있어 갈등을 사전에 예방하거나 사후에 완화하기 위한 역할이 중요해지고 있다. 일반적으로 공공갈등의 요인은 비용 편익에 대한 갈등, 정책 결정과정의 투명성, 부정확한 정보 제공, 소극행정 등 다양하다.
질문의도	광의적인 측면에서 '공공갈등'에 대한 문제이다. 일반적으로 상사의 지시는 조직 내 업무 프로세스를 의미한다. 따라서 상사의 지시가 공익성을 추구하는지, 상사의 지시와 국민의 요구가 배치되는 내용의 목적이 무엇인지, 국민의 요구가 집단이기주의 성격을 띠고 있지는 않은지 여러 측면에서 고려할 필요가 있다. 특히 상사의 지시가 공익성을 띠고 있지 않은 상태에서 무조건적인 복종의무를 말하는 것은 올바른 답변이 아니다.
모범답안	상사의 지시와 국민의 요구가 공통점이 있다면 이를 시행할 것이고, 배치되는 부분이 있다면 원인을 살펴보겠습니다. 먼저 상사의 지시가 공익성을 띠고 있는지, 어떤 사유로 다른 의견을 지시하는 것인지 확인해 보겠습니다. 또한 국민의 요구가 집단 이기주의 성격을 띠고 있지 않은지, 현실적인 요구사항인지 등을 살펴 국민의 봉사자로서 국민의 요구를 수렴하려는 자세를 취할 것입니다. ○○부처는 공공갈등문제 개선을 위해 갈등관리 매뉴얼을 개정하고, 상상숙의시민단이 제도도입을 통해 국민의견 수용성을 높일 수 있는 대안과 절차를 마련하는 노력을 하고 있습니다. 사회갈등관리를 위해 평소에도 갈등 모니터링부터 효과적인 갈등 해소를 위한 갈등관리 역량을 배양시키도록 하겠습니다.

4. 업무가 과중한데 상사가 동료의 일까지 도와주라고 한다면?

질문의도	협동심, 봉사정신 및 업무효율성에 대한 사고를 평가하기 위함이다.
답변방향	업무의 어려움을 호소하는 동료를 외면하지 않고 기꺼이 나서 도움을 줄 수 있는 공직자의 모습을 보여야 한다. 단, 도움을 줄 때 현재 맡은 업무의 시급성을 판단해 동료에게 도움을 줄 수 있는 시기를 확인해봐야 한다. 협동, 희생정신 그리고 효율적 업무처리능력 모두 놓치지 말자.
모범답안	우선 복종의 의무에 따라 상사의 지시를 따르겠습니다. 업무가 과중한데도 불구하고 동료의 일을 도와주라는 상사의 지시는 아마 제가 그 분야의 전문성을 갖추었기 때문일 가능성이 크다고 판단됩니다. 다만, 제가 맡은 업무의 시급성을 고려해보도록 하겠습니다. 만약 빠르게 업무를 마쳐야 하는 상황이라면 저의 상황을 상사분께 말씀드려 업무종료 후 도움에 대한 양해를 구할 것입니다. 특히 조직생활 중 도움이 필요한 동료를 돕는 것은 장기적으로 업무효율성을 높일 수 있다고 생각됩니다. 공무의 특성상 사소한 실수도 국민과 국가에 큰 영향을 줄 수 있고, 업무의 효율성을 높일 때 지역주민의 삶을 유익하게 만드는 데 기여할 수 있기 때문입니다. 조직생활에서 상호협력을 우선시하고 늘 도움을 줄 수 있는 공무원이 되기 위해 노력하고 자기계발을 꾸준히 하겠습니다.

03 업무 시리즈: 직무적성, 업무수행 중 발생하는 문제상황

1. 직무가 적성에 맞지 않는다면 어떻게 하겠습니까?

질문의도	책임감, 의지력, 발전가능성을 확인하기 위함이다.
답변방향	• 공무원의 업무는 다양하고 항상 나에게 최적화된 업무만 담당할 수는 없다. 특히 민원업무, 행정업무 등 다양한 업무를 수행할 때 맡은 분야의 전문성 향상을 이끌 수 있다. 직접 업무만을 경험했던 사람은 현장의 문제점과 해결책을 가장 잘 알고 있기 때문이다. 또한 처음에 맞지 않다고 생각했던 업무도 성실히 수행하는 과정에서 성취감을 느낄 때, 업무의 적성과 재미를 느낄 수 있다. • 어떤 상황이든 포기하지 않고 책임감 있게 수행하려는 노력의지를 어필하자. 가능하다면 힘들었던 상황에서 노력했던 경험, 알지 못하는 업무를 수행해본 경험을 함께 얘기할 때 설득력이 높아질 것이다.
모범답안	헌법 제7조 제1항은 공무원의 국민에 대한 책임을 명시하고 있고, 공무원의 6대 의무 중 성실의무가 국가공무원법 등에 명시되어 있습니다. 따라서 공무원이 자신에게 주어진 직무가 적성에 맞지 않다는 등의 이유로 업무를 소홀히 하거나 업무태만 하는 것은 용납될 수 없다고 생각합니다. 또한 어떤 일이든 자신이 좋아하는 일만 하기를 원한다면 조직의 업무는 원활하게 돌아가지 않을 것입니다. 다만, 공무원도 사람이기 때문에 적성에 맞지 않는 일을 계속한다면 분명 실수가 있거나 최선을 다하지 못하는 일이 발생할 수도 있다고 생각합니다. 이런 경우, 상사 혹은 동료와의 상담을 통해 문제를 해결할 수 있는 방법을 찾아 해결하도록 하겠습니다. 어떤 업무를 맡더라도 부족하더라도 꾸준하고 책임감 있게 근무에 공직에 도움이 될 수 있는 공무원이 되겠습니다.

▶ **[유사질문 1] 만약 희망부서와 상관없는 곳에 배치된다면?**

희망하는 부서에 지금 당장 배치되지 않는다고 하더라도 담당하는 모든 일이 공무원으로서의 전문성을 키우는 데 필요한 일이라고 생각하기에 열심히 임할 것입니다. 여러 부서를 다니며 쌓인 경험과 축적된 지식을 가지고 전문성을 향상시킨 후 희망하는 부서에 배치되어 일할 때가 지금 당장 배치되어 일을 하는 것보다 시행착오를 줄이고 효율성을 높일 수 있다고 생각합니다. 그렇기 때문에 희망 부서에 배치되지 않는다고 하더라도 저에게 주어진 부서에서 최선을 다해 업무에 임할 것입니다.

▶ **[유사질문 2] 모르는 업무가 주어진다. 어떻게 할 것인가?**

업무를 하다 보면 익숙지 않거나, 새로운 업무를 접할 상황은 빈번하게 일어난다고 생각합니다. 어떤 상황에서든지 책임감 있게 업무수행을 하려는 태도가 중요하다고 생각합니다. 따라서 저는 담당 업무를 수행했던 동료에게 물어보거나, 관련 업무의 법령과 매뉴얼을 숙지하겠습니다. 더 나아가 담당 업무를 수행했던 동료가 있다면 업무에 대해 여쭤보고 관련 사례를 자세하게 참고하도록 하겠습니다. 또한 이 과정에서 업무처리가 지연되지 않도록 자기개발을 해 빠른 시일 내에 능숙하게 업무를 처리할 수 있도록 노력하겠습니다.

▶ **[유사질문 3] 업무적성이 맞지 않았음에도 노력해서 업무능력을 향상시킨 경험은?**

2. 형편이 어려운 할머니께 쓰레기 과태료를 부과할 것인가?

배경지식	• 질서위반행위규제법상 과태료 감경제도
	  – 자진납부자에 대한 과태료 감경(질서위반행위규제법 제18조 제1항·제2항)
	  행정청은 당사자가 사전통지 및 의견제출 등의 기한 이내에 과태료를 자진하여 납부하고자 할 경우 20% 이내로 과태료를 감경해줄 수 있으며, 당사자가 감경된 과태료를 납부하면 과태료 부과 및 징수절차 종료.
	  – 사회적 약자에 대한 과태료 감경(질서위반행위규제법 시행령 제2조의2 제1항·제2항)
	  행정청은 사전통지 및 의견제출 결과 당사자가 다음과 같은 어느 하나에 해당하는 경우에는 해당 과태료의 50% 범위에서 과태료를 감경할 수 있으며, 이러한 사유가 여러 개에 해당하더라도 중복 감경은 되지 아니 하나, 자진납부 감경은 중복 감경 사유에 해당
	• 사회적 약자
	  – 기초생활보장법 제2조에 따른 수급자
	  – 한부모가족 지원법 제5조 및 제5조의2 제2항·제3항에 따른 보호대상자
	  – 장애인복지법 제2조에 따른 제1급부터 제3급까지의 장애인
	  – 국가유공자 등 예우 및 지원에 관한 법률 제6조의4에 따른 1급부터 3급까지의 상이등급 판정을 받은 사람
	  – 미성년자
	• 과태료 감경대상 사실 입증: 행정청은 질서를 위반한 행위자가 감경대상자 해당 여부를 사전에 확인할 수 없으므로, 질서위반행위자가 감경대상자에 해당한다는 사실을 입증해야 함(사전 통지에 따른 의견제출 기간 종료 전까지)

질문의도	법규이행과 국민에 대한 따뜻한 태도에 대한 역량을 평가하기 위함이다.
답변방향	사회적 질서 유지를 위해서는 과태료를 부과하는 것이 맞지만 반성하고 일회적인 상황이라면 경고조치로 마무리할 수 있다. 과태료 부과는 사회질서 유지 목적에도 부합하기 때문이다.
모범답안	일단 공무원은 법규를 준수해야 하기 때문에 할머니께 과태료를 부과해야 한다고 생각합니다. 그러나 부과하는 데서 멈추는 것이 아니라 형편이 어려울 경우 과태료 금액의 감면 대상이 되는지, 분할해서 납부가 가능한지 등 법적 테두리 내에서 부담을 경감시킬 방안을 찾아봐야 합니다. 마지막으로 이런 상황이 재발하지 않도록 하기 위해 할머니께 쓰레기 무단 투기 시에 나타날 법적인 조치와 그 결과에 대해 다시 한 번 자세히 설명해 드려야 한다고 생각합니다.

▶ **[유사질문] 딱한 상황이지만 규정에 없어서 해결해줄 수 없는 민원인의 요구에 어떻게 대처할 것인가?**
우선 규정상 안 되는 부분을 민원인께 잘 풀어서 설명해드려야 합니다. 아무리 딱한 사정이 있다고 하더라도 공무원은 주어진 규정에 따라 민원을 처리해 나가야 하기에 민원을 해결해 드릴 수 없습니다. 사정이 딱하다는 이유만으로 규정을 벗어나 민원을 처리하게 되면 형평성에 어긋나게 됩니다. 결국 유사한 경우의 다른 민원인들에게 피해가 발생하게 되어 최대한의 공익을 실현하지 못하게 됩니다. 하지만 여기서 공무원의 역할이 멈춰서는 안 된다고 생각합니다. 다른 규정으로 민원을 해결해 드릴 수 있는지를 찾아봐야 하며, 혹 규정의 미비로 인한 사항이라면 규정이 잘 정립될 수 있게 책임을 다하는 것도 공무원의 역할이라고 생각합니다.

3. 중요한 개인용무와 조직업무가 겹친다면 어떻게 하겠습니까?

질문의도	공익과 사익의 충돌과 관련된 문제이다. 조직업무가 맹목적으로 우선순위가 될 수 없지만 개인의 용무가 응급상황이 아니라면 조직업무를 우선시하는 태도가 필요하다. 공직의 업무는 국민의 삶과 직결되기 때문이다.
답변방향	조직업무가 우선시되어야 하는 이유를 개인의 경험이나 사례를 붙여 이야기해보자.
모범답안	개인용무가 응급상황이 아니라면 조직업무를 우선하겠습니다. 조직업무가 맹목적으로 우선시되는 것은 아니나 공직의 업무는 국민의 삶과 직결되며 공무원은 국민 전체의 봉사자로서 맡은 업무에 대한 책임감과 사명감이 바탕이 되어야 한다고 생각됩니다. 또한 국민 혈세를 받는 공무원이 조직업무를 후순위에 둔다면 적극행정의 저해 요인이 될 수 있다고 생각합니다. 2019년에 개인업무를 우선시하고 조직 업무를 뒷전으로 미룬 공무원의 해임판결 사례도 있습니다. 해당 공무원은 자신이 맡은 업무의 개념과 절차를 이해하지 못할 뿐더러 업무 성과도 좋지 않았으며, 업무 이해도 향상을 위한 교육 참여를 거부하는 등의 옳지 못한 행동을 보이기도 했습니다. 하지만 개인용무가 응급상황이고 불가피한 상황이라면 상사님께 해당 사항을 보고하고, 업무를 대신 처리해줄 수 있는 동료의 도움을 받는 등 후속조치 방안을 찾아보겠습니다. 또한 개인적인 용무를 마친 뒤 부탁한 업무가 잘 처리가 되었는지, 제가 추가적으로 해야 하는 업무는 없는지 검토하겠습니다.

▶ **[유사질문]** 아이를 돌보기 위해 퇴근을 해야 하는 상황인데 상사가 급한 업무라며 야근을 하고 가라고 한다면 어떻게 할 것인지?

4. 조직에서 본인이 일을 하고 있을 때 주변 동료들은 일이 거의 없고, 본인만 일이 많다면?

질문의도	업무분배의 단순한 공정성 여부를 바라보는 것만이 아닌, 업무분배의 전반적인 사고능력 및 효율적인 업무처리능력을 평가하기 위함이다. 조직생활을 하다보면 업무는 정량적인 분배로 이뤄지기 어렵다. 개인의 역량(예를 들어 육아휴직 복귀 후 일주일 정도 근무한 직원), 조직의 상황 등에 따라 달라질 수 있기 때문이다. 물론 편파적인 상황에서 업무과다가 이뤄질 수 있지만 일반적인 조직의 모습은 아니다. 하지만 대부분의 지원자들은 해당 질문만 듣고 편파적 업무과다, 불공정이라는 단어를 쉽게 떠올리곤 한다. 항상 침착하고 객관적인 사고로 상황을 바라보는 연습을 해보자.
답변방향	업무과중의 예를 떠올려 답변해 보자. 무조건적으로 열심히 하겠다는 식의 답변은 진정성이 떨어져 보일 수 있다.
모범답안	조직생활을 하는 데 있어 누군가에게 일이 몰리는 상황이 있을 수 있다고 생각합니다. 저는 이런 상황이 발생할 경우 해당 업무를 저만 담당할 수 있는지, 공동의 업무분배가 가능한지 살펴보겠습니다. 예를 들어, 제가 담당하는 업무가 개인정보 보호에 관련된 일이라 다른 동료가 아닌 저만 확인해야 하는 업무라면 더욱 제게 몰릴 수 있는 상황이 있을 수 있다고 생각합니다. 다만, 이러한 업무가 아니고 공동의 업무이며 빠르게 업무를 수행해야 하는 경우라면 동료에게 도움을 요청할 것 같습니다. 무조건적으로 책임감 있게 수행하는 마음가짐이 있더라도 제게 일이 몰린다면 집중도가 떨어져 실수도 많이 나올 수 있을 것이라고 생각합니다. 이는 결국 조직의 피해로 돌아가 국민이 피해를 입을 수 있는 상황이라고 생각합니다. 따라서 저는 동료들이 잘하는 부분을 상관께 보고해 업무가 분담될 수 있도록 말씀드리겠습니다.

▶ **[유사질문] 과도한 업무부담 시 해결방안은?**

우선 업무가 과중하게 맡겨진 것에 대해 섭섭하게 여기기보다는 많은 업무량을 통해 많은 경험을 쌓을 수 있는 기회로 생각하겠습니다. 그러나 업무의 과중으로 인해 업무 처리의 효율성이 떨어져 실수나 빠트림이 발생하게 되면 일단 주변의 동료들에게 도움을 한 번 청해보겠습니다. 주변의 동료들에게도 도움을 청할 수 없는 상황이라면 상사님께 이러한 상황을 보고하고 업무량 조절 혹은 업무 분담을 요청하겠습니다.

5. 팀프로젝트 진행 중 일이 많은데 본인 일을 다 했다면 퇴근할 것인지 아니면 남을 것인지?

질문의도	조직생활의 협업능력, 봉사성을 평가하기 위함이다.
답변방향	직장생활에서 협업능력이 필요한 이유와 개인의 경험을 함께 답변해 보자. • 학창시절 팀프로젝트 시 자신의 담당은 아니었지만 팀원을 도와준 경험 • 인턴 시 늦게까지 남아 동료의 업무를 도와준 경험
모범답안	공직업무 수행은 국민의 삶 증진을 위해 필요하므로 개인의 업무가 아닌 공동의 업무라고 생각됩니다. 따라서 제 일은 다했지만 팀의 일이 남아 있는 상황이고, 특히 그 업무의 기한이 얼마 남지 않은 상황이라면 함께 남아 마무리를 도와주겠습니다. 팀원을 위해 솔선수범하는 희생정신을 평상시에도 보인다면 향후 제가 도움이 필요할 때 동료의 도움을 받을 수 있다고 생각합니다. 함께 고민하고 함께 해결하며 언제 어디서든 보탬이 될 수 있는 공무원이 되겠습니다. [꼬리질문] • 업무기한이 넉넉히 남은 상황에서는 어떻게 대처할 것인지? • 공무원에게 희생정신이 강조되는 이유는?

▶ **[유사질문] 상사가 무능한 옆 직원의 일을 나에게만 몰아줘서 야근도 많고 바쁘다면?**

복종의 의무에 따라 상사의 지시를 따르겠습니다. 공무의 특성상 업무는 혼자 하는 것이 아닌 공동으로 해결하는 업무라고 생각합니다. 또한 상사가 동료를 무능하다고 느낀 원인을 확인해보겠습니다. 업무를 하지 못하는 이유는 업무 이해도 부족, 업무처리의 효율성 등 다양하다고 생각합니다. 당장은 무능해 보일지라도 원인을 찾아 도움을 준다면 장기적으로 업무의 효율성 증진은 물론이고, 서로 소통하여 좋은 정책이 개선되거나 실행될 수 있다고 생각되기 때문입니다. 따라서 동료를 신뢰하며 최선을 다해 도움을 주고 업무분장을 해 국민이 만족할 수 있는 행정처리를 하도록 하겠습니다.

6. 본인이 팀장이고, 각 팀에서 차출된 인원들이 협동하는데, 한 사람의 업무능력이 떨어져서 목표달성에 방해가 된다면?

질문의도	책임감, 협업능력, 문제해결능력 등을 확인하기 위한 질문이다.
답변방향	관련 내용은 TF 업무 중 발생할 수 있는 상황이다. 누구나 최선을 다해 업무를 하고자 하는 의지는 같겠지만 상황에 따라 업무 능력의 편차가 생기기도 한다. 이런 상황에서 동료를 무시하거나 배제하는 것이 아닌 동료의 부족한 문제점을 진단하고 역량을 끌어줄 수 있는 상황을 만들어 주어야 한다.
모범답안	한 사람이 모든 분야에서 뛰어난 능력과 재능을 가질 수는 없습니다. 각 분야에서 각자가 가진 능력과 역량이 모두 다르기 때문에 서로를 보완하라는 의미에서 팀을 이뤄 일을 처리한다고 생각합니다. 역량이 부족한 동료의 공백은 구성원 간의 협업 혹은 업무 재분담을 통해서 충분히 극복할 수 있다고 생각합니다.

7. 업무 해결방안이 자신이 생각할 때는 A인데 조직 내에서는 B로서 관행적으로 한다면?

질문의도	조직에서의 신뢰와 신중한 자세를 평가하기 위함이다.
답변방향	관행의 사전적 정의는 '오래 전부터 해 오는 대로 함. 또는 관례에 따라서 함'이다. 일반적으로 수험생이 떠올리는 관행은 조직에서 꼭 없어져야 할 부정적 의미로 해석한다. 하지만 조직생활을 하다보면 합법적인 관행, 효율적인 관행 등 조직의 필요에 의해 진행되는 경우가 있다. 예를 들어 업무 효율성을 위해 아침마다 각자 해야 할 일을 점검하고 보고하는 관행이 꼭 나쁘다고만 할 수 있을까? 당일 업무 리스트를 확인하면 업무를 계획적이고 효율적으로 처리할 수 있다. 이처럼 관행을 나쁜 문제로만 인식해 답변하지 않도록 하자.
모범답안	위와 같은 상황에서는 상황을 신중히 바라보고 판단해야 한다고 생각합니다. 관행이란 오래 전부터 해오는 관습을 의미합니다. 이 관습이 부도덕적이거나 위법한 상황이라면 따르지 않는 것이 맞지만, 조직 업무에 필요로 되는 관행이었다면 이를 수행하는 것이 맞다고 생각합니다. 특히 저보다 오래 공직생활을 하신 상사분께서는 관행의 필요성을 더욱 잘 아실 것이라고 판단해 상사와 동료의 교류를 통해 관행의 필요성을 들어보겠습니다. 관행이라는 것은 시간이 지날수록 견고해지는 특성이 있는 만큼 조직에서 합리적이고 필요한 관행문화가 정착될 수 있도록 노력하고, 항상 동료를 신뢰하는 자세로 공직에 임하겠습니다.

04 관계 시리즈: 상하관계, 세대차이 등 관계적 측면의 문제상황

1. 본인보다 나이가 어린 상사, 잘 지낼 수 있는지?

질문의도	공개경력채용보다는 경력경쟁채용에서 기출빈도가 높은 질문이며, 나이가 많은 지원자에게 주어지는 질문이다. 공무원 면접은 블라인드 채용이지만 지원자의 여러 경험을 질의하는 과정에서 지원자의 나이가 가늠되는 경우가 있으며, 이러한 상황에서 나올 수 있는 질문이다.
답변방향	• 공무원은 계급사회라는 것을 강조하며, 업무수행에 나이는 중요치 않다는 것을 이야기하자. • 나이가 어린 사람과 함께 일했던 경험을 드러내자(학교생활, 조직생활, 아르바이트 등 모두 해당). • 이때 나이보다는 역할에 충실했던 모습과 나이가 어린 상사와 협업을 잘 이끈 성과를 답변해 보자. • 규정, 법규 등의 근거로 설득할 수 없다면 사례, 경험을 통해 면접관을 설득해 보자.
모범답안	공무원은 계급조직으로 위계질서를 잘 지켜야 한다고 생각합니다. 따라서 나이는 중요하지 않다고 생각합니다. 대학 졸업 후 고시생활을 하며 아르바이트로 생계를 이어나가기 위해 제과점에서 아르바이트를 했던 적이 있습니다. 당시 매니저분은 저보다 나이가 2살 어렸지만 항상 존댓말을 사용하며 제가 모르는 업무를 알려주셨고, 실수를 하더라도 잘못된 부분에 대해서만 정확하게 바로잡아주곤 했습니다. 근무를 하면서 나이가 어리다는 부분은 단 한 번도 느껴본 적이 없습니다. 이 경험을 통해 어떤 조직에서 근무하든 나이보다는 서로에 대한 존중의 태도가 중요하다는 것을 배우게 되었습니다. 공무원 조직 생활을 할 때에도 상대방을 존중하며 근무하도록 하겠습니다.

2. 조직 내 상사와의 갈등 어떻게 해결하겠는지?

질문의도	가장 고전적이면서도 기출빈도가 높은 지문이며 갈등해결능력, 스트레스 관리능력 등을 평가하기 위함이다.
답변방향	업무적 마찰, 관행 불이행, 부당한 지시, 가치관 충돌 등 갈등의 유형은 다양하다. 대표적 유형에 맞춰 관련 사례와 함께 이야기한다면 면접관을 구체적으로 설득할 수 있다.
모범답안	조직생활에서 갈등은 충분히 일어날 수 있는 부분이라고 생각합니다. 단, 갈등이 심화되어 조직 분위기에 해를 끼치지 않는 것이 중요하다고 생각하기 때문에 빠른 시일 내로 문제를 해결하도록 하겠습니다. 먼저 상사와의 갈등 시 저에게 문제가 없는지 확인해보겠습니다. 상사의 지시를 제대로 이해하지 못했는지, 제가 미처 확인하지 못한 부분은 없는지 등을 확인해보겠습니다. 문제의 원인을 정확하게 찾아본 후 원인 해결을 위해 노력해보도록 하겠습니다. 하지만 해결 과정에서 상사의 도움이 필요하다면 대화를 통해 상사분께 도움을 요청하고 갈등 해결을 위해 최선을 다하도록 하겠습니다.

▶ [유사질문 1] 상사와 의견이 다르다면?

업무를 수행하다 보면 의견 차이는 충분히 발생할 수 있다고 생각합니다. 저의 의견을 고집하기보다 상사의 의견을 먼저 헤아려 듣고 존중하도록 하겠습니다. 공무원에게는 복종의 의무가 있고 저보다 경험이 많으신 상사이기에 제가 미처 보지 못한 부분까지 고려하실 수도 있다고 생각됩니다. 하지만 저의 의견이 객관적 지표에 기반한 상황이라면 상사의 다른 의견을 먼저 확인한 후 객관적 자료에 대한 의견을 말씀드리겠습니다. 조직생활을 하며 발생하는 의견의 충돌이 업무의 긍정적인 성과로 이어질 수 있도록 노력하겠습니다.

▶ [유사질문 2] 해결하기 힘든 갈등의 유형은? 지원자가 상대를 설득하는 노하우가 있다면?

05 민원 시리즈: 민원응대 및 특이민원 관련 대응상황

1. 이유 없이 화내는 민원인이 있다. 어떻게 대처할 것인가?

질문의도	대민업무의 이해도와 민원인에 대한 태도 및 문제해결능력을 확인하기 위함이다.
답변방향	민원인 관련 질문에서 민원인의 태도를 무조건적으로 악성민원으로 치부해버리면 좋은 점수를 받을 수 없다. 민원인의 감정적인 호소는 국가 제도로 직·간접적으로 피해를 받고 억울함을 호소하기 위한 것이기에 어떤 사유로 화를 내는지 원인을 파악할 필요가 있다.
모범답안	이유 없이 화내는 민원인이라고 하여 무관심 및 기피의 태도로 소극적인 조치를 하는 것은 공무원으로서 책임 있는 행동이 아니라고 생각합니다. 특히 무관심 및 기피의 태도, 더 나아가 악성민원이라고 치부해버리는 태도는 공직자로서 들어야 할 국민의 목소리를 더욱 위축시킬 수 있다고 생각됩니다. 보통 화를 내시는 민원인 분들은 그 분의 이야기를 잘 들어드리는 것만으로도 화를 누그러뜨리는 경우가 많다고 들었습니다. 따라서 우선 해당 민원인 분의 이야기를 경청해 드린 후 제가 도와드릴 수 있는 부분이라면 최선을 다해 도와드리고, 도와드릴 수 없는 부분이라면 왜 도와드릴 수 없는지에 대해 그 분이 이해하실 수 있게끔 잘 설명해드리도록 하겠습니다. 공직자로서 최선을 다해 민원응대를 하지만 설득이 되지 않고 지속적으로 화를 내고 소리를 질러 공무에 방해가 되는 상황이라면, 공무 집행에 방해가 될 수 있다는 점도 알려드릴 것입니다.

2. 민원인과 전화상담 중 '당신 말투가 마음에 안 드니 상사와 통화하겠다'고 한다면 어떻게 하시겠습니까?

배경지식	상급자(기관장 등)의 통화요구 절차 1. 민원인 요구를 무조건 허용하지 말고 기관의 규정 및 입장에 대해 설명 후 설득 2. 실무자 투입: 상급자(기관장 등)으로부터 민원처리 권한을 허용받았음을 안내한 후 최대한 단기간 내 문제를 해결할 수 있는 방법 안내 "요청하신 문제를 빠른 시일 내 처리할 수 있는 방안을 알아보겠습니다." 3. 담당 부서장 및 상급자 투입: 실무자 투입 후에도 불만이 끊이지 않고 상급자 통화를 요구하는 경우 최종 대응단계
질문의도	행정서비스를 제공하는 민원응대 능력을 평가하기 위함이다.
모범답안	의도치 않게 민원인에게 기분을 상하게 한 부분에 대해 사과를 드려야 한다고 생각합니다. 또한 사과를 드리면서 즉시 저의 말투를 부드럽게 말하려고 노력하겠습니다. 군 복무 시절 업무상 전화를 받을 때 사투리 억양이 심해 상대가 저를 쏘아붙이는 듯이 말하는 것처럼 느껴진다고 얘기해 주신 적이 있습니다. 저의 의도와 다르게 상대방은 오해를 할 수 있는 상황이 충분히 있을 수 있다고 생각합니다. 사과 후에도 민원인께서 불편함을 이야기하시면서 상사와 통화를 하겠다고 말씀하시면, 상사와 통화를 연결시켜 드리기 전에 민원인이 불편해 하는 이유와 부족한 점을 보고 후 통화연결을 시켜드리도록 하겠습니다.

3. 민원인이 불만을 표시하며 난동을 부리면 어떻게 하시겠습니까?

배경지식	• 법적대응:「형법」제366조에 의한 재물손괴죄 또는「형법」제260조에 의한 폭행죄에 해당
	• 민원인의 물품파손 시 대응 절차
	  – [1단계] 청원경찰, 동료직원 등 민원인 제지
	  – [2단계] 내부 업무처리를 하고 있는 다른 민원인 대피
	  – [3단계] 상급자 투입 후 난동상황 제지 및 법적 대응(형법 제366조에 의한 재물손괴죄 또는 형법 제260조에 의한 폭행죄에 해당) 고지 설득

질문의도	행정서비스를 제공하는 민원응대 능력을 평가하기 위함이다.
모범답안	민원인께서 불만을 표시하는 데는 이유가 있다고 생각합니다. 또한 공무원은 국민 전체의 봉사자로서 민원의 불만을 해결해야 할 의무가 있다고 생각합니다. 먼저 민원인께서 불만을 표시하는 이유를 듣고, 충분한 사과를 통해 민원인을 진정시키겠습니다. 또한 문제를 최대한 해결하도록 하겠습니다. 하지만 불만의 표시가 과해 난동을 부리는 행위가 지속되어 다른 민원인에게 피해를 주는 상황이라면, 국민의 안전을 지켜야 한다는 의무 차원에서 정중하게 경고를 드리고 빈 사무실로 민원인을 이동시키도록 하겠습니다. 충분한 안정을 취하실 때까지 기다린 후 불만의 원인을 찾기 위해 최선을 다하겠습니다.

▶ **[유사질문] 악성민원에 대해 어떻게 할 것인가?**

악성민원인에 대해서는 기본적으로 평정심을 잃지 않고 유연하게 대처해야 한다고 생각합니다. 흥분된 상태일 수 있으니 일단 민원인의 말을 듣고 어떤 이유로 민원을 처리해드릴 수 없는지 한 번 더 설명해드리겠습니다. 만약 고성·기물파손·폭언 등의 형태로 번질 경우 이런 행동이 문제해결에 전혀 도움이 되지 않음을 알리고 중단한 것을 요청하겠습니다. 그럼에도 불구하고 계속적인 상태라면 녹화·녹음이 될 수 있음과 법적 조치가 처해질 수 있음을 고지하여 단호하게 대응하겠습니다.

PART
03

사전조사서 [경기·대구·충북]

01 [개요] 사전조사서 개요 및 3개년 기출

POINT 01 사전조사서 개요

01 사전조사서

사전조사서란 수험생의 직무능력 및 조직역량을 평가하기 위해 면접 당일 제시되는 과제를 말한다. 수험생은 10~20분가량 사전조사서를 작성하여 시험감독관에게 제출하고 개별면접 시 사전조사서 기반의 후속질문을 받게 된다. 사전조사서는 수험생의 직렬과 무관한 주제가 출제되기 때문에 자신이 응시한 지역의 전년도 기출주제의 특징에 맞춰 미리 준비하는 것이 좋다.

02 사전조사서 시행지역

구분	경기도·시·군	대구광역시	충청북도
주제유형	경험형, 도(시)정형	도(시)정형	경험형, 도(시)정형
작성시간	15분	20분	10분, ('22)까지 15분
문항수	1문항	1문항, ('21)까지 20분 2문항	1문항. ('22)까지 2문항
서식특징	빈칸 or 줄글	줄글(28)	줄글(24)

> **TIP**
>
> **사전조사서 제외지역**
> - 경기 화성: 2022년부터 3분발표 진행
> - 경기 용인: 2022년 3분발표로 대체, 용인시의회는 사전조사서 진행
> - 경기 의정부: 2023년 개별면접만 진행

03 사전조사서 서식

1. 빈칸형

사전조사서

면접조: 1조   응시번호: 20230408   성명: 김소영

1번. 임용 후 근무하고 싶은 부서와 이유에 대해 작성하시오.

2번. 살면서 힘들었던 경험에 대해 작성하시오.

2. 줄글형

사전조사서

면접조: 1조   응시번호: 20230408   성명: 김소영

제로웨이스트 활성화 방안에 대해 작성하시오.

POINT 02 사전조사서 유형

01 유형

주제	내용
경험형	의사소통능력, 문제해결능력, 조직생활, 공직 필요 역량 등 지원자의 경험
도(시)정형	지역 활성화를 위한 주요 정책 및 지역 이슈 관련 문제대응방안 및 견해
공직형	공직윤리 및 공직가치, 이슈, 제도, 공직에서 사용되는 행정용어 등에 대한 견해 및 대응방안
직무형	지원직렬 관련 부서 및 업무 등 직무수행능력에 관한 견해 및 조직적합성 검증을 위한 견해
이슈형	사회이슈와 관련된 문제개선방안 및 견해

02 고빈도 출제유형

사전조사서 주제유형은 크게 5가지로 나뉘는데, 최근 '도(시)정형', '공직형', '직무형' 주제의 출제빈도가 높아지고 있는 추세이다. 특히 도(시)정형의 경우, 경기 수원·시흥·고양·안산·이천, 충북, 대구 등 특정 지역에서 두드러지게 출제되고 있어 해당 지역 수험생들은 반드시 준비해야 하는 주제유형이다. 면접 준비기간이 부족한 수험생은 지원한 지역에서 출제빈도가 높은 유형을 중심으로 준비하도록 하자.

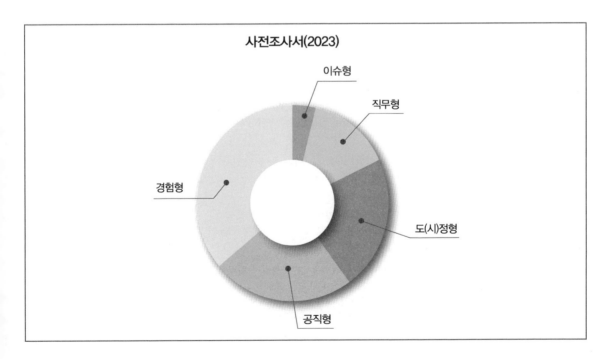

사전조사서(2023)

사전조사서 유형	출제횟수			
	2023	2022	2021	2020
경험형	18	39	16	16
공직형	12	13	14	3
도(시)정형	11	12	11	8
직무형	7	10	5	1
이슈형	2	7	3	3

POINT 03 지역별·시기별 3개년 기출

01 경기도·시·군

1. 2023년

경기도청	• 조직문화와 자신의 가치관이 다르다고 할 때, 조직의 목표와 자신의 목표를 일치시키고 상호보완할 수 있는 방법에 대해 기술하여라. [일반행정] • 본인이 겪은 불합리한 규칙이나 제도를 서술하고 그것을 바꾸기 위해 노력한 점에 대해 작성하시오. [환경]	15분, 1문항 줄글(20)
가평	• 조직문화와 자신의 가치관이 다르다고 할 때, 조직의 목표와 자신의 목표를 일치시키고 상호보완할 수 있는 방법에 대해 기술하여라. [일반행정] • 민간과 공무원 조직의 동료의식, 결집력 등 다른 점과 같은 점을 서술하시오. [지방세]	15분, 1문항 줄글(20)
고양	과장과 팀원의 의견조율이 필요할 때 본인은 중간관리자인 팀장으로서 어떻게 대처할 것인지 과거의 사례를 들어 구체적으로 설명하시오. [건축]	15분, 1문항 (3문항 中 택1)
구리	• 협업 중 갈등을 겪은 경험과 이를 해결하기 위해 본인이 한 역할 [일반행정] • 살면서 가장 중요하게 생각하는 가치와 이를 적용한 경험 [사회복지]	20분, 1문항 줄글 (작성용지 별도 제공)
과천	• 공직에 대한 사회적 평가와 나아가야 할 방향 [일반행정] • 본인이 인사과 채용담당자라면 채용하고 싶은 인재를 직무와 연관된 정책과 관련지어 서술하시오. [토목]	15분, 1문항
군포	• 개인에게 부담스러운 업무가 주어졌을 경우 개인적 희망과 조직적 기대를 어떻게 하면 매칭시킬 수 있는지 서술하시오. [전기] • 공직을 지원한 계기를 구체적인 사례로 작성하시오. [전기: 재면접]	15분, 1문항 빈칸(1,500자 내외)

광명	• 남들이 아무렇지 않게 행동하는 것에 대해 경각심을 가지고 이의제기를 한 경험 [일반행정] • 본인 역할이나 업무가 아닌데도 꼭 필요한 일이라 했던 경험 [일반행정] • 내가 의식하지 않고 하는 행동인데 주변사람들에게 긍정적인 영향을 준 사례 [일반행정: 재면접] • 살면서 평소에 아무렇지 않게 행동했던 것이 주변에 긍정적인 영향을 미친 경험 [방재안전직]	15분, 1문항 줄글× (빈칸)
광주	MZ세대는 ○○, ○○, ○○의 특성을 가지고 있어 기성세대와의 갈등이 불가피한 상황이다. 만약 본인이 팀장이라면 상사의 업무지시에 다른 목소리를 내는 MZ세대의 직원을 어떻게 대처할 것인가?	15분, 1문항 줄글(14) (학원용지 비슷)
남양주	• 같이 일하고 싶은 동료와 일하기 싫은 동료를 쓰고 같이 일하기 싫은 동료와 일할 경우 극복방안을 서술하시오. [일반행정·사회복지] • 지원한 직렬에 본인이 남들보다 더 나은 점 및 부족한 점 [보건·건축] • 공무원의 의무 중 가장 중요하다고 생각하는 의무 2개 작성 및 이유 [토목]	1문항 줄글(20~23)
동두천	• 공직에서 중요한 가치와 자신의 장점을 통해 공직에서 어떻게 실현할 것인지 [일반행정] • 인생에서 가장 힘들었던 순간이 언제인지, 어떻게 극복했는지 서술하시오. [전산] • 타인을 도와준 경험과 느낀 점에 대해 서술하시오. [보건·기계]	15분, 1문항 줄글(21)
부천	가고 싶은 부서와 가기 싫은 부서를 한 가지 선택해서 작성하고 그 이유를 서술하시오. [일반행정]	15분, 1문항 줄글 (작성용지 별도 제공)
수원	• 지역축제에서의 바가지를 근절하고 시민참여형 지역축제를 만들어 나갈 방안을 서술하시오. [일반행정] • 챗GPT 기술을 제도에 활용할 방안에 대해 기술하시오. [사회복지] • 공공서비스에서의 챗GPT 활용 방안 [지방세] • 공무원 지원자 수가 감소하고 공직 선호도가 낮아지고 있는데 이에 대한 자신의 생각 [농업·화공·간호·환경] • 수해나 폭염 예방책으로 지자체에서 시행할 수 있는 정책이나 대책을 자유롭게 서술하시오. [농업: 재면접] • 공유킥보드 및 공유자전거 등 공유 모빌리티로 인해 발생하는 사고가 많다. 이를 예방할 수 있는 방법과 유지 관리를 할 수 있는 아이디어를 서술하시오. [토목·건축]	15분, 1문항 줄글(18~19)
성남	• MZ세대 갈등 문제를 해결하기 위한 아이디어 제시 [일반행정] • 공무원의 장점과 단점을 서술하고, 입직 후 본인의 다짐 [전기]	15분, 1문항 줄글(22)
연천	• 공무원으로서 가장 중요하게 생각하는 것과 본인이 공직자로서 얼마나 준비가 되었는지 서술하시오. [일반행정] • 부당한 지시, 대우, 부탁을 받았던 경험과 지원한 직렬에 대해 노력했던 경험을 서술하시오. [보건]	15분, 2문항 줄글 (A4용지 두 칸)
안산	본인이 정책을 시행할 수 있는 담당자가 된다면 안산시에서 시행하고 싶은 정책을 서술하시오. [토목]	15분, 1문항 줄글(21) (작년 대비↑)
안성	공무원에게 가장 중요한 덕목에 대해 말하고 관련 경험을 서술하시오. [토목]	–

PART
03

양주	공무원과 시민이 모두 만족할 수 있는 민원인의 폭행, 폭언을 예방할 수 있는 방안에 대해 서술하시오. [일반행정]	1문항
양평	자신의 신념이나 생각에 반대하는 상황에서 어떻게 대처했는지 [일반행정·보건]	1문항
여주	악성민원에 대한 대응과 해결방안 [일반행정]	1문항
이천	• 이천시 강점과 약점을 작성하고, 이천시 공무원으로서 추진하고 싶은 정책을 서술하시오. [일반행정·건축·토목] • 이천시의 장단점을 작성하고, 이를 개선할 점을 구체적으로 서술하시오. [보건] • 지원 직렬의 전문성을 향상시키기 위해 노력했던 본인의 경험이나 사례를 구체적으로 서술하시오. [간호·전산·산림자원]	15분, 1문항 줄글(20)
오산	사흘 후 국가적으로 큰 재난이 발생할 것이다. 정부 고위직만 아는 사실인데 나만 우연히 들어 알게 됐다. 이 경우에 이를 시민에게 말할 건지 비밀로 할 건지 선택하고 그 이유를 서술해라. [일반행정]	15분, 1문항 줄글(20)
의왕	본인 능력 이상의 과중한 업무로 인해 힘들었을 경우 대처한 경험에 대해 구체적으로 서술하시오. [일반행정]	–
파주	• 공동의 목표를 달성하는 과정에서 갈등을 해결하여 목표를 달성한 경험과 입직 후 상급자나 동료 직원과 갈등 발생 시 어떻게 해결할 것인지 [일반행정] • 주어진 과제에 자발적으로 본인 역량 이상을 발휘해 본 경험과 느낀 점에 대해 말하고, 해당 경험을 공직에 어떻게 적용할 것인지 서술하시오. [사회복지] • 과제를 벗어나서 자기만의 노력으로 발전한 경험과 결과, 느낀 점을 작성하고 해당 경험을 공직에 어떻게 활용할 것인지 서술하시오. [지방세] • 공직가치에서 가장 중요하다고 생각하는 것을 작성하고 관련 경험을 바탕으로 공직사회에서 어떻게 적용할 것인지 서술하시오. [건축] • 살면서 가장 힘들었던 경험을 작성하고, 그것을 공직에서 어떻게 적용할 수 있는지 [기계]	15분, 1문항 줄글(19)
포천	• 청탁을 받은 경험 [전기] • 팀원 회의 중 자신의 의견만을 고집하는 팀원이 있을 때 본인의 대처방안 [환경]	1문항 줄글(20)
하남	• 본인이 최종합격 후에 담당하고 싶은 업무(사업)와 그 이유를 구체적으로 서술하시오. [일반행정] • 팀원과 의견충돌이 생겼을 때 어떻게 해결하였는지 구체적으로 서술하시오. [건축·전기]	15분, 1문항 줄글(18)

2. 2022년

경기도청	• 공직생활에서의 중요한 가치 • 공무원이 되기 위해 가진 본인의 역량 • 지원자의 직무에 대한 흥미도를 표현하라.	15분, 1문항
고양	[택1] ① 임용된다면 가고 싶은 부서와 이유 ② 살면서 갈등을 중재한 경험 ③ 살면서 창의성을 발휘한 경험 • 고양시는 현재 여성공무원이 더 많은 상황이며 당직은 주로 남성이 서는데, 형평성을 어떻게 찾을 것인지? • 고양시 유튜브를 운영한다면 담당하고 싶은 콘텐츠는 무엇인지?	15분, 1문항 (3문항 中 택1)

고양	• 고양시가 직접 시행하는 정책(사업) 중 본인이 참여해 본 정책과 느낀 점 및 개선할 점 • 국민들의 공무원에 대한 부정적 인식에 대한 본인의 생각과 개선할 점 • 고양시 인구는 증가추세이지만 출산율은 점점 감소하고 있는데, 이 문제를 해결할 방안 • 조직에서 가장 중요한 가치는 무엇이며, 관련 사례는 무엇인지?	
김포	• 이해충돌상황에서 해결책을 제시한 경험 [일반행정] • 약점을 극복한 경험 [일반행정] • 창의력을 발휘하여 조직의 문제를 해결하고 원활하게 이끈 경험 [토목] • 인생에서 실패를 경험한 사례와 이를 극복하기 위해 어떠한 노력을 했고, 이 경험을 통해 얻은 교훈 • 나랑 의견이 다른 사람의 의견을 수용했던 경험 • 나의 약점과 이를 극복하기 위해 했던 노력 • 남을 도와준 경험(봉사경험) • 대화하기 어려운 사람을 설득해서 해결한 경험 • 나의 잘못된 선택으로 조직에 피해를 끼친 경험 • 어려운 조직원을 함께 이끌어 나간 경험 • 조직을 위해 자의적으로 문제를 해결한 경험	1문항
구리	• 자신의 작은 아이디어로 다수를 기쁘게 하거나 행복하게 한 경험을 자세히 서술하시오. [일반행정] • 내가 먼저 나서서 모범을 보여 남에게 긍정적인 영향을 끼친 경험 • 본인의 역량과 그 역량을 공직에서 어떻게 활용할 것인지?	20분, 1문항 줄글 (작성용지 별도 제공)
군포	갈등 경험과 해결했던 방법 그리고 자신의 역할이 무엇이었는지? [일반행정]	15분, 1문항 빈칸
광명	• 나의 단점과 해결방안 • 살면서 남들이 기피하는 일을 했거나 도전적으로 했던 경험	–
광주	• 코로나19 시기에 마스크를 미착용한 악성 민원인 대처방안 • 내가 기성세대 팀장이라면 업무상 의견충돌이 생긴 MZ세대 팀원에 대해 어떻게 대응할 것인지?	–
남양주	• 조직 내에서 어려움을 겪었을 때 극복한 방법 [기계] • 사회복지직 공무원을 지원한 계기를 경험이나 사례를 들어 설명하라. [사회복지] • 공무원 관련 긍정적 기사와 부정적 기사 사례와 부정적 이미지 극복방안 • 공직자로서 일하면서 힘들 것 같은 일은 무엇이며 그 대응방안은? • 남양주시 유튜브 채널을 운영한다면 만들고 싶은 콘텐츠는?	1문항 줄글 (작성용지 별도 제공)
동두천	• 인생을 살면서 가장 후회했던 일과 그 당시로 돌아간다면 어떻게 할 것인지? • 타인과 협업하는 과정에서 갈등을 해결한 경험	1문항 줄글
부천	• 직장상사와 신입의 바람직한 모습을 구체적 사례를 통해 서술하시오. [일반행정·사회복지] • 나의 작은 아이디어가 남들을 즐겁고 행복하게 한 일 • [추가면접] 리더로서의 의견에 부하들이 반대할 때 어떻게 대처할 것인지 경험을 기반으로 서술하시오. • 성취감을 느꼈던 경험 • 공무원의 자질 중 가장 중요한 것과 그 이유, 본인이 가진 자질에 대한 구체적 사례	15분, 1문항 줄글 (작성용지 별도 제공)

수원	• 인공지능 알고리즘으로 인한 사회적 차별 사례를 얘기해 보시오. [세무] • 자신이 생활 속에서 실천하고 있는 친환경 제로웨이스트 방안을 쓰시오. [일반행정] • 공무원 점심휴무제에 대한 본인의 생각 • 사회의 고정관념이나 편견을 깨고 소통하거나 극복한 경험	15분, 1문항 줄글
성남	• 살면서 가장 적극적이고 열정적으로 임한 일은 무엇인지? [일반행정] • 자랑스러움을 느꼈던 경험, 부끄러웠던 경험 둘 다 작성할 것 [사회복지] • 15분 동안 자기 열정을 다한 일에 대해 작성하시오. [사서] • 자신의 특기, 장점을 발휘하여 타인 또는 집단에 도움을 준 경험과 느낀 점을 서술하시오. [간호] • 인생에서 가장 적극적이고 열정적으로 몰입했던 경험과 그 경험을 공직에서 어떻게 활용할 것인지? • 뚜렷한 기준이나 정해진 규칙이 없을 경우, 어떤 식으로 일을 처리했는지 본인의 경험에 따라 기술하시오.	15분, 1문항 줄글
시흥	• 2021년 인구주택총조사 결과에 따르면 2021년 11월 1일 기준 총인구는 5,173만 8,000명으로 1년 전보다 9만 1,000명(0.2%) 줄었다. 인구감소 문제의 원인과 해결방안 [일반행정·사회복지] • 조직 내 비대면 업무 효율성 제고방안	15분, 1문항 빈칸 (작성용지 별도 제공)
연천	• 조직구성원이 나에게만 지나치게 희생을 요구한다면 어떻게 대처할 것인지? • 연천에 제안하고 싶은 정책 • 팀 내 조직원들과 잦은 갈등, 의견충돌 시 극복방안 • 연천군 인구감소 문제 해결방안	15분, 2문항 줄글 (A4용지 두 칸)
안양	• 민관 거버넌스에 대해 아는 대로 설명하라. [일반행정] • 안양시의 핫이슈가 무엇이라고 생각하는지? [일반행정] • 가장 중요하게 생각하는 공직가치와 본인은 그 가치실현을 어떻게 할 것인지? [전기] • 살면서 가장 열정적으로 몰입하여 성과를 창출한 경험	15분, 2문항
안산	• 본인 직렬이 사회적으로 어떠한 역할이고 얼마나 중요한지, 구체적으로 어떠한 노력을 했는지 경험을 들어 작성하시오. [세무] • 자신이 지원한 직렬에서 가장 중요하다고 생각하는 가치와 이를 위한 자신의 노력을 경험에 빗대어 서술하시오.	줄글
안성	• 공무원의 장단점 • 조직생활에서 가장 중요하다고 생각하는 가치와 그렇게 생각하게 된 계기	-
양주	• 민원인이 행하는 폭행, 폭언에 있어 민원담당 공무원을 보호 및 예방하는 방안은 무엇이며, 이에 대해 시민들이 불편함을 느끼지 않을 방안에 대해 서술하시오. [토목] • 5년간 임금동결 및 인력동결에 대해 공직자로서 어떻게 생각하는지, 효율적 방안은 무엇인지 서술하시오. [일반행정] • 자신 혹은 동료직원이 괴롭힘이나 따돌림을 당할 때 대처방안 • 본인이 지원한 직렬이 현재 지방자치단체에서 어떠한 업무를 하는지, 맡고 싶은 업무와 그 이유	1문항
양평	밖에서 바라보는 공무원의 장단점과 이와 연결하여 가장 중요하게 생각하는 공직가치 [일반행정·환경]	1문항
여주	탄소중립에 대해 사회가 할 수 있는 노력	-

이천	• 조직생활에서 과도한 업무를 경험한 사례와 이를 해결하기 위한 대처(행동) • 지원한 직렬에 응시한 이유 • 본인의 좌우명과 이를 위한 일상생활에서의 노력	–
오산	• 오산시 정책 홍보방안 • 오산시 시민의 날 축제에 시민들을 어떻게 잘 참여시킬 것인가?	–
용인[의회]	지원자의 장단점(자신의 경험에 비추어 장점을 서술하고 공직에 어떻게 적용할 것인지, 단점을 서술하고 어떻게 고치도록 노력할 것인지 서술하시오)	15분, 1문항 줄글
포천	• 살면서 가장 몰입해서 했던 일을 구체적으로 기술하시오. • 본인의 꿈과 그 이유 • 조직생활 내 갈등 경험과 극복 사례	1문항
평택	공무원으로 가장 해서는 안 될 행동이 무엇이라고 생각하는지? [일반행정]	15분, 1문항
하남	지역현안 중 개선하고 싶은 점과 발전방향	–

3. 2021년

경기도청	• 가족이 아닌 타인을 배려한 경험 • 공무원이 되기 위해 가진 본인의 역량
가평	살면서 갈등을 겪었던 경험
고양	사기업이 아닌 공무원을 지원한 계기 [택1] ① 탄소중립을 위한 정책과 본인의 경험 ② 고양시에서 실시하는 축제와 개선할 점
김포	• 젠더갈등에 대한 의견 • 기피하는 업무를 맡게 된다면 어떻게 해결해 나갈 것인지 서술하시오. [간호] • 임용 후 담당하고 싶은 업무 • 최선을 다했지만 실패했던 경험 • 성격이 맞지 않는 팀원과 협업을 해야 한다면 어떻게 할 것인지? • 사익과 공익이 충돌할 때 대응방안
구리	• 갑질을 경험하거나 목격한 사례 및 이에 대한 생각과 느낀 점 • 신입공무원이 가져야 할 덕목 중 중요하다고 생각하는 것, 지원자의 노력 • 비협조적이고 성격이 까칠한 사람과의 갈등 및 해결안 [사회복지] • 지원자가 포기할 수 없는 것(습관, 꿈 등)
남양주	• 살면서 힘들었던 경험을 공직에 적용시켜 서술하시오. • 남양주시 공무원이 되어서 담당하고 싶은 업무와 이를 갖추기 위한 노력방안 • 최근 관심 있게 본 사회이슈와 지원자의 견해
부천	• 부천의 창의적인 정책에 대해 서술하시오. • 중요하다고 생각하는 공직가치와 노력안 • 공직자로서 중요하게 생각하는 덕목과 지원자의 경험 • 부천시 공무원이 되었을 때 맡고 싶은 업무 • 스마트시티와 관련하여 관심 있는 사업과 그 이유

수원	• 수원시가 특례시가 될 예정인데, 이때 나아가야 할 방안 • 지역화폐 실시배경과 파급효과 • 코로나19 시대에 복지사각지대가 늘어나고 있는 상황에서 제안하고 싶은 아이디어 [사회복지] • 아동학대 재발방지를 위해 지자체가 해야 할 일 [사회복지]
성남	• 이민자 증가 현황 • 공무원이 가져야 할 공직가치
시흥	• 부동산 규제완화 또는 강화에 대한 의견 • 폐원전 찬반입장과 시흥시의 에너지정책 방향
안양	• 중요하다고 생각하는 공직가치와 이유, 노력사례 • 공직자가 되기로 결심한 계기
양평	• 자신의 배려나 아이디어로 다른 사람을 기쁘게 했던 경험 • 공직자가 되기로 결심한 계기와 그 사례를 작성하고, 공직자에게 중요한 가치를 서술하시오. • 응시한 분야에서 지원자의 경쟁력 • 살면서 힘들었던 경험과 그 경험을 어떻게 극복했는지?
의정부	공무원 지원계기와 되고 싶은 공무원
파주	• 선생님이나 선배에게 부당한 지시를 받은 경험이 있는가? 직장생활에서 같은 상황일 때 어떻게 하겠는가? • 멘토가 있는지? 있다면 멘토의 영향을 받아 자기발전을 했던 경험 • 부당한 지시를 받은 경험과 해결방안, 공직에서 유사상황 발생 시 대응방안 • 직장생활에서 중요하다고 생각하는 것과 경험 및 적용안
포천	공직자가 되기로 결심하게 된 계기와 공무원으로서 중요하게 생각하는 공직가치
평택	• 협력해서 성공했던 경험 • 코로나19로 인해 바뀌어야 하는 행정정책이 있다면?
하남	• 살면서 힘들었던 경험 • 살면서 영향을 받은 인물에 대해 구체적으로 서술하시오.
화성	• 외국인노동자가 증가하고 있는데, 이때 필요한 공직가치(A4 한 페이지) • 자신의 성격 중 고치고 싶은 것과 이유 • 공무원에게 필요한 덕목

02 대구광역시

1. 2023년

• 사회적으로 출생미등록 아동에 대한 이슈가 커지고 있다. 이에 대해 복지사각지대 발굴에 애쓰고 있지만 해결하기가 힘든 실정이다. 복지사각지대 위기가구 발굴에 대한 아이디어와 생각을 쓰라. [일반행정] • 대구 시정현안에 대한 시민의 관심이 저조하다. 시민의 관심도를 높일 수 있는 정책이나 아이디어를 제시하라. [사회복지] • 구 군위가 2023년 7월부로 통합되었다. 2040용역도 계획되어 있다. 통합된 대구시에서 지원자가 생각하는 좋은 정책 아이디어가 있으면 적어보아라. [환경직] • 군위군을 편입한 대구시가 미래도시로 발전하기 위해 필요한 정책이나 아이디어를 적어보아라. [녹지직]	20분, 1문항 줄글(28줄) (14줄, 2개)

2. 2022년

• 대구공항 후적지 개발방안 [일반행정] • 대구로 배달앱이 성공적이다. 이와 비슷하게 앱 등을 이용한 새로운 아이디어를 작성하라. [보건] • 저출산 문제로 인한 인구감소 문제를 해결할 수 있는 방안 [환경]	20분, 1문항 줄글(28줄)

3. ~2021년

• 전통시장의 불편함 개선 및 활성화방안 • 실패 혹은 어려움을 극복했던 경험	
• '대프리카'를 긍정적으로 활용할 수 있는 방안 • 본인의 단점과 이를 극복하기 위해 노력하는 점	

• 대구메디시티 추진을 위한 의료첨단 복합산업단지 조성을 위해 기업투자가 및 수도권 집중
  현상 해결방안
• 급한 일이 생겨서 동료에게 나의 업무를 맡기고 가야 하는 상황에서 효율적인 업무 인수인
  계 진행방안	

• 원탁시민회의 주제로 선정되어야 할 문제와 그 이유 • 살면서 지적받았던 점과 그것을 고치기 위한 노력	
• 대구시 특성에 맞는 축제 제안 및 관심 분야의 전문성 향상을 위해 노력한 경험 • 저출산, 인구유출 등 대구시 인구감소 문제 해결안	20분, 2문항
• 대구신청사 이전 시 현재 시청 자리와 별관 자리의 창의적 활용방안 • 자신이 공무원이 되면 추진하고 싶은 사업을 작성하시오.	
• 노인의료비 증가의 문제점과 해결방안 • 전문성을 키우기 위해 한 노력	
• 소상공인들을 위한 창의적 홍보방안 • 인생을 살면서 중요했던 순간에 우선순위를 두어 해결했던 경험	
• 청년유출정책 고안해 보라. • 시민이 공무원에게 요구하는 공직관, 어떤 공무원이 되고 싶은지?	
• 대구로 배달앱 활성화방안 • 직장 내 갈등 시 본인만의 해결방법	
• 대구 우수상품 및 소상공인 어려움 극복방법 • 우선순위를 정해 문제를 해결했던 경험	

03 충청북도

1. 2023년

충청북도	업무 중 사적인 자리를 갖자는 제안이 온다면 어떻게 할 것인지 [건축]	10분, 1문항 줄글(24)
영동	인생에서 가장 후회되는 경험 [사회복지]	10분, 1문항 줄글(24)

2. 2022년

충청북도	• 부당한 경험사례와 대처 • 협력하여 일을 해결한 경험을 구체적으로 작성하시오.	15분, 2문항
영동	• 농가에 비가 많이 와 피해가 발생했다. 이때 공무원으로서 도움을 줄 수 있는 방안은? • 문제가 생겼을 때 해결했던 과정을 자세히 서술하시오.	15분, 2문항
청주	살면서 실수했던 경험에 대해 서술하시오.	15분, 1문항

3. ~2021년

• 코로나19 시기의 경제적 지원으로 충북의 재정자립도가 낮아진 상황에서 충청북도 내 각 시, 군에서는 새로운 사업을 진행하고자 한다. 사업의 활성화 및 재정자립도 문제를 해결하기 위해 공무원의 급여를 줄여야 할 경우 찬성하는지? 아니면 반대하는지? • 말표맥주, 곰표맥주 등 시장경계가 모호한 상품이 출시되고 있다. 이를 빅블러효과라고 하는데, 빅블러효과를 이용하여 본인이 지원한 지자체에 어울리는 사업을 구상해 보시오.	15분, 2문항
• 자신의 역량을 공직에 접목시켜 활성화하는 방법 • 중요하다고 생각하는 공직가치	
똑똑하고 부지런한 상사, 똑똑하지만 게으른 상사, 멍청하지만 부지런한 상사, 멍청하고 게으른 상사 • 4가지 유형 중 함께 일하기 싫은 상사의 유형은? • 지원자가 속한 유형은?	
• 70세 이상 농촌지역 거주 노인자살률 증가원인과 대책방안 • 남성공무원 반바지 착용에 대한 찬반	

01 경험형

2023	• 본인이 겪은 불합리한 규칙이나 제도를 서술하고 그것을 바꾸기 위해 노력한 점에 대해 작성하시오. [경기도청] • 과장과 팀원의 의견조율이 필요할 때 본인은 중간관리자인 팀장으로서 어떻게 대처할 것인지 과거의 사례를 들어 구체적으로 설명하시오. [경기 고양] • 협업 중 갈등을 겪은 경험과 이를 해결하기 위해 본인이 한 역할 [경기 구리] • 살면서 가장 중요하게 생각하는 가치와 이를 적용한 경험 [경기 구리] • 인생에서 가장 힘들었던 순간이 언제인지, 어떻게 극복했는지 서술하시오. [경기 동두천] • 타인을 도와준 경험과 느낀 점에 대해 서술하시오. [경기 동두천] • 부당한 지시, 대우, 부탁을 받았던 경험과 지원한 직렬에 대해 노력했던 경험을 서술하시오. [경기 성남] • 자신의 신념이나 생각에 반대하는 상황에서 어떻게 대처했는지 [경기 양평] • 본인 능력 이상의 과중한 업무로 인해 힘들었을 경우 대처한 경험에 대해 구체적으로 서술하시오. [경기 의왕] • 주어진 과제에 자발적으로 본인 역량 이상을 발휘해 본 경험과 느낀 점에 대해 말하고, 해당 경험을 공직에 어떻게 적용할 것인지 서술하시오. [경기 파주] • 과제를 벗어나서 자기만의 노력으로 발전한 경험과 결과, 느낀 점을 작성하고 해당 경험을 공직에 어떻게 활용할 것인지 서술하시오. [경기 파주] • 살면서 가장 힘들었던 경험을 작성하고, 그것을 공직에서 어떻게 적용할 수 있는지 [경기 파주] • 청탁을 받은 경험 [경기 포천] • 팀원과 의견충돌이 생겼을 때 어떻게 해결하였는지 구체적으로 서술하시오. [경기 하남] • 인생에서 가장 후회되는 경험 [충북 영동]
2022	• 살면서 갈등을 중재한 경험 [경기 고양] • 살면서 창의성을 발휘한 경험 [경기 고양] • 조직에서 가장 중요한 가치는 무엇이며, 관련 사례는 무엇인지? [경기 고양] • 이해충돌상황을 해결한 경험 [경기 김포(일반행정)] • 약점을 극복한 경험 [경기 김포(일반행정)] • 창의력을 발휘하여 조직의 문제를 해결하고 원활하게 이끈 경험 [경기 김포(토목)] • 인생에서 실패를 경험한 사례와 이를 극복하기 위해 어떠한 노력을 했고, 이 경험을 통해 얻은 교훈 [경기 김포] • 나랑 의견이 다른 사람의 의견을 수용했던 경험 [경기 김포] • 나의 약점과 이를 극복하기 위해 했던 노력 [경기 김포] • 남을 도와준 경험(봉사경험) [경기 김포] • 대화하기 어려운 사람을 설득해서 해결한 경험 [경기 김포] • 나의 잘못된 선택으로 조직에 피해를 끼친 경험 [경기 김포] • 어려운 조직원을 함께 이끌어 나간 경험 [경기 김포] • 조직을 위해 자의적으로 문제를 해결한 경험 [경기 김포] • 자신의 작은 아이디어로 다수를 기쁘게 하거나 행복하게 한 경험을 자세히 서술하시오. [경기 구리(일반행정)] • 내가 먼저 나서서 모범을 보여 남에게 긍정적인 영향을 끼친 경험 [경기 구리] • 갈등 경험과 해결했던 방법 그리고 자신의 역할이 무엇이었는지? [경기 군포(일반행정)] • 조직 내에서 어려움을 겪었을 때 극복한 방법 [경기 남양주(기계)] • 인생을 살면서 가장 후회했던 일과 그 당시로 돌아간다면 어떻게 할 것인지? [경기 동두천]

2022	• 타인과 협업하는 과정에서 갈등을 해결한 경험 [경기 동두천] • 나의 작은 아이디어가 남들을 즐겁고 행복하게 한 일 [경기 부천] • 리더로서의 의견에 부하들이 반대할 때 어떻게 대처할 것인지 경험을 기반으로 서술하시오. [경기 부천] • 성취감을 느꼈던 경험 [경기 부천] • 자신의 특기, 장점을 발휘하여 타인 또는 집단에 도움을 준 경험과 느낀 점을 서술하시오. [경기 성남(간호)] • 인생에서 가장 적극적이고 열정적으로 몰입했던 경험과 그 경험을 공직에서 어떻게 활용할 것인지? [경기 성남] • 뚜렷한 기준이나 정해진 규칙이 없을 경우, 어떤 식으로 일을 처리했는지 본인의 경험에 따라 기술하시오. [경기 성남] • 조직구성원이 나에게만 지나치게 희생을 요구한다면 어떻게 대처할 것인지 [경기 연천] • 팀 내 조직원들과 잦은 갈등, 의견충돌 시 극복방안 [경기 연천] • 자신의 경험에 비추어 장점을 서술하고 공직에 어떻게 적용할 것인지, 단점을 서술하고 어떻게 고치도록 노력할 것인지 서술하시오. [경기 용인(의회)] • 사회의 고정관념이나 편견을 깨고 소통하거나 극복한 경험 [경기 수원] • 조직생활에서 과도한 업무를 경험한 사례와 이를 해결하기 위한 대처(행동) [경기 이천] • 본인의 좌우명과 이를 위한 일상생활에서의 노력 [경기 이천] • 나의 단점과 해결방안 [경기 광명] • 살면서 남들이 기피하는 일을 했거나 도전적으로 했던 경험 [경기 광명] • 살면서 가장 열정적으로 몰입하여 성과를 창출한 경험 [경기 안양] • 조직생활에 가장 중요하다고 생각하는 가치와 그렇게 생각하게 된 계기 [경기 안성] • 살면서 가장 몰입해서 했던 일을 구체적으로 기술하시오. [경기 포천] • 조직생활 내 갈등 경험과 극복 사례 [경기 포천] • 본인의 꿈과 그 이유 [경기 포천] • 부당한 경험사례와 대처 [충북] • 협력하여 일을 해결한 경험을 구체적으로 작성하시오. [충북] • 문제가 생겼을 때 해결했던 과정을 자세히 서술하시오. [충북 영동] • 살면서 실수했던 경험에 대해 서술하시오. [충북 청주]
2021	• 가족이 아닌 타인을 배려한 경험 [경기도청] • 살면서 갈등을 겪었던 경험 [경기 가평] • 최선을 다했지만 실패했던 경험 [경기 김포] • 성격이 맞지 않는 팀원과 협업을 해야 한다면 어떻게 할 것인지? [경기 김포] • 비협조적이고 성격이 까칠한 사람과의 갈등 및 해결안 [경기 구리(사회복지)] • 지원자가 포기할 수 없는 것(습관, 꿈 등) [경기 구리] • 살면서 힘들었던 경험을 공직에 적용시켜 서술하시오. [경기 남양주] • 자신의 배려나 아이디어로 다른 사람을 기쁘게 했던 경험 [경기 양평] • 살면서 힘들었던 경험과 그 경험을 어떻게 극복했는지? [경기 양평] • 선생님이나 선배에게 부당한 지시를 받은 경험이 있는가? 직장생활에서 같은 상황일 때 어떻게 하겠는가? [경기 파주] • 멘토가 있는지? 있다면 멘토의 영향을 받아 자기발전을 했던 경험 [경기 파주] • 직장생활에서 중요하다고 생각하는 것과 경험 및 적용안 [경기 파주] • 협력해서 성공했던 경험 [경기 평택] • 살면서 힘들었던 경험 [경기 하남] • 살면서 영향을 받은 인물에 대해 구체적으로 서술하시오. [경기 하남] • 자신의 성격 중 고치고 싶은 것과 이유 [경기 화성] • 대구시 특성에 맞는 축제 제안 및 관심 분야의 전문성 향상을 위해 노력한 경험 [대구] • 급한 일이 생겨서 동료에게 나의 업무를 맡기고 가야 하는 상황에서 효율적인 업무 인수인계 진행방안 [대구] • 전문성을 키우기 위해 한 노력 [대구]

02 도(시)정형

2023	• 지역축제에서의 바가지를 근절하고 시민참여형 지역축제를 만들어 나갈 방안을 서술하시오. [경기 수원] • 챗GPT 기술을 제도에 활용할 방안에 대해 기술하시오. [경기 수원] • 공공서비스에서의 챗GPT 활용 방안 [경기 수원] • 수해나 폭염 예방책으로 지자체에서 시행할 수 있는 정책이나 대책을 자유롭게 서술하시오. [경기 수원] • 공유킥보드 및 공유자전거 등 공유 모빌리티로 인해 발생하는 사고가 많다. 이를 예방할 수 있는 방법과 유지 관리를 할 수 있는 아이디어를 서술하시오. [경기 수원] • 본인이 정책을 시행할 수 있는 담당자가 된다면 안산시에서 시행하고 싶은 정책을 서술하시오 [경기 안산] • 이천시 강점과 약점을 작성하고, 이천시 공무원으로서 추진하고 싶은 정책을 서술하시오. [경기 이천] • 이천시의 장단점을 작성하고, 이를 개선할 점을 구체적으로 서술하시오. [경기 이천] • 사회적으로 출생미등록 아동에 대한 이슈가 커지고 있다. 이에 대해 복지사각지대 발굴에 애쓰고 있지만 해결하기가 힘든 실정이다. 복지사각지대 위기가구 발굴에 대한 아이디어와 생각을 쓰라. [대구] • 대구 시정현안에 대한 시민의 관심이 저조하다. 시민의 관심도를 높일 수 있는 정책이나 아이디어를 제시하라. [대구] • 구 군위가 2023년 7월부로 통합되었다. 2040용역도 계획되어 있다. 통합된 대구시에서 지원자가 생각하는 좋은 정책 아이디어가 있으면 적어보아라. [대구] • 군위군을 편입한 대구시가 미래도시로 발전하기 위해 필요한 정책이나 아이디어를 적어보아라. [대구]
2022	• 고양시는 현재 여성공무원이 더 많은 상황이며 당직은 주로 남성이 서는데, 형평성을 어떻게 찾을 것인지? [경기 고양] • 고양시 유튜브를 운영한다면 담당하고 싶은 콘텐츠는 무엇인지? [경기 고양] • 고양시가 직접 시행하는 정책(사업) 중 본인이 참여해 본 정책과 느낀 점 및 개선할 점 [경기 고양] • 고양시 인구는 증가추세이지만 출산율을 점점 감소하고 있는데, 이 문제를 해결할 방안 [경기 고양] • 남양주시 유튜브 채널을 운영한다면 만들고 싶은 콘텐츠는? [경기 남양주] • 연천군 인구감소 문제 해결방안 [경기 연천] • 연천에 제안하고 싶은 정책 [경기 연천] • 안양시의 핫이슈가 무엇이라고 생각하는지? [경기 안양(일반행정)] • 오산시 정책 홍보방안 [경기 오산] • 오산시 시민의 날 축제에 시민들을 어떻게 잘 참여시킬 것인가? [경기 오산] • 자신이 생활 속에서 실천하고 있는 친환경 제로웨이스트 방안을 쓰시오. [경기 수원(일반행정)] • 지역현안 중 개선하고 싶은 점과 발전방향 [경기 하남] • 농가에 비가 많이 와 피해가 발생했다. 이때 공무원으로서 도움을 줄 수 있는 방안은? [충북 영동] • 대구공항 후적지 개발방안 [대구(일반행정)] • 대구로 배달앱이 성공적이다. 이와 비슷하게 앱 등을 이용한 새로운 아이디어를 작성하라. [대구(보건)]
2021	• 탄소중립을 위한 정책과 본인의 경험 [경기 고양] • 고양시에서 실시하는 축제와 개선할 점 [경기 고양] • 부천의 창의적인 정책에 대해 서술하시오. [경기 부천] • 스마트시티와 관련하여 관심 있는 사업과 그 이유 [경기 부천] • 수원시가 특례시가 될 예정인데, 이때 나아가야 할 방안 [경기 수원] • 지역화폐 실시배경과 파급효과 [경기 수원] • 코로나19 시대에 복지사각지대 늘어나고 있는 상황에서 제안하고 싶은 아이디어 [경기 수원(사회복지)] • 아동학대 재발방지를 위해 지자체가 해야 할 일 [경기 수원(사회복지)] • 부동산 규제완화 또는 강화에 대한 의견 [경기 시흥] • 폐원전 찬반입장과 시흥시의 에너지정책 방향 [경기 시흥] • 코로나19로 인해 바뀌어야 하는 행정정책이 있다면? [경기 평택]

2021	• 코로나19 시기의 경제적 지원으로 충북의 재정자립도가 낮아진 상황에서 충청북도 내 각 시, 군에서는 새로운 사업을 진행하고자 한다. 사업의 활성화 및 재정자립도 문제를 해결하기 위해 공무원의 급여를 줄여야 할 경우 찬성하는지? 아니면 반대하는지? [충북] • 말표맥주, 곰표맥주 등 시장경계가 모호한 상품이 출시되고 있다. 이를 빅블러효과라고 하는데, 빅블러효과를 이용하여 본인이 지원한 지자체에 어울리는 사업을 구상해 보시오. [충북] • 전통시장의 불편함 개선 및 활성화방안 [대구] • '대프리카'를 긍정적으로 활용할 수 있는 방안 [대구] • 대구메디시티 추진을 위한 의료첨단 복합산업단지 조성을 위해 기업투자가 및 수도권 집중현상 해결방안 [대구] • 대구신청사 이전 시 현재 시청 자리와 별관 자리의 창의적 활용방안 [대구] • 대구로 배달앱 활성화방안 [대구]

03 공직형

2023	• 민간과 공무원 조직의 동료의식, 결집력 등 다른 점과 같은 점을 서술하시오. [경기 가평] • 공직에 대한 사회적 평가와 나아가야 할 방향 [경기 과천] • 공직을 지원한 계기를 구체적인 사례로 작성하시오. [경기 군포] • 남들이 아무렇지 않게 행동하는 것에 대해 경각심을 가지고 이의제기를 한 경험 [경기 광명] • 본인 역할이나 업무가 아닌데도 꼭 필요한 일이라 했던 경험 [경기 광명] • 내가 의식하지 않고 하는 행동인데 주변 사람들에게 긍정적인 영향을 준 사례 [경기 광명] • 살면서 평소에 아무렇지 않게 행동했던 것이 주변에 긍정적인 영향을 미친 경험 [경기 광명] • 공무원의 의무 중 가장 중요하다고 생각하는 의무 2개 작성 및 이유 [경기 남양주] • 공직에서 중요한 가치와 자신의 장점을 통해 공직에서 어떻게 실현할 것인지 [경기 동두천] • 공무원 지원자 수가 감소하고 공직 선호도가 낮아지고 있는데 이에 대한 자신의 생각 [경기 수원] • 공무원의 장점과 단점을 서술하고, 입직 후 본인의 다짐 [경기 성남] • 공무원으로서 가장 중요하게 생각하는 것과 본인이 공직자로서 얼마나 준비가 되었는지 서술하시오. [경기 성남] • 부당한 지시, 대우, 부탁을 받았던 경험과 지원한 직렬에 대해 노력했던 경험을 서술하시오. [경기 성남] • 공무원에게 가장 중요한 덕목에 대해 말하고 관련 경험을 서술하시오. [경기 안성] • 공무원과 시민이 모두 만족할 수 있는 민원인의 폭행, 폭언을 예방할 수 있는 방안에 대해 서술하시오. [경기 양주] • 악성민원에 대한 대응과 해결방안 [경기 여주] • 공직가치에서 가장 중요하다고 생각하는 것을 작성하고 관련 경험을 바탕으로 공직사회에서 어떻게 적용할 것인지 서술하시오. [경기 파주]
2022	• 공직생활에서의 중요한 가치 [경기도청] • 국민들의 공무원에 대한 부정적 인식에 대한 본인의 생각과 개선할 점 [경기 고양] • 코로나19 시기에 마스크를 미착용한 악성 민원인 대처방안 [경기 광주] • 공무원 관련 긍정적 기사와 부정적 기사 사례와 부정적 이미지 극복방안 [경기 남양주] • 공무원의 자질 중 가장 중요한 것과 그 이유, 본인이 가진 자질에 대한 구체적 사례 [경기 부천] • 공무원의 장단점 [경기 안성] • 가장 중요하게 생각하는 공직가치와 내가 그 가치실현을 어떻게 할 것인지? [경기 안양(전기)] • 밖에서 바라보는 공무원의 장단점과 이와 연결하여 가장 중요하게 생각하는 공직가치 [경기 양평(일반행정·환경)] • 공무원으로 가장 해서는 안 될 행동이 무엇이라고 생각하는지? [경기 평택(일반행정)]

2022	• 폭언·폭행으로부터 민원담당 공무원을 보호하는 방안과 그에 대한 시민들의 불편함을 절충할 방안 [경기 양주] • 5년간 임금동결 및 인력동결에 대해 공직자로서 어떻게 생각하는지, 효율적 방안은 무엇인지 서술하시오. [경기 양주(일반행정)] • 민관 거버넌스에 대해 아는 대로 설명하라. [경기 안양(일반행정)] • 공무원 점심휴무제에 대한 본인의 생각 [경기 수원]
2021	• 공무원이 되기 위해 가진 본인의 역량 [경기도청] • 사기업이 아닌 공무원을 지원한 계기 [경기 고양] • 사익과 공익이 충돌할 때 대응방안 [경기 김포] • 신입공무원이 가져야 할 덕목 중 중요하다고 생각하는 것, 지원자의 노력 [경기 구리] • 중요하다고 생각하는 공직가치와 노력안 [경기 부천] • 공직자로서 중요하게 생각하는 덕목과 지원자의 경험 [경기 부천] • 이민자 증가 현황 [경기 성남] • 공무원이 가져야 할 공직가치 [경기 성남] • 중요하다고 생각하는 공직가치와 이유, 노력사례 [경기 안양] • 공직자가 되기로 결심한 계기 [경기 안양] • 공직자가 되기로 결심한 계기와 그 사례를 작성하고, 공직자에게 중요한 가치를 서술하시오. [경기 양평] • 공무원 지원계기, 되고 싶은 공무원 [경기 의정부] • 부당한 지시를 받은 경험과 해결방안, 공직에서 유사상황 발생 시 대응방안 [경기 파주] • 공직자가 되기로 결심하게 된 계기와 공무원으로서 중요하게 생각하는 공직가치 [경기 포천] • 외국인노동자가 증가하고 있는데, 이때 필요한 공직가치(A4 한 페이지) [경기 화성] • 공무원에게 필요한 덕목 [경기 화성] • 중요하다고 생각하는 공직가치 [충북] • 시민이 공무원에게 요구하는 공직관, 어떤 공무원이 되고 싶은지? [대구]

04 직무형

2023	[직무] • 본인이 인사과 채용담당자라면 채용하고 싶은 인재를 직무와 연관된 정책과 관련지어 서술하시오. [경기 과천] • 지원한 직렬에 본인이 남들보다 더 나은 점 및 부족한 점 [경기 남양주] • 가고 싶은 부서와 가기 싫은 부서를 한 가지 선택해서 작성하고 그 이유를 서술하시오. [경기 부천] • 부당한 지시, 대우, 부탁을 받았던 경험과 지원한 직렬에 대해 노력했던 경험을 서술하시오. [경기 성남] • 지원 직렬의 전문성을 향상시키기 위해 노력했던 본인의 경험이나 사례를 구체적으로 서술하시오. [경기 이천] • 본인이 최종합격 후에 담당하고 싶은 업무(사업)와 그 이유를 구체적으로 서술하시오. [경기 하남] [조직] • 조직문화와 자신의 가치관이 다르다고 할 때, 조직의 목표와 자신의 목표를 일치시키고 상호보완할 수 있는 방법에 대해 기술하여라. [경기도청·경기 가평] • 개인에게 부담스러운 업무가 주어졌을 경우 개인적 희망과 조직적 기대를 어떻게 하면 매칭시킬 수 있는지 서술하시오. [경기 군포]

2023	• MZ세대는 ○○, ○○, ○○의 특성을 가지고 있어 기성세대와의 갈등이 불가피한 상황이다. 만약 본인이 팀장이라면 상사의 업무지시에 다른 목소리를 내는 MZ세대의 직원을 어떻게 대처할 것인가 [경기 광주] • 같이 일하고 싶은 동료와 일하기 싫은 동료를 쓰고 같이 일하기 싫은 동료와 일할 경우 극복방안을 서술하시오. [경기 남양주] • MZ세대 갈등 문제를 해결하기 위한 아이디어 제시 [경기 성남] • 사흘 후 국가적으로 큰 재난이 발생할 것이다. 정부 고위직만 아는 사실인데 나만 우연히 들어 알게 됐다. 이 경우에 이를 시민에게 말할 건지 비밀로 할 건지 선택하고 그 이유를 서술해라. [경기 오산] • 공동의 목표를 달성하는 과정에서 갈등을 해결하여 목표를 달성한 경험과 입직 후 상급자나 동료 직원과 갈등 발생 시 어떻게 해결할 것인지 [일반행정] • 팀원 회의 중 자신의 의견만을 고집하는 팀원이 있을 때 본인의 대처방안 [경기 포천]
2022	[직무] • 지원자의 직무에 대한 흥미도를 표현하라. [경기도청] • 공무원이 되기 위해 가진 본인의 역량 [경기도청] • 임용된다면 가고 싶은 부서와 이유 [경기 고양] • 본인의 역량과 그 역량을 공직에서 어떻게 활용할 것인지? [경기 구리] • 사회복지직 공무원을 지원한 계기를 경험이나 사례를 들어 설명하라. [경기 남양주] • 공직자로서 일하면서 힘들 것 같은 일은 무엇이며 대응방안은? [경기 남양주] • 본인 직렬이 사회적으로 어떠한 역할이고 얼마나 중요한지, 구체적으로 어떠한 노력을 했는지 경험을 들어 작성하시오. [경기 안산(세무)] • 자신이 지원한 직렬에서 가장 중요하다고 생각하는 가치와 이를 위한 자신의 노력을 경험에 빗대어 서술하시오. [경기 안산] • 본인이 지원한 직렬이 현재 지방자치단체에서 어떠한 업무를 하는지, 맡고 싶은 업무와 그 이유 [경기 양주] • 지원한 직렬에 응시한 이유 [경기 이천] [조직] • 내가 기성세대 팀장이라면 업무상 의견충돌이 생긴 MZ세대 팀원에 대해 어떻게 대응할 것인지? [경기 광주] • 자신 혹은 동료직원이 괴롭힘이나 따돌림을 당할 때 대처방안 [경기 양주] • 조직 내 비대면 업무 효율성 제고방안 [경기 시흥]
2021	• 기피하는 업무를 맡게 된다면 어떻게 해결해 나갈 것인지 서술하시오. [경기 김포(간호)] • 임용 후 담당하고 싶은 업무 [경기 김포] • 남양주시 공무원이 되어서 담당하고 싶은 업무와 이를 갖추기 위한 노력방안 [경기 남양주] • 부천시 공무원이 되었을 때 맡고 싶은 업무 [경기 부천] • 응시한 분야에서 지원자의 경쟁력 [경기 양평] • 자신의 역량을 공직에 접목시켜 활성화하는 방법 [충북]

05 이슈형

2023	• MZ세대 갈등 문제를 해결하기 위한 아이디어 제시 [경기 성남] • 사회적으로 출생미등록 아동에 대한 이슈가 커지고 있다. 이에 대해 복지사각지대 발굴에 애쓰고 있지만 해결하기가 힘든 실정이다. 복지사각지대 위기가구 발굴에 대한 아이디어와 생각을 쓰라. [대구]
2022	• 내가 기성세대 팀장이라면 업무상 의견충돌이 생긴 MZ세대 팀원에 대해 어떻게 대응할 것인지? [경기 광주] • 직장상사와 신입의 바람직한 모습 [경기 부천(일행)] • 탄소중립에 대해 사회가 할 수 있는 노력 [경기 여주] • 인공지능 알고리즘으로 인한 사회적 차별 사례를 얘기해 보시오. [경기 수원(세무)] • 지난해에 비해 인구가 9만 1천명이 줄었는데, 이를 해결할 방안 [경기 시흥(일반행정)] • 저출산 문제로 인한 인구감소 문제를 해결할 수 있는 방안 [대구(환경)]
2021	• 젠더갈등에 대한 의견 [경기 김포] • 갑질을 경험하거나 목격한 사례 및 이에 대한 생각과 느낀 점 [경기 구리] • 최근 관심 있게 본 사회이슈와 지원자의 견해 [경기 남양주] • 저출산, 인구유출 등 대구시 인구감소 문제 해결안 [대구] • 노인의료비 증가의 문제점과 해결방안 [대구]

POINT 05 사전조사서 TIP

01 사전조사서 작성요령

사전조사서는 '한 장 보고서'와 같다. 한 장 보고서란 한 장 이내로 핵심내용을 구조별로 요약한 서류를 의미하는데, 공문서의 형태를 띠고 있다. 면접위원(면접관)이 업무 중에 가장 많이 접하는 서류가 공문서이다. 보고서 양식은 그들에게 가장 익숙한 형식이기 때문에 눈에 띄는 것은 물론이고, 전문적인 글감처럼 느껴진다. 따라서 사전조사서는 내용을 검토하는 면접위원의 기준에 맞출수록 좋은 평가를 받을 수밖에 없다. 또한 사전조사서는 10~20분 이내로 빠르게 작성해야 한다. 따라서 수험생이 일기 형식처럼 서술형으로 길게 쓰면 시간초과는 물론 불필요한 내용만이 담길 수 있으므로, '한 장 보고서' 양식에 맞춰 작성하는 것이 좋다.

1. 서술형 작성

제가 희망하는 부서는 문화체육관광국 관광진흥과입니다.

해당 부서에서 관심 있는 업무는 ○○지역 내 관광코스 개발입니다. 현재 아이와 가기 좋은 저어새 생태 학습관이라는 관광지에 대한 설명이 게시글에 있지만, 저는 이를 테마별로 개발하여 여행을 위해 정보를 찾는 시민들이 큰 노력을 들이지 않고 여행코스를 선택할 수 있도록 하고 싶습니다. 또한 한류의 인기가 나날이 치솟음에 따라 외국인의 유입률이 증가하고 있는 것으로 알고 있습니다. 따라서 외국인들이 ○○지역 관광지를 방문했을 때 접근성이 좋아지도록 ○○e지 어플리케이션 내에 외국인 전용 관광 어플리케이션 테마를 추가하고 싶습니다.

(중략)

2. 개조식 작성

□ 지원 희망부서: 문화체육관광국 관광진흥과
□ 담당하고 싶은 업무
− 기존 관광지 → 테마별 관광코스 개발(가칭 '아이와 함께 가기 좋은 곳')
− ○○지역 내 외국인 관광객 접근성 향상을 위한 어플레케이션 내 외국인 관광테마 제작
□ 전문성 함양을 위한 노력
1. 업무역량 강화를 위한 노력
− 관광경영학과 전공(관광산업에 대한 이해 함양) 및 호주 워킹홀리데이 경험
− 여행사 서포터즈 대외활동 경험(남해 관광코스 개발 후 여행사 실제 코스 반영)
2. 업무 및 제도 이해를 위한 노력
− ○○지역 관광 어플리케이션 이용 및 ○○관광 현황 실태파악을 위한 현장방문
− 스마트 관광 플랫폼 '○○e지' 확인
− <2022 해외한류실태조사>, <2021 한류백서> 확인, 현재 한류의 실태파악

02 사전조사서 작성법

1. 작성법

개조식	개념	개조식 작성은 문장 앞에 서수형 번호나 기호를 붙여 중요한 요점을 서술하는 방식이다. • 1, 2, 3, 4 … • □, ○, ▷, − …
	예시	전문성 함양을 위한 노력 − 학교활동
		전문성 함양을 위한 노력 (1) 학교활동
		□ 전문성 함양을 위한 노력 − 학교활동
		□ 전문성 함양을 위한 노력 ○ 학교활동
명사형	개념	• 보고서는 짧고 명확하게 작성하는 것이 좋으므로, 명사형으로 정리한다. • 가능한 조사도 생략하며, '~함', '~임' 등의 평서형 종결어미도 생략하는 편이지만, 내용상 평서형 종결어미가 필요할 때는 사용해도 좋다.

명사형	예시	명사형종결어미	○	대학교 법학과 재학시절, 성범죄 관련 보고서 작성
		평서형종결어미	△	대학교 법학과 재학시절, 성범죄 관련 보고서 작성함
		서술형·조사형	×	대학교 법학과 재학시절에 성범죄에 관련된 보고서를 작성했습니다.

명필	개념	• 명필은 아주 잘 쓴 글씨를 의미하며, 반의어는 '악필'이라고 한다. • 사전조사서는 면접관에게 제출되는 과제로서 면접관이 글씨를 알아 볼 수 있도록 작성해야 한다.

2. 수정법

내용수정이 필요하다면 '취소선(두 줄 횡선)'을 긋거나, '수정테이프'를 사용하여 수정한다. 다만, 사전조사서를 작성할 때 NCR용지(감압지)로 작성할 경우에는 취소선을 그어 수정한다. 수정테이프는 수정된 내용이 감압지 뒷장에 반영되지 않기 때문이다.

예시	대학교 법학과 **졸업** 재학시절, 성범죄 관련 보고서 작성

03 연습방법

1. 작성시간 분배

15분 1문항 작성	검토 및 분석(5분) + 작성(8분) + 최종검토(2분)
20분 1문항 작성	검토 및 분석(5분) + 작성(12분) + 최종검토(3분)
20분 2문항 작성	검토 및 분석(3분) + 작성(5분) + 최종검토(2분) →1문항 × 2

2. 과제 연습법

주제선택	[고빈도 기출주제 연습] 지원지역에서 자주 나온 기출주제를 먼저 연습한다. 대체로 경험형 주제가 자주 나오는 편이기 때문에 경험형을 우선하여 연습한다. 경험형 주제가 자주 나오지 않더라도 사전조사서를 처음 작성할 때에는 쉽게 접근할 수 있는 주제이므로, 연습으로 작성해 보길 바란다.
시간배분	[초기훈련] 작성시간보다 내용의 '완성도'에 초점을 맞추어 최대한 구체적으로 작성하는 연습을 해야 한다. 최소 면접 일주일 전까지는 완성도 높은 작성훈련이 되어 있어야 한다. [실전훈련] • 작성훈련이 90% 준비되어 있다면 제한시간 내에 작성하는 실전훈련을 진행해 보자. 실전훈련 시 고려해야 할 것은 '완성도, 시간준수, 글씨체(명필)' 3가지이다. 기출주제 또한 지원지역에서 자주 나오는 것을 우선하되, 타 지역에서 나온 지역주제도 틈틈이 연습해 보자. • 실전훈련 이후 취약한 유형이 있다면 해당 유형을 중점으로 연습한다.

CHAPTER 02 [작성법] 사전조사서 구조별 작성전략

POINT 01 사전조사서 작성구조

01 경험구조

1. 논리구조

구조화	세부내용
개요	언제, 어디서, 무엇을+주제
상황	일반상황, 문제상황
경험 및 결과	해결과정, 인상적인 점+결과
결론	배운 점, 다짐, 공직적용

2. 작성예시

□ 개요
○ 언제, 어디서, 무엇을 하며 … 한 경험
□ 상황설명
○ (일반상황)
○ (문제상황)
□ 해결방안 / 인상적인 점
○ (해결 1) A의 경우 … 하게 … 해결
○ (해결 2) B의 경우 … 하게 … 해결
○ (해결 3) 만약 … 한 문제가 발생한다면 … 하게 대응하겠음
□ 배운 점 / 공직적용
○ (배운 점) 경험을 통해 … 을 배웠음
○ (공직적용) 향후 공직자로서 … 하게 하겠음

02 근거·방안구조

1. 논리구조

A안
개요
근거
방안
마무리

임의로 구조를 작성해야 하는 경우
결론, 정의, 필요성
객관적 근거, 경험
활성화방안, 해결방안
재발방지, 사후보완, 공직적용

B안
주제 키워드 1
주제 키워드 2
주제 키워드 3
마무리

주제에서 구조가 명확하게 드러난 경우
필요성, 장점
방안 1, 단점
방안 2, 단점 극복방안
재발방지, 사후보완, 공직적용

2. 작성예시

① A안

□ 개요
○ (결론) … 이라고 생각함
○ (정의) … 한 의미임
□ 판단근거
○ (근거 1)
○ (근거 2)
□ 활성화방안
○ (1단계: 방안 1) ○○방식을 고려하여 … 하겠음
○ (2단계: 방안 2) 활성화를 위해 △△을 … 하겠음
□ 공직적용 / 사후보완
○ (공직적용) 향후 공직자로서 … 하게 하겠음
○ (사후보완) 문제예방을 위해 … 한 문제 보완

② B안

☐ 필요성 및 근거
○ (필요성) 현재 ⋯ 한 이유로 필요
○ (근거) ⋯ 한 이유가 있으며, 추진 시 ⋯ 한 장점과 ⋯ 한 효과 예측
☐ 해결방안
○ (해결 1) 먼저 ○○문제 해결을 위해 사실확인 ex)
○ (해결 2) △△문제 해결을 위해 ⋯ 하게 하겠음
○ (해결 3) **문제는 ⋯ 한 방식을 고려하여 해결
○ (해결 4) 만약 해결되지 않는다면 ⋯ 한 대안책 세우겠음
☐ 재발방지 및 공직다짐
○ (방안 1) ⋯ 한 인식문제는 ⋯ 한 방법으로 해결
○ (방안 2) ⋯ 문제예방을 위해 사후 ⋯ 방법으로 관리하겠음
○ (다짐) 문제발생 시 ⋯ 하게 대처하는 공무원이 되겠음

☐ 장점
○
☐ 단점
○
☐ 장점 활성화 혹은 단점 보완방안
○ (1단계) 먼저 ⋯ 한 방법으로 요청하겠음
○ (2단계) 그 다음으로 ⋯ 을 형성하겠음
○ (3단계) 마지막으로 ⋯ 하겠음
○ 만약 해결되지 않는다면 ○○문제는 ⋯ 한 대안책을 세우겠음
○ 또한 ⋯ 한 문제는 ⋯ 하게 대처하겠음. 이에 대한 근거는 ⋯ 함
☐ 재발방지 및 사후보완
○ ⋯ 한 인식문제는 ⋯ 한 방법으로 해결. 문제예방을 위해 ⋯ 방법으로 관리하겠음

PART
03

03 직무구조

1. 논리구조

구조화
희망부서 및 업무
담당하고 싶은 이유
노력 및 경험
마무리

세부내용
희망부서 및 업무
담당하고 싶은 이유 1, 2
관련 경험 및 노력상항
향후 목표, 전문성 함양 계획, 다짐

2. 작성예시

☐ 희망부서: ○○부 ○○과
☐ 희망업무: ○○, ○○업무
☐ 담당하고 싶은 이유
− (목표 / 필요성 / 이유 1) … 했음 / … 하게 됨 / … 하였음
− (이유 2)
☐ 노력과 경험
− (경험)
− (노력 1)
− (노력 2)

□ 희망부처(부서) 및 직무(정책)
□ 전문성 함양을 위한 노력 및 경험
1. 관련 경험
–
–
–
2. 노력사항
–
–
–
–

POINT 02 　사전조사서 해설

01 경험구조

최근 또는 학창시절에 조직의 발전이나 통합을 위해서 자기 자신을 희생한 경험이 있다면 구체적으로 기술하시오.

체크 포인트

핵심	희생 경험
고려사항	• 논리구조: 개요, 상황, 경험과 결과, 배운 점 및 공직적용
구조화	• 개요(언제, 어디서, 무엇을 + 주제) 　2018년, 교내에서, 학교축제를 위한 카페를 준비 + 희생 경험 • 상황 　– (일반상황) 2달 동안 2인 1조로 카페운영을 위한 재료, 메뉴 등 준비 　– (문제상황) 행사 2일 전 조원 1명이 개인사정으로 불참하게 됨

구조화	• 경험과 결과
	   − (문제해결을 위한 노력과정) 매뉴얼 숙지, 5시간 동안 음료별 제조훈련
	   − (결과) 카페운영 당시 빠른 회전율, 매출향상
	• 배운 점 및 공직적용
	   − (배운 점) 팀을 위한 희생 → 조직의 문제해결
	   − (다짐) 솔선수범하는 공무원

◎ 모범답안

□ 개요: 2018년 교내에서 학교축제를 위한 카페를 준비하며 팀을 위해 희생한 경험
□ 상황
− 2달 동안 2인 1조로 카페운영을 위한 재료, 메뉴 등을 준비
− 행사 2일 전, 조원 1명이 개인적인 사정으로 축제 참여가 어려워짐
− 커피, 과일주스 등 음료제조를 담당하는 친구였기에 대체 담당자가 필요한 상황
□ 경험과 결과
− 본인은 한 번도 음료를 만들어 본 적은 없으나 누군가는 해야 했기에 자진해서 지원함
− 완벽한 제조를 위해 매뉴얼을 틈틈이 숙지하고 5시간 이상 음료별 제조훈련
− 축제 당일 한 명의 대기자 없이 빠른 회전율을 보여 고객만족 및 매출향상 기여
□ 배운 점 및 공직 적용
− 역량이 부족하더라도 팀을 위해 희생할 때 조직의 문제를 해결할 수 있다는 것을 배움
− 희생적 태도를 가지고 조직 내 문제가 생길 때 솔선수범하는 공무원이 되겠음

02 근거·방안구조

1. CASE ①

지원자의 직무에 대한 흥미도를 표현하라.

체크 **포인트**

핵심	직무의 흥미도 표현

고려사항	• 논리구조: 직무의 흥미도 표현 → 임의로 구조를 작성해야 하는 경우
	  – 직렬, 직무(업무), 정책(제도)에 관심을 갖게 된 계기
	  – 직무 관련 경험, 노력사항 등

구조화	• 직무 관련 경험
	  – 학과, 자격증, 실무경험(실습, 인턴 등) 등
	  – 직무와 관련성 높은 교육과정, 담당업무, 실적 등 구체적 언급
	• 관심정책: 관심정책 및 정책의 중요성(사례, 경험 등)
	• 의견정리: 정책의 중요성

◎ 모범답안 [보건직]

□ 직무 관련 경험: 응급구조학과 보건행정학 전공
– (전문성) 응급구조학 공부, BLS·ACLS 및 K-TAS 자격증 취득, 응급실 근무
– (실무경험) 행정직 이직 후 3곳의 응급실 평가업무 진행(업무이해력의 중요성 배움)
→ 2년 차에는 수선생님, 간호팀장님께 응급실 평가내용을 직접 설명
□ 관심정책: 신종감염병 대응 응급의료기관 기능 개선
– 환자분류소를 권역, 지역응급의료센터에서 지역응급의료기관까지 확대실시 정책 관심 多
– 응급실 특성상 환자의 특정 질병 불가 → 환자분류소 필요, 전염방지를 위한 안정장치
– 응급구조사 근무 당시 K-tas(환자분류자격증) 취득까지 환자분류소 명확하지 않음
메르스, 코로나를 겪으며 응급의료기관의 변화 및 분류소의 필요성 증가
□ 의견정리
– 향후 예측 불가한 다양한 감염병 생길 가능성 ↑
– 환자분류소 설치는 전염질환의 확산예방의 시작점

2. CASE ②

생활 속에서 실천하는 나만의 제로웨이스트 실천방안

체크 포인트

핵심	생활 속 제로웨이스트 실천방안
고려사항	• 논리구조: 제로웨이스트 실천방안 → 임의로 구조를 작성해야 하는 경우 정의, 필요성, 실천방안, 마무리(각오, 다짐, 공직적용 등)
구조화	• 정의: 제로웨이스트 개념 • 중요성: 사회적·지역적 이슈 등을 구체화 • 생활 속 실천방안: 온·오프라인 등 생활 속 실천사례 • 공직적용: 지원지역 및 직렬 실천방안(제도, 캠페인, 사례집 등 응용안)

◎ 모범답안

□ 제로웨이스트(Zero Waste)의 정의
- 포장을 줄이거나 재활용이 가능한 자원을 활용하여 쓰레기 배출을 줄이는 환경보호 개념
□ 제로웨이스트의 중요성
- 기후위기 대응, 탄소중립 실현을 위해 생활 속 환경보호 필요성 증가
- 코로나19 이후 택배 및 배달용품의 급격한 확산으로 인한 생활폐기물 양 증가
→ 김포시, 2020년 음식배달량 78% 증가, 폐기물발생량 전년 대비 3,034톤(7.8%) 증가
□ 생활 속 실천방안
- 손수건, 텀블러, 시장바구니, 카페 내 다회용기 사용을 통한 무분별한 소비 감소노력
- 제로웨이스트 가게 이용(다회용기로 커피 및 케이크 포장 등) 및 가게 공유 → 참여확산
- '용기 내 캠페인' 동참(다회용기 음식포장 후 SNS 인증 운동)
- 김포시 '다회용기 재사용 촉진 지원사업' 등 제도 동참을 위한 꾸준한 정보 및 법규* 확인
□ 공직적용
- '배달특급'앱 제로웨이스트 문구 강조, '제로웨이스트의 날' 지정
- 시민참여 확산을 위한 '용기 내 캠페인' 활성화('김포시민의 날' 문화축제 당일 홍보)
- 생활 속 실천 사례집 발간(제로웨이스트 살림법·키친·가드닝 등)

※ 자원의 절약과 재활용촉진에 관한 법률

3. CASE ③

청년 1인가구의 문제점 및 개선방안

체크 포인트

핵심	청년 1인가구 문제점 및 개선방안
고려사항	• 논리구조: 청년 1인가구의 문제점, 개선방안(현황, 문제점, 개선방안 순으로 작성)
구조화	• 현황: 지원지역의 1인가구 현황 배경지식 활용 • 문제점: 청년 1인가구가 처한 환경의 문제점 구체화, 사례·경험을 통한 근거제시 • 해결방안: 지역제도(사업)를 활용한 문제해결방안 또는 벤치마킹 사례방안 제시

◎ 모범답안

□ 현황
- ○○시 청년의 46%는 1인가구(지하, 원룸촌, 고시촌의 열악한 주거환경에서 거주)
□ 문제점
1. 주거빈곤 문제(미취업자, 지방에서 살다 학업을 이유로 수도권에 사는 청년)
- (사례) 20대 청년 여가 및 문화참여 어려움, 8시간 이상 아르바이트에 매진
2. 안전 문제(안전취약지역 거주학생, 범죄노출 위험성 증가)
- (경험) 대학시절 원룸생활 경험: 배달시킬 때마다 지하철에서 음식을 받아간 경험
3. 정서적 문제(경제적 취약상태 장기화로 소외현상, 코로나19 이후 불안증 심화)
□ 해결방안
1. 청년 일자리 보장제(청년 취업설계·상담·일자리 연계) → 취업방향성 및 자신감 상승
2. ○○안심콜 활성화(현재 ○○시에서 진행하고 있는 안전취약지역 서비스)
3. 마을공동체 지역커뮤니티 공간 활성화(청년문화공간, '청년소통' 커뮤니티 확대)

4. CASE ④

일반 기업체 직원들에 비해서 공무원에게 높은 청렴성을 요구하는 이유는 무엇이라고 생각하는가? 본인이 청렴한 공무원에 적합하다고 생각되는 사례를 한 가지 이상 들어서 서술하시오.

체크 포인트

핵심	공직에서 청렴성을 요구하는 이유, 청렴한 공무원 적합성과 사례
고려사항	• 논리구조: 공직에서 청렴성을 요구하는 이유, 청렴한 공무원 적합성과 사례

구조화	• 공직에서 청렴성을 요구하는 이유: 공직지식, 공직사례, 청렴의 부정적·긍정적 효과 등
	→모범답안에서는 부정적 효과를 중심으로 해석
	• 청렴한 공무원 적합성과 사례
	  – 지원자의 경험을 바탕으로 청렴한 공무원 적합성 표현
	  – 공직에 미치는 영향

◎ 모범답안

> □ 공직에서 청렴성을 요구하는 이유
>
> 1. 첫째, 청렴성은 공직가치의 기본이 되므로 청렴성이 흔들리면 도덕성과 공정성이 흔들려 결국에는 공익을 추구할 수 없게 됨
>
> 2. 둘째, 공직자가 청렴하지 않다면 공직사회에 대한 국민의 불신이 커질 것이며, 결과적으로 국가에 대한 국민의 신뢰성이 떨어질 것임
>
> 3. 셋째, 청렴하지 않은 사회는 결국 부패로 인해 경제성장 및 사회발전이 저해됨
>
> □ 청렴한 공무원 적합성과 사례
>
> 1. 한국 사회의 청렴성을 해치는 가장 큰 원인은 '인맥문화'
>
> – (경험) 간혹 학교 선후배를 업무적으로 맞추지는 일이 있지만 스스로를 엄격하게 통제
>
> 2. 본인은 일상에서 쉽게 발생하는 사소한 부정에 대해 경계하는 편
>
> – 청탁을 받을 시 5천 원은 받지 않더라도 5천 원짜리 커피는 받기 쉬울 수 있으므로 이에 대한 경계가 필요함

03 직무구조

지원자가 희망하는 부서와 담당하고 싶은 업무를 작성하고 전문성 함양을 위한 노력과정을 서술하시오.

체크 포인트

핵심	희망부서 및 업무, 전문성 함양을 위한 노력과정
고려사항	• 논리구조: 희망부서 및 업무, 전문성 함양을 위한 노력과정
구조화	• 희망부서 및 업무: 조직도에 나와 있는 업무 중 관심 있는 업무 작성 • 전문성 함양을 위한 노력 – 학교교육, 동아리, 공모전, 팀과제, 인턴 등 과거 직무와 관련된 경험 – 관심업무 이해를 위한 노력 경험

◎ 모범답안

☐ 지원 희망부서: 문화체육관광국 관광진흥과

☐ 담당하고 싶은 업무

– 기존 관광지 → 테마별 관광코스 개발(가칭 '아이와 함께 가기 좋은 곳')

– ○○지역 내 외국인 관광객 접근성 향상을 위한 어플리케이션 내 외국인 관광테마 제작

☐ 전문성 함양을 위한 노력

1. 업무역량 강화를 위한 노력

– 관광경영학과 전공(관광산업에 대한 이해 함양) 및 호주 워킹홀리데이 경험

– 여행사 서포터즈 대외활동 경험(남해 관광코스 개발 후 여행사 실제 코스 반영)

2. 업무 및 제도 이해를 위한 노력

– ○○지역 관광 어플리케이션 이용 및 ○○관광 현황 실태파악을 위한 현장방문

– 스마트 관광 플랫폼 '○○e지' 확인

– <2022 해외한류실태조사>, <2021 한류백서> 확인, 현재 한류의 실태파악

01 CASE ①

갈등을 해결한 경험에 대해 서술하시오.

□ 개요: 대학교 4학년, 조원들과 졸업논문을 작성하며 갈등을 해결한 경험

□ 상황

- 교수님께서 졸업논문 주제를 정하여 매주 수요일마다 주제에 대한 설명 발표 지시

- 5명의 조원 각자 일정이 달라 매일 모이기 힘들어 온라인 모임을 결정

- 온라인 특성상 불참하는 조원 증가 → 주제선정의 어려움 및 조원 간 갈등 심화

□ 해결과정 및 결과

- 갈등원인은 온라인을 통한 대화라고 생각하여 대면 조별과제 제안(1시간 이내)

- 조원 설득 후 1시간의 제약을 두고 빠지는 사람 없이 주 1회 모임 전원 참석

- 이후 논문주제 방향 및 핵심내용 정리도 빠르게 진행되어 효율적인 졸업논문 작성

□ 느낀 점 및 공직적용

- 공동업무 진행 시 최소한의 규칙은 업무 진행속도 향상에 기여할 수 있다는 것을 배움

- 입직 후 갈등이 생긴다면 갈등의 원인을 찾아 문제 재발방지에 힘쓰도록 할 것임

02 CASE ②

봉사활동을 해야 하는 이유를 자신의 봉사활동 사례를 들어 서술하시오.

☐ 개요: 반도체 회사에 입사하여 이듬해인 2019년에 사내 봉사활동 모임에 참여한 경험
☐ 상황
– 회사와 자매결연을 맺은 복지센터에서 지체장애 아이들에게 목욕 봉사활동을 함
– 겨울에는 독거노인 분들께 연탄을 나르는 봉사활동을 진행
☐ 배운 점
– 봉사활동을 진행하며 주위를 둘러보면 열악한 환경에 처한 이들이 많다는 것을 느낌
☐ 봉사활동을 해야 하는 이유
– 공무원은 「헌법」 제7조(공무원은 국민 전체에 대한 봉사자)에 근거하여 공익을 실현해야 함
– 공무원은 도움이 필요한 시민의 한 시점에 공권력으로써 개입하는 것이므로 봉사자세 필요
☐ 공직적용
– 업무 현장에서 도움이 필요한 시민의 사례를 확인하여 올바른 복지지원을 위해 노력
– 복지대상자를 위한 사례집 등 직무지식을 쌓아 올바른 실무능력 함양

03 CASE ③

□ 개요: 대학교 시절 축제에서 주점의 기획 및 홍보, 회계를 맡음
□ 상황
− 축제에서 주점을 하기로 결정한 후 전반적인 기획을 맡을 사람이 필요
− 당시 학교활동에 소극적이었던 과대를 대신하여 본인이 자진해서 기획을 맡음
□ 해결과정
− 업무를 기획, 홍보, 회계, 재료준비, 당일 음식담당, 손님접대 등으로 나눔
− 동기들과 자신이 맡고 싶거나 잘 할 수 있는 부분을 의논하며 업무배정
− 기획 및 홍보 담당 → 홍보 포스터 제작 & 교내 게시판 부착, 학교 SNS를 통해 주점 홍보
− 축제 3일 전 회계를 맡은 동기 중 1명이 개인적인 사정으로 당일 축제 불참
→ 함께 회계를 맡은 동기에게 회계업무를 배우며 하루에 3시간씩 연습
□ 결과
− 과 주점은 이틀 내내 앉을 자리가 없을 정도로 사람이 많았음
− 회계역할을 맡은 동기와 함께 당일 회계업무를 무사히 마침
− 우리가 회계역할에 사용한 파일이 내년 축제업무에도 사용됨
□ 느낀 점
− 다양한 홍보방법을 모색하는 것에 흥미를 느낌
− 처음부터 끝까지 일을 기획하는 일에서 책임감을 배움
− 적성에 맞지 않더라도 노력의 의지만 있다면 어떤 일이든 해낼 수 있다는 자신감이 생김

04 CASE ④

자신의 작은 아이디어로 다수를 기쁘게 하거나 행복하게 한 경험을 서술하시오.

☐ 상황
− 대학교 부학회장 시절 축제에서 과 주점 매출이 높아 과 운영예산에 여유가 있었음
− 주점 운영하느라 고생한 과 학생들을 위해 무엇을 해 줄지 학회장 선배와 고민
☐ 본인의 아이디어
− 추석이 얼마 남지 않은 시점이라 명절이벤트로 뽑기를 하자고 제안
− 전통주, 한과세트, 생필품세트를 준비하고 뽑기판도 제작
− 꽝을 뽑은 학생들에게는 작은 약과를 제공하고 상품당 15개씩 준비함
− 수업 쉬는 시간마다 선착순으로 뽑기 이벤트 진행(1인 1회)
☐ 반응과 다짐
− 명절이벤트는 처음이라 모두 기대하며 이벤트 날을 기다림
− 꽝이어도 약과를 주는 것이 좋다는 평, 당첨자들은 명절 동안 가족들로부터 칭찬받은 후기
− 사소한 부분도 시민을 기쁘게 할 수 있음을 잊지 않고 시민을 생각하는 공무원이 될 것

05 CASE ⑤

김포시의 장단점 및 이에 대한 개선방안을 제시해 보시오.

□ 장점
1. 대한민국 기업체 수 3위 수준으로 미래 4차 산업 글로벌 혁신도시 조성
2. 아이와 여성이 안심할 수 있는 도시(첨단 스마토피아센터, 4,000여 대의 CCTV 운영)
3. 시민 주도의 주민예산참여제와 주민자치위원회 등 활성화
4. 개발과 보존이 공존하는 쾌적한 주거환경 조성으로 인한 녹색도시
□ 아쉬운 점
1. ('21) 국민권익위원회 공공기관청렴도: '공사관리 및 감독' 부문 낮은 점수, 종합청렴도 4등급
2. 김포도시철도 혼잡률 증가와 한강로·올림픽대로 등의 상습정체로 인한 교통불편
□ 아쉬운 점에 대한 개선방안
1. 감사·조사: 공사 분야 집중점검을 실시하여 외부청렴도 향상을 통한 종합청렴도 상승에 주력
2. 김포 한강선: 지하철 5호선 연장, 김포골드라인 최우선 증차, 인천 2호선 고양 연장 착수
□ 다짐: 부족한 점을 끊임없이 개선하여 김포시민들의 행복과 삶의 질 향상을 위해 기여

CASE ⑥

탄소중립을 위한 정책에 대해 말하고, 탄소중립을 위한 본인의 경험을 서술하시오.

☐ 탄소중립의 개념
- 이산화탄소를 배출한 만큼 흡수하여 탄소배출량을 0으로 만든다는 개념
☐ 탄소중립을 위한 정책
1. 저탄소 친환경에너지를 위한 그린 뉴딜사업 실시
- 공공시설 제로 에너지화(외단열 등 이용에너지 최소화)
- 저탄소 분산형 에너지 확산(그린모빌리티, 그린에너지 등)
2. 탄소중립 실천포인트, 탄소중립을 위한 김포시 정책
- 태양광 발전설비 설치지원에 필요한 신재생에너지 보급사업
- 김포 한강야생조류생태공원 등 탄소흡수를 위한 공원 조성 등
☐ 탄소중립을 위한 본인의 경험
1. 생활 속 다회용기 이용(커피숍에서 텀블러 이용하기)
2. 재활용품 분리배출, 전기에너지 절약(전기로 인한 탄소발생 문제 예방)

 **CASE ⑦**

임용 후 근무하고 싶은 부서와 업무는 무엇이며, 전문성 함양을 위한 노력과정을 서술하시오.

☐ 희망부서: 생활환경정책실 대기미래전략과
☐ 희망업무: 전기자동차 보급 및 충전 인프라 구축사업 지원업무
☐ 담당하고 싶은 이유
− 최근 탄소중립 관련 사회적 관심 증대 및 전지모빌리티 관심 증가
− 친환경 미래 모빌리티로의 전환을 위해 세계 자동차 시장을 읽고 국가경쟁력 기여
☐ 평소 준비한 노력과 경험
− 공공기관 인턴을 통해 송전, 배전, 변전의 기본적인 전기시스템 숙지
− 탄소중립 실천을 위해 '고고 챌린지' 동참
− 제3회 사회경제적 박람회 환경부 부스 관람
− ○○시 탄소중립정책 2050 사례집 숙지
☐ 다짐
− 지역환경 개선에 적극적으로 힘쓰는 공직자가 되겠음

08 CASE ⑧

○○시에서 가장 관심 있는 정책에 대해 서술하시오.

□ 관심 있는 정책: 치매책임제
− 치매환자 돌봄지원 서비스 → 치매에 대한 이해도 향상, 환자의 돌봄부담 경감사업
− 치매노인 가족 및 보호자의 돌봄부담 요인 파악 → 사후 추가 복지서비스 기획
□ 관심 있는 이유
1. 의정부시 인구 46만 명 중 노인 인구수 7만 3천명(추정 치매환자 수 6천 명, 10.14%)
2. 데이케어센터 봉사활동 이후 치매노인 케어에 대한 관심 증가
− 노인 1명을 케어하는 인원은 3명(간호사, 사회복지사, 요양보호사)
− 3명이 노인 1명을 케어해도 화장실 이동 및 양치 등 행동 하나에 많은 도움 필요
3. 현실적 문제 체감
− 24시간 가족이 케어할 수 없는 현실적 문제, 가족의 심리적·경제적 생활부담 경감
□ 의견
− 고령화시대 노인복지 사각지대 개선 필요, 사회복지공무원으로서 적극적인 노력 동참

09 CASE ⑨

장마철을 맞아 가축분뇨, 공장폐수 등 무단방류를 통해 수질오염을 일으키는 업체가 늘어나고 있다. 이러한 수질문제를 개선하기 위해 도입이 필요한 시스템은 무엇이며, 그 시스템을 활성화시킬 수 있는 방안에 대해 말하라.

□ 제안 시스템: 원격 모니터링 시스템
□ 필요성
1. 실시간으로 수질의 농도 측정, 드론 활용 폐기물 불법배출 예방 및 악취측정 가능
2. 관련 공무원의 과중한 업무 분담 및 실시간 관리를 통한 시민신뢰 향상
□ 원격 모니터링 시스템 적용방안
1. (중앙관리시스템) 체계적이고 신속한 대응 가능
→ 특정 수질오염농도 증가 시 지역 주변 공장을 간추려 확인한다면 빠른 조치 가능
2. (드론 활성화) 역추적 조사 드론 활용 시 실시간 농도변화 측정 가능 → 오염원인 색출 도움
3. (미개발지역 검사표시) 상수도 개발되지 않은 지역, 지하수 원격검사 실시간 결과 표시
→ 미개발지역 시민들도 안심한 생활 가능
□ 공직 필요 자세
− 촘촘한 시스템 구축을 통해 환경을 확실히 관리하고 측정할 수 있는 공직자가 될 것

PART
04

5분·3분스피치 [서울·경기·부산]

CHAPTER 01 [개요] 발표개요 및 4개년 기출질문

POINT 01 [서울시] 발표개요 및 4개년 기출

01 서울시 발표개요

1. 5분스피치·주제발표

5분스피치·주제발표란 시험 당일 주어지는 발표주제를 검토한 후 답안을 작성하고, 5분 이내로 발표하는 면접유형이다. 일반적으로 학창시절 한 번쯤 경험하는 PT발표와 유사한 형태라고 생각하면 된다. 발표주제는 직렬 구분 없이 공통주제이며 서울시정, 공직, 일반시사 등 다양한 분야의 주제가 출제되고, 오전·오후 면접시간대에 따라 다른 주제가 제시된다.

직렬구분	9급(5분스피치)	7급(주제발표)
작성시간	15분	20분
발표시간	5분(실 발표시간: 3분 30초~4분)	
5분스피치	• 특이사항 　- 제시문의 분량은 주제에 따라 상이 　- 아날로그시계와 디지털시계 각각 비치되어 있음 　- 작성종료 3분 전 시험감독관이 구두고지 • 서식 　- 책자 형태: 표지 1장 + 질문지 1장 + 작성지 1장 　- 주제분량: A4 용지 약 10줄 내외(2 / 3~3 / 3) 　- 작성용지: 23줄글	

표지

8/9

5분스피치

면접조	1조 1번
응시번호	20230408

≪응시자 유의사항≫

• 다음 자료를 근거로 배부한 용지에 ○○분간 답안을 작성하여 주십시오.

• 발표문 작성 시 개인이 소장한 자료를 참고할 수 없습니다.

• 발표문 작성 후 별도의 면접장에 입실하여 발표하고, 면접위원 질의에 답변하여 주십시오.

【제시문 주제】습관의 중요성

습관이 없는 사람은 없다. 전문가에 의하면 일상생활의 88%는 의식하지 않고 행동하며, 업무의 55%는 습관에 의하고, 운동의 48%도 습관에 의한다.

습관이라는 단어에 부정적인 어감이 있는 것처럼 보인다. 하지만 이처럼 일상생활에서 많은 부분을 차지하는 습관을 부정적으로 볼 것은 없다. 오히려 전략적으로 습관을 활용해야 한다. 습관은 한 번 고정되면 바뀌지 않으므로 아예 좋은 습관을 처음부터 만드는 것 또한 고려해야 한다.

⇒ 자신의 좋은 습관과 나쁜 습관, 좋은 습관을 공직생활에 활용할 방안을 말하시오.

02 발표유형

1. 주제유형(5분스피치·주제발표)

주제	내용
시정정책	서울시 내 정책 활성화·문제개선, 행정규제·완화 등 행정업무의 이해를 묻는 유형
시사현안	국내 지속적인 사회이슈 및 현안 관련 해결책을 묻는 유형
공직조직	공직(공직이슈, 공직윤리), 조직(리더십, 갈등관리, 자기관리 등) 유형
경험형	공직, 조직, 자기계발 등 개인의 경험을 직관적으로 묻는 유형

2. 고빈도 주제유형(5분스피치·주제발표)

▪️ 2023년

주제	빈도									
	1	2	3	4	5	6	7	8	9	10
시정정책										
시사현안										
공직조직										
경험형										

▪️ 2022년

주제	빈도									
	1	2	3	4	5	6	7	8	9	10
시정정책										
시사현안										
공직조직										
경험형										

▪️ 2021년

주제	빈도									
	1	2	3	4	5	6	7	8	9	10
시정정책										
시사현안										
공직조직										
경험형										

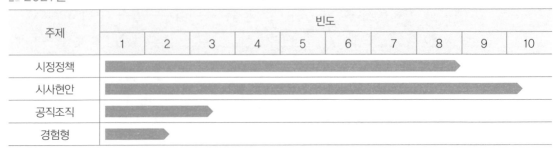

03 4개년 기출질문

2024~2023년

1. 시정정책

24.02 전기시설	[AI] Q 서울시에서 AI를 도입할 때 예상되는 문제점과 개선방안을 작성하시오.
08 / 09 일반행정	[폐핸드타월 재활용] Q '폐핸드타월 재활용 사업'의 필요성과 활성화를 위한 서울시의 구체적인 노력을 서술하시오. 시와 ○○기업은 서울시 서소문 청사에서 '폐핸드타월 재활용 활성화와 자원 선순환 체계 구축을 위한 업무협약'을 체결한다. 핸드타월은 대부분 일반 쓰레기로 버려져 전량 소각되거나 매립된다. 그러나 물기만 닦은 깨끗한 핸드타월은 우수한 품질의 재생지로 활용될 수 있다. 시는 연말까지 청사에서 사용한 핸드타월을 수거해 재활용할 예정이다. 3천 300여 명이 근무하는 신청사와 서소문 청사에서 시범적으로 운영하고 결과를 분석해 산하기관, 자치구 등으로 확대한다. 양 기관은 폐핸드타월의 재활용 가치와 올바른 분리배출을 안내하는 캠페인도 할 예정이다. 시는 이번 사업을 통해 연간 약 2만640kg의 핸드타월을 재사용하면 온실가스 1만2천182kg CO_2를 감축할 수 있을 것으로 기대했다. 이는 30년생 중부지방 소나무 1천900여그루가 흡수하는 1년 치 탄소량에 해당한다.
08 / 10 일반행정	[깨진 유리창 이론(Broken Window theory)] Q 이와 같이 범죄를 방지하기 위해서 사전적 예방을 중요시하는 입장과, 반대로 처벌이나 규제와 같은 방법을 선호하는 입장이 대립하고 있다. 본인이 실무자라면 범죄를 방지하기 위해 어떤 입장을 취할 것인지 정하고, 반대되는 입장을 어떻게 설득할 것인지에 대해서 서술하라. 범죄 발생과 주변 환경과의 관계를 설명하는 이론으로 '깨진 유리창 이론'이라는 것이 있다. '깨진 유리창 이론'은 어떤 사람이 유리창을 깨버린 후에 그것을 치우지 않고 방치한다면, 다른 사람들이 무질서한 환경에 노출되어 다른 무질서한 행위를 불러와 범죄율이 늘어날 수 있다는 것이다.
08 / 11 일반행정, 일반행정(의회), 지방세	[인공지능 진흥정책 VS 규제정책] Q 인공지능 진흥책과 규제책 중 본인의 견해와 근거를 말하시오.
08 / 15 전산, 사회복지, 사서, 속기(의회)	[규제의 역기능] Q 공공조직에서 규칙이 역기능을 발생시키는 상황 및 사례와 그 개선방안
08 / 16 사회복지, 일반기계	[까르페디엠(carpe diem), 죽은 시인의 사회] Q 정체성과 개성을 바탕으로한 선택과 그 선택을 하는 구체적 과정을 서술하시오.
08 / 18 토목, 건축, 전기시설(의회),	[집의 의미] Q 본인이 생각하는 집의 의미와 그 이유
08 / 21 건축, 방재안전, 통신기술, 의료기술, 간호	[공공영역의 메신저와 메시지] Q 공공영역에서 메신저와 메시지의 중요성

2. 시사현안

–

3. 공직조직

08/22 방호, 통신기술, 기계시설, 지적	[회복탄력성] Q 본인의 회복탄력성 정도와 회복탄력성을 높이기 위한 방법
08/23 운전, 운전(의회)	[직업가치관] Q 본인이 생각하는 직업가치관과 그것을 공직에 적용할 수 있는 방안

4. 경험형

08 / 14 일반행정, 지방세, 사회복지	[외집단에 대한 선입견 변화] Q 외집단에 대해 선입견을 가졌던 경우 선입견이 변화되거나 없어졌던 본인의 경험을 작성하시오.
08 / 17 전기, 화공, 농업, 산림자원, 조경, 보건, 환경, 토목	[협업] Q 협업한 경험에 대해 기술하고 협업의 긍정적 측면과 부정적 측면을 설명하시오.

2022년

1. 시정정책

5 / 10 건축, 의료기술	[일회용품 규제] Q 일회용품 규제강화에 따른 문제점 및 지방자치단체의 대응방안 카페나 식당에서 일회용품 사용을 제한하는 규제는 2018년 8월부터 「자원의 절약과 재활용촉진에 관한 법률」 제10조(1회용품 사용억제)에 의해 시행되었으나, 2020년 코로나19의 확산으로 한시적으로 유예되었다. 하지만 플라스틱 쓰레기 배출량 급증에 따른 폐기물량 문제로 정부부처는 일회용품 사용규제를 4월 1일부터 다시 재개하기로 했다.
8 / 23 일반행정	[데이터 활용] Q 빅데이터와 스몰데이터 두 가지를 함께 활용할 수 있는 방안
8 / 24 일반행정	[저출산대책] Q 서울시가 아이 키우기 좋은 지역이 되기 위한 노력방안 서울시의 인구변화를 보면 2015년 1,029만 명에서 2022년 950만 명으로 빠른 속도로 감소하고 있다. 특히 서울시의 저출산 문제가 날로 심각해지는 상황에서 서울시는 0~9세 자녀를 둔 엄마·아빠의 가장 현실적인 육아부담을 덜어주고, 양육활동이 존중받는 사회분위기를 조성하여 아이 키우기 좋은 서울을 만들기 위한 엄마·아빠 행복 프로젝트를 발표하였다.

8 / 26 일반행정	[학습격차] Q 취약계층 청소년들의 학습격차 원인과 서울시의 지원방안에 대한 개인견해 　　2022년 교육청 조사 결과 중·고등학생 주요과목 학습미달이 코로나19 이전에 비해 크게 증가하였다. 특히 중학생의 경우, 대도시와 읍면지역 학생 간의 학습격차도 크게 증가한 상황이다. 학습격차의 원인은 소득수준에 따른 사교육 유무, 학교 간 격차, 개인의 지적능력, 부모의 사회·경제적 지위에 따른 성취격차 등이 주요 원인으로 나타났다. 이에 대해 서울시는 2021년부터 저소득층 학생들의 학습능력 저하 문제를 해결하기 위해 취약계층 청소년들을 대상으로 한 '서울런'을 통해 인터넷강의 및 1대1 멘토링 교육을 제공하고 있다.
9 / 1 일반행정	[재생자전거] Q 서울시에서 추진 중인 재생자전거 활성화가 저조한 이유와 이를 위해 서울시 차원에서 어떠한 조치와 노력을 할 수 있는지? 　　지난 5년간 8만 대에 가까운 자전거가 방치되고 있다. 자치구 자활센터에서 방치된 자전거를 재생자전거로 재생산하여 판매하고 있지만, 판매율이 저조한 상황이다. 이 문제를 해결하기 위해 자치구 자활센터는 자전거 중고거래 사이트를 통한 온라인 판매를 결정하였다. 2022년 1월부터 영등포구와 광진구에서 시범적으로 온라인 판매를 진행한 결과 전년 동일 기간 기준 3배가량 판매가 늘어 약 ○○대가 판매되었으며, 이는 출퇴근길 차량 ○○대가 내뿜는 탄소량을 저감한 효과를 발생시키고 있다.

2. 시사현안

[서울시 7급] 일반행정	[낙인효과] Q 낙인효과의 원인과 미세먼지 집중관리지역의 성공적 운영방안
5 / 9 산림자원, 조경 보건, 의료기술	[가짜뉴스] Q 가짜뉴스 문제점 및 대응방안 가짜뉴스는 사실이 아닌 것을 사실인 것처럼 꾸민 뉴스를 의미하며, 정치적·경제적 이익을 위해 의도적으로 사실이 아닌 내용을 퍼뜨리기 위해 뉴스의 형식을 하여 퍼뜨리는 거짓정보를 의미한다. 일반인들은 가짜뉴스의 심각성을 인지하고 있지만 여전히 가짜뉴스에 대한 명확한 개념이 인식되지 않아 허위적인 내용이 재생산될 가능성이 높은 상황이다.
5 / 11 지적, 간호, 의료기술	[MZ세대] Q 일을 하는 것에 대한 의미와 MZ세대의 퇴사를 줄이기 위한 인사관리 차원에서의 방안 제시
5 / 12 간호, 약무	[SNS 부작용] Q SNS 사용의 부작용 개선방안 및 긍정적 활용방안
8 / 18 사회복지	[돌봄종사자 처우] Q 돌봄종사자 처우 개선방안
8 / 29 일반행정	[4차 산업혁명] Q 4차 산업혁명으로 인해 변화하는 직업 속에서 인간이 가져야 할 자세
8 / 30 일반행정	[대형마트 의무휴업 규제] Q 대형마트 의무휴업 규제에 대한 찬반의견 및 반대 측 설득방안

3. 공직조직

8 / 19 사회복지	[웨어러블 카메라] Q 서울시 조직 내 웨어러블 카메라 도입 찬반 웨어러블 카메라란 목걸이처럼 착용할 수 있는 카메라로, 착용자의 전후방 촬영과 녹음이 가능하다. 서울시는 민원인의 폭언·폭행, 성희롱 등으로 인한 피해사례가 2018년 2,135건에서 2020년 1만 7,345건으로 8배 이상 증가했다. 서울시는 악성민원인의 위협으로부터 공무원을 보호하기위해 민원 담당 공무원들에게 목걸이형 카메라인 웨어러블 카메라를 보급할 예정이다.
8 / 22 일반행정	[습관] Q 자신의 좋은 습관과 나쁜 습관, 좋은 습관을 공직생활에서 활용할 방안에 대해 발표하라. 습관이 없는 사람은 없다. 전문가에 의하면 일상생활의 88%는 의식하지 않고 행동하며, 업무의 55%는 습관에 의하고, 운동의 48%도 습관에 의한다. 습관이라는 단어에 부정적인 어감이 있는 것처럼 보인다. 하지만 이처럼 일상생활에서 많은 부분을 차지하는 습관을 부정적으로 볼 것은 없다. 오히려 전략적으로 습관을 활용해야 한다. 습관은 한 번 고정되면 바뀌지 않으므로 아예 좋은 습관을 처음부터 만드는 것 또한 고려해야 한다.
8 / 25 일반행정	[자기계발] Q 진정한 '나'가 되기 위해 노력할 때 느끼는 희열감을 뜻하는 '블리스'를 공직에 적용할 방안에 대해 발표하라.
9 / 2 전기, 기계, 화공	[리버스멘토링] Q 고위간부가 본인의 멘티가 된다면 무엇에 대해 알려 주고 기획할 것인지? 최근 MZ세대와 기성세대 간 상호 소통을 강화하고 조직문화 개선을 위해 많은 기업들이 리버스멘토링을 도입하고 있다. 리버스멘토링이란 선배가 쌓은 경험과 지식을 후배에게 가르치는 기존 멘토링의 반대 개념으로, 후배가 선배의 멘토가 되는 것을 의미한다. 이를 통해 직원 간 유대감을 높이고 다양성을 존중하는 건강한 조직문화 형성을 통해 조직만족도와 업무효율성을 기대해 볼 수 있다.
9 / 7 사서, 속기, 방호 통신기술, 운전	Q 본인의 흥미와 적성이 무엇인지 말하고, 이것을 공직에서 활용할 방안

4. 경험형

8 / 17 지방세, 전산	[대인관계능력] Q 본인이 가지고 있는 대인관계능력의 장단점 및 개선방안 대인관계능력이란 조직 내에서 협조적인 관계를 유지하고, 조직구성원들에게 도움을 줄 수 있으며, 조직 내부 및 외부의 갈등을 원만히 해결하고, 상대방의 요구를 충족시키는 능력을 의미한다.
8 / 20 일반행정	[본인의 역할] Q 여러 가지 역할 중 본인의 역할과 해당 역할을 수행한 방법에 대해 작성하고, 가장 중요하게 생각하는 역할을 발표하라. 사람은 살아가며 여러 가지 역할을 수행한다. 예를 들어 초등학교에 입학하면 학업자로서의 역할을 수행하게 된다. 진로발달 이론가인 '수퍼'는 개인의 전 생애에 걸친 역할을 의미하는 생애주기별 경험을 강조한다. 그에 의하면 사람은 누군가의 학생 또는 선생님, 시민, 사회인 등의 역할을 담당하고 결혼을 했다면 배우자, 부모 등의 역할을 담당하고 있다고 말한다.

8 / 31 일반행정	[임직계획] Q 현 시점으로부터 3개월 이내에 이루고 싶은 목표 1~2개와 이를 수행할 계획에 대해 발표하라. OKR(Objective Key Result)은 달성하고자 하는 이상적인 목표(Objective)를 수립한 후 핵심결과(Key Result)를 통해 그 목표를 위한 방법들을 정하는 목표관리체계다. 목표는 '어떤 방향으로 갈 것인가'에 대한 고민이며, 핵심결과는 '그곳에 가기 위한 구체적인 방법들'이다.
9 / 5 농업, 산림자원, 조경, 보건	[문제해결 경험] Q 시행착오를 통해 문제를 해결한 경험 시행착오란 인간의 업무방식으로 모르는 문제에 닥쳤을 때 실패 혹은 성공 여부와 관계없이 무엇이든 도전하는 행위를 의미한다. 미로를 빠져나오는 동물실험에서도 실험의 반복을 통해 동물이 미로에서 잘 빠져나왔다는 결과가 있듯 시행착오를 통해 업무의 반복을 줄이고 비효율의 문제를 개선할 수 있다.
9 / 6 건축, 방재안전 기계시설, 전기시설, 선박항해, 선박기관, 간호, 지적	[솔선수범 경험] Q 조직생활을 하며 솔선수범을 한 경험 솔선수범이란 누가 말하지 않아도 스스로 하는 것을 말하며, 해야 될 일 혹은 주어진 일이 아니더라도 자발적으로 하는 행위를 말하다. 조직관리에서 솔선수범은 다른 사람들을 이끌며 행동하게끔 만드는 리더십의 한 형태로 여겨진다.

2021년

1. 시정정책

[서울시 7급] 감사, 기술, 지방세	Q 서울시에서 메타버스를 행정분야별로 활용할 수 있는 방안
7 / 23 간호보건	[재난지원금 논란] Q 재난지원금의 지급 취지와 선별지원, 보편지원의 각 장단점과 어떤 형식이 합리적이라고 생각하는지?
7 / 24 간호보건	[폐의약품 수거함 사용의 접근성 논란] Q 폐의약품 수거가 진행되지 못한 원인 및 지자체 차원에서의 대처방안
8 / 17 환경, 조경	[쓰레기 급증 문제] Q 일상생활에서 본인이 쓰레기 배출을 줄이기 위해 노력한 경험, 쓰레기 급증 문제 해결을 위한 서울시의 해결방안
8 / 18 토목, 건축	[주차 문제] Q 서울시 주차혼잡 문제 개선방안 및 아이디어 서울시 주차혼잡으로 인한 시민의 불편함, 재정의 한계로 공영주차장 신설은 어려운 상황
8 / 21 일반행정	[인구감소] Q 서울시 인구감소의 긍정적·부정적 효과에 대해 발표하라.
8 / 29 일반행정	[아웃소싱 사례] Q 행정업무의 아웃소싱 사례 아는 대로 말하고, 아웃소싱 활용 시 고려사항 및 문제점
8 / 31 사회복지	[보호종료아동] Q 보호종료아동제도의 문제점 및 보호종료아동 자립을 위한 효율적 지원방안

PART

04

9 / 1 사회복지	[청소년노동자] Q 청소년노동자들을 위한 휴식공간 마련 시 예상되는 문제점 및 청소년노동자들의 휴식 보장방안
9 / 4 운전	[흡연단속] Q 흡연단속 규제강화 시 예상되는 문제점 및 개선안, 서울시의 성과

2. 시사현안

[서울시 7급] 일반행정	[디지털 격차] Q 디지털 격차 해소방안과 세대 간 갈등에 대한 의견, 경험, 해결방안
[서울시 7급] 일반행정	[플랫폼 경제] Q 플랫폼 경제가 지역사회에 미치는 부작용 과 공공영역에서 대처방안
[서울시 7급] 일반행정	[경제활성화] Q 청년몰 폐업원인 분석과 전통시장 활성화, 청년일자리 해결을 위한 방안
[서울시 7급] 일반행정	[사회적 고립] Q 사회적 고립의 원인, 문제점, 해결방안
[서울시 7급] 토목, 건축, 지적, 보건	[사회갈등] Q 우리사회에서 갈등이 심화되는 원인 및 조직사회 갈등발생 해결방안
7 / 22 간호보건	[코로나블루] Q 코로나블루의 원인 및 해결방안, 공직생활을 하며 우울감 증상 시 극복방안(젊은 층이 코로나블루 에 취약하다는 사회조사 결과)
8 / 23 일반행정	[고령화] Q 고령화시대에 정년연장의 의미, 청년·중년·장년층 중 우선채용 대상이 누구인지(국내 고령화사회 추세)
8 / 24 일반행정	[엠커브 현상] Q 엠커브 현상의 문제점 및 해결방안(30대 중후반 여성들이 임신, 출산, 육아 등의 이유로 경력활동 이 단절되는 엠커브 현상 논란 사례)
8 / 25 일반행정	[익명게시판] Q 익명커뮤니티 활성화의 문제점 및 긍정적 개선방안
8 / 26 일반행정	[음주규제] Q 공영공원을 음주청정지역으로 지정하는 정책에 대한 본인의 의견, 공공시설 음주규제의 실효성 향 상방안
8 / 27 일반행정	[인포데믹] Q 인포데믹 사례, 원인 및 해결방안 　정보(Information)와 전염병(Endemic)의 합성어인 인포데믹(Infodemic)은 미디어나 인 터넷 등을 통해 허위정보가 전염병과 같이 급속도로 퍼져 나가는 현상을 뜻한다. 인포데믹은 단순한 소문의 확산을 넘어 유튜브, 소셜 네트워크 서비스(SNS) 등 비공식 매체를 통해 **빠른** **속도로** 생성 및 확산되어 개인의 합리적 의사결정을 방해할 뿐 아니라, 사회적 혼란을 가중시 키기도 한다. 특히 최근 가짜뉴스의 시발점으로 지목되는 인터넷 커뮤니티와 유튜브의 경우에 는, 실제 사건의 내용을 객관적으로 전달하는 것이 아닌 사회적 정화기능을 목적으로 하기 때 문에 가짜뉴스를 생성하고 전파하는 인포데믹 발생의 진원지로 지목되기도 한다.
8 / 28 일반행정	[청년창업 지원] Q 청년창업 지원의 미래와 창업활성화를 위해 필요한 청년들의 역량 및 자세(최근 정부 및 민간기구 의 청년창업 지원 사례)

3. 공직조직

8 / 16 기술	[사일로 현상] Q 사일로 현상의 원인은 무엇이며, 공직생활 중 타 부서의 협조가 이루어지지 않을 때 대응방안 부서이기주의를 뜻하는 사일로 현상은 서로 독립적으로 존재하는 원통형 창고처럼 부서들 간 소통과 협조 없이 장벽을 쌓으며 업무를 처리하는 행위를 의미한다. 즉, 조직 내 구성원들이 기업의 공동목표와 이익을 추구하기보다 자기 부서만의 성장을 위해 타 부서와 정보를 공유하 거나 협력을 하지 않는 현상을 말한다. 이러한 사일로 현상은 스마트 기업의 성장을 저해하는 요인으로 꼽힌다.
8 / 19 방호, 토목, 건축, 방재안전	[세대차이] Q 본인이 업무수행 중 세대차이를 겪은 직접 또는 간접 사례, 조직생활 중 세대차이로 인한 갈등을 해결할 수 있는 제도적 방안
9 / 2 사회복지	[워라밸] Q 일과 삶의 균형을 강조하는 워라밸의 중요성을 느끼게 한 경험, 워라밸에 대한 인식의 변화에 따라 공직사회에 주는 긍정 및 부정적 영향

4. 경험형

8 / 30 지방세, 전산	[집단지성] Q 집단지성의 경험, 집단지성을 활용하여 시민들이 서울시정에 참여할 수 있는 방안을 말해 보시오.
9 / 3 전기, 기계, 시설관리	[세대용어: 꼰대] Q 꼰대상사를 만난 경험에 대해 말하고, 상사가 무리한 지시를 하면 어떻게 대처할 것인지?

2020년

1. 시정정책

[서울시 7급] 일반행정	[PM] Q 개인형 이동수단(PM: Personal Mobility) 안전관리방안
[서울시 7급] 수의	[반려동물등록제] Q 반려동물등록제 활성화방안
8 / 27	[데이케어센터] Q 데이케어센터 설치로 인한 주민갈등 해결방안(데이케어센터 설치 지역주민 반대상황에서 설치추 진 필요)
9 / 3	[메갈로폴리스] Q 수도권 메갈로폴리스 형성에 대한 견해
9 / 7	[생활밀접서비스] Q 지역화폐 장단점, 서울사랑상품권의 한계점 및 해결방안
–	[제로페이] Q '제로페이 서울' 정착을 위한 방안
–	[클린서울] Q 모두 함께 노력하는 클린서울 활성화방안

–	[마을공동체] Q 본인이 생각하는 이상적인 마을공동체, 마을보육방안에 대해 말해 보시오.
–	[생활밀접형서비스] Q 주민들의 행복도를 높이기 위해 어떤 지원서비스를 추가해야 한다고 생각하는지?

2. 시사현안

[서울시 7급] 일반행정	[환경미화원] Q 환경미화원 야간근무 폐지에 대한 입장, 문제점, 해결안
[서울시 7급] 기술, 감사, 지방세	[전기·수소차] Q 전기·수소차 확대방안
8 / 26	[아동학대] Q 아동학대의 원인 및 해결방안(아동학대 증가현황 및 아동학대 증가원인 사례)
8 / 28	[다문화 문제] Q 학부모들이 다문화가정 초등학생을 차별하는 문제의 해결방안
8 / 31	[청년 1인가구] Q 청년 1인가구의 고립원인 및 해결방안(서울시 청년 1인가구 현황 및 열악한 주거환경 상황)
9 / 2	[지역균형] Q 강남, 강북지역 균형발전방안
9 / 4	[다문화 문제] Q 다문화 증가의 문제점 및 해결방안
9 / 10	[행정수도 이전] Q 행정수도 이전의 한계점 및 해결방안
9 / 12	[인구감소] Q 서울시 인구감소의 원인 및 서울시에 미치는 영향
–	[지하철 무임승차] Q 서울시 지하철 노인 무임승차 해결방안
–	[도시문제] Q 서울시의 도시문제 중 가장 심각한 것은? 그리고 이에 대한 해결방안은?
–	[전동킥보드] Q 전동킥보드 안전문제 해결의 필요성

3. 공직조직

9 / 5	[적극행정] Q 적극행정의 한계점 및 해결방안
9 / 14	[악성민원] Q 악성민원의 원인 및 해결방안

4. 경험형

POINT 02   [경기도] 발표개요 및 4개년 기출

01 경기도 발표 개요 [경기도·용인시·화성시]

5분·3분스피치란 시험 당일 주어지는 발표주제에 대해 10~30분간 이를 검토한 후 답안을 작성하고, 5분 또는 3분 이내로 발표하는 것이다. 일반적으로 학창시절 조별과제인 PT발표와 유사한 형태라고 생각하면 된다. 발표주제는 직렬 구분 없이 공통주제이며, 오전·오후 면접시간대에 따라 다른 주제가 제시된다. 지역별로 자주 나오는 기출주제는 다르지만 주로 시(도)정, 공직, 일반시사 등 다양한 분야의 주제가 출제된다. 참고로 5분·3분스피치는 모든 지방직에서 실시하는 면접유형이 아니기 때문에 1차 필기시험 합격 후 각 지방자치단체 면접 공고문을 확인해야 한다.

PART
04

02 경기도 5분스피치

1. 개요

작성시간	30분
발표시간	5분: 수험생은 3분 30초~4분에 맞춰 발표준비

5분스피치	• 진행과정
	  – 대강당에서 모든 응시자가 5분스피치 및 사전조사서를 동시에 작성한다(45분).
	    → 사전조사서를 먼저 작성하게 한 후 15분이 지나면 사전조사서를 걷어가며, 45분 종료 후에는 5분스피치를 걷어간다.
	  – 개별면접 15분 전 사전에 작성한 5분스피치를 다시 돌려준다.
	• 서식
	  – 발표주제와 작성용지를 별도로 제공한다(연습장 2장 추가제공).
	  – [주제분량] A4 약 4~5줄(1/3~1/2)
	  – [작성용지] 24줄글

2. 주제유형

도정 (현안·정책)	[경기도 현안·정책에 대한 견해 및 문제해결방안] • 도정현안: 경기도에서 다루는 행정 중 해결되지 않은 지역문제 　예 경기도 청년실업률 증가, 혐오기피시설 도민갈등 등 • 도정정책: 경기도의 주요정책 및 추진정책 관련 주제 　예 경기도 도시재생정책, 복지쉼터정책 등
일반시사	[사회에서 일어나는 장·단기 사회적 사건에 대한 문제해결방안] 　예 지구온난화, 저출산 등
공직	[공직윤리, 공직역량 등 공직사례에 대한 견해 및 문제해결방안] • 공직윤리: 금품수수, 청탁, 부정수급, 규정불이행 등 • 공직가치: 국가관, 공직관, 윤리관 • 공직역량: 공직역량 경험, 공직 관심 계기 등
직무	[지원직무와 관련된 역량검증 및 이슈 관련 견해] • 역량검증: 전문지식, 역량 등 예 직무강점, 전문성 향상방안 등 • 직무이슈: 직무 관련 사건사고 예 (보건직) 희귀질환 건강보험 확대적용
경험	[의사소통능력, 대인관계능력, 문제해결능력, 조직이해능력 등 경험사례] • 의사소통 예 상대방을 설득했던 경험 등 • 대인관계 예 협동심 발휘한 경험, 갈등관리 경험, 민원서비스 경험 등 • 문제해결 예 살면서 가장 힘들었던 경험, 위기상황 극복 경험 등 • 조직이해 예 조직생활 적응력을 키우기 위한 경험

3. 경기도 발표과제 작성용지 서식

5분스피치	성명	
	---	---
	응시번호	

4. 경기도 3개년 기출질문(9·7급 공개경쟁채용, 경력경쟁채용 및 연구사 포함)

2023	
도정 (현안·정책)	지역에 제안하고 싶은 정책과 그 이유를 설명하고 그에 대한 구체적인 해결방안에 대해 발표하시오. [일반행정]

2022	
도정 (현안·정책)	• 도시재생 정책방안 • 층간소음 모형검사에서 완성 후 검사로 바뀜. 건설사 반발 심함. 실패 시 지자체는 수정권고만 함. 지자체가 할 수 있는 대책은? [토목]
일반시사	지구온난화 대응방안
공직	• 공무원 지원율 떨어지고 있는데, 그 원인과 그럼에도 공무원에 지원한 이유 • ○○시 청렴도 하위권인데, 그 해결방법 • 감명 깊게 보았던 영화나 드라마를 보고 공직생활에 어떻게 임할지 포부와 함께 작성하시오.
직무	• 공무원 되면 전문성 어떻게 키울 것인지? • 희귀질환의 건강보험 확대적용에 대한 찬반입장 발표 [보건]
경험	–

2021·2020	
도정 (현안·정책)	[9급] • 경기도에서 가장 좋아하는 지역과 그 이유에 대해 말해 보아라. • 경기도를 가장 잘 홍보할 수 있는 방안 • 음주단속 알림 어플리케이션 금지에 대한 의견 • 공유경제가 활성화시킬 정부의 역할 • 마음경기케어 활성화 방안 • 지하철 노인 무임승차 대책방안 • 의료기술 트렌드 변화에 따른 안전강화 대안방안 • 다양한 융·복합 신제품 안전관리 사각지대 개선방안 [7급·경력경쟁] • 경기도를 홍보할 수 있는 방안 [2019]
일반시사	[9급] • MZ세대의 특징과 MZ세대와 기성세대 간 화합을 위한 방안 • 혐오표현 규제에 대한 지원자의 생각 [7급·경력경쟁] • 코로나블루 등을 극복하기 위해 비대면 시대에 소화할 수 있는 여가활동은? • 최근 경비원 폭행 및 자살 사건이 있었다. 요즘 자기중심적 사고방식과 인명경시 풍조가 만연해 있는데, 이러한 갈등문제와 해결방법에 대해 본인의 경험 중심으로 말해 보아라.
공직	[9급] • 공무원의 6대 의무 중에서 중요하게 생각하는 3대 덕목을 말하고, 그 이유를 자신의 경험 중심으 로 말해 보아라. • 4차 산업혁명 시대의 도래가 갖는 의미와 해당 기관(직렬)의 업무에서 어떠한 변화가 일어날 것 인지, 공직자로서 이러한 변화에 따라 달라져야 할 자세와 변함없이 중요하다고 생각하는 가치는? [7급·경력경쟁] • 만약 지원자가 팀장의 역할을 하게 된다면 신입공무원에게 바라는 3가지 덕목과 그 이유 [2020] • 공무원이 가져야 할 3가지 덕목과 그 이유 [2020]

공직	• 공직자의 경우에는 직무수행 과정에서 공익과 사익의 충돌을 경험하게 되는데, 공무원에게 윤리와 도덕성이 더 강조되는 이유는 무엇이며, 실천방안에 대해 말해 보아라. [2020] • 자신이 밖에서 바라본(일반국민이 바라본) 공무원상과 앞으로의 내 미래에 대해 말해 보아라. • 공직가치(애국심, 청렴성, 전문성 등) 중에서 자신이 가장 중요하다고 생각하는 가치를 선택하고, 이를 제고하기 위한 방안
직무	[9급] 직무수행 중 개인정보 내용이 문제가 되거나 혹은 조직 내 직무사항이 범죄행위라고 판단되었을 경우 대처방안 [7급·경력경쟁] 코로나19 대응업무 분담으로 연장근무와 주말근무가 계속되어 본연의 업무가 지연된다면 어떻게 대응할 것인지? [2020]
경험	[9급] • 꼭 이루고 싶은 버킷리스트와 그 이유 [2021] • 본인 삶에 영향을 끼친 인물과 그 이유에 대해 말해 보아라. • 인생에서 가장 행복했던 경험은 무엇인가? • 조직 내 갈등이나 문제를 어떻게 해결했고, 상대방을 어떻게 설득했는지 말해 보아라. • 업무를 하다 보면 조직 내에서 갈등상황이 발생할 수 있는데, 그때 받은 스트레스를 해소하기 위한 방안은 무엇인가? • 조직생활 중 전문성 결여로 인한 의사소통 실패를 극복한 경험 • 공직에서 감성지능이 필요한 이유 • 극단적으로 스트레스를 받았던 상황과 해결한 경험 • 신뢰관계를 기반으로 협상을 했던 경험, 협상력을 높이기 위한 노력 • 실생활에서 하기 싫은 일을 해야 할 때 해결방안 • 공직 지원이유 및 공공봉사 동기에 대한 의견 • 자신의 장점은 무엇이고, 그 장점을 어떻게 활용하여 전문성을 확보할 것인지에 대해 자유롭게 발표하라. • 고진감래는 쓴 것이 다하면 단 것이 온다는 뜻으로, 고생 끝에 낙이 온다는 의미이다. 이 말의 의미를 체험할 수 있었던 경험을 발표하고, 공무원이 되면 어떻게 활용할 것인지 발표하라. [7급·경력경쟁] • 미래세대에 이루어졌으면 하는 것(꿈, 과학기술 등)에 대해 자유롭게 발표하라. • 소확행이 무엇이라고 생각하는지? 본인의 소확행은 무엇인지? [2021] • 의견이 맞지 않은 사람과 어떻게 해결했는지 말해 보아라. • 업무 외의 일로 야근 및 주말근무가 지속될 경우, 자신만의 대처방법이 있다면 무엇인가?

03 경기도 용인시·화성시 3분스피치

1. 개요

① 경기도 용인시 3분스피치

작성시간	10분
발표시간	3분: 수험생은 2분~2분 30초에 맞춰 발표준비

3분스피치	• 서식
	  − 주제분량: A4 약 2~3줄(1/3)
	  − 작성용지: 발표문 하단 공백에 작성(줄눈 없으나 영역은 칸으로 구분되어 있음)

※ 용인시 의회는 해당되지 않음

② 경기도 화성시 3분스피치

작성시간	20분(2022년까지 작성시간 20분)
발표시간	3분: 수험생은 2분~2분 30초에 맞춰 발표준비

3분스피치	• 서식
	  − 양면 서식(뒷면: 제시문, 앞면: 빈칸의 여백 작성지) [2023년]
	  − 책자 형태로 좌측은 제시문, 우측은 발표 작성용지 [2022년]
	• 주제분량: 주제에 따라 상이(10~12줄)

2. 주제유형

화성시는 시정(현안·정책), 일반시사를 중심으로 출제되고, 용인시는 2022년부터 3분스피치를 시행했기 때문에 2023년 주제유형을 예측하기 어려운 상황이므로, 2022년도 기출질문을 포함하여 다양한 주제유형을 검토해야 한다.

시정(현안·정책)	[지역현안·정책에 대한 견해 및 문제해결방안]
	• 시정현안: 지원시에서 다루는 행정 중 해결되지 않은 지역문제
	  예 청년실업률 증가, 혐오기피시설 도민갈등 등
	• 시정정책: 지원시의 주요정책 및 추진정책 관련 주제
	  예 도시재생정책, 1인가구 지원정책 등

일반시사	[사회에서 일어나는 장·단기 사회적 사건에 대한 문제해결방안] 예 지구온난화, 저출산 등
공직	[공직윤리, 공직역량 등 공직사례에 대한 견해 및 문제해결방안] • 공직윤리: 금품수수, 청탁, 부정수급, 규정불이행 등 • 공직가치: 국가관, 공직관, 윤리관 • 공직역량: 공직역량 경험, 공직 관심 계기 등

3. 작성용지 서식

① 경기도 용인시 3분스피치

3분스피치 질문지

면접조: 1조   응시번호: 20230408   성명: 김소영

【질문】 외국인들에게 화성시의 관광콘텐츠를 어떠한 방식으로 홍보할 것인가?

제시문 내용(1/3)

작성여백(2/3)

.

② 경기도 화성시 3분 스피치

면접조: 1조   응시번호: 20230408   성명: 김소영

제시문 내용
'제시문에 답변 내용은 뒷 면에 작성해주십시오.'

※ 양면이 각각 A4용지 크기임

4. 용인시 2개년 기출질문

	2023
직무	본인은 사업을 홍보해야하는 공무원이다. 현재 예산이 부족한 상황으로 예산을 제한적으로 사용해서 홍보를 활성화시킬 수 있는 방안을 발표하시오.

	2022
공직	최근 7급 공무원 급여명세서가 공개되었다. '사기업과 비교했을 때 나쁘지 않다'는 의견과 '복지혜택 및 가족생계를 감당하기엔 턱없이 부족한 금액이다'라는 다양한 의견이 분분한 상황이다. 9급 공무원 급여는 7급 공무원 급여보다 더 적고 업무량이 많아 야근을 자주하여 워라밸과는 거리가 멀다. 이에 대한 지원자의 생각은 무엇인지 발표하시오.

5. 화성시 3개년 기출질문

	2023
시정 (현안·정책)	[일반행정] 화성시 고유의 자원으로 마을기업 활성화방안 [건축직] 전통시장 활성화 방안
일반시사	[일반행정] 익명출산제에 대해 아래 글을 읽고 찬성과 반대 중 하나를 선택해 주장하시오.

	2022 · 2021
시정 (현안·정책)	• 올해 한국 인구는 전년 대비 약 9만 명 감소하였다. 저출산·고령화가 이어지고 있는 상황에서 코로나19의 대확산으로 사망자가 예년보다 늘어난 결과이다. 이에 따라 각 지방자치단체에서는 지방자치단체별로 외국인 비자를 유동적으로 적용하여 외국인 유입률을 증가시키는 다양한 방법을 모색하고 있다. 이에 대해 일각에서는 외국인이 증가했을 때 외국인 혐오 등 사회적 갈등이 나타날 수 있다며 대응책이 필요하다고 말한다. 외국인 증가 시 발생하는 사회적 갈등을 어떻게 해결할 것인지 작성하시오. [2022] • 외국인들에게 화성시의 관광콘텐츠를 어떠한 방식으로 홍보할 것인가? [2022] • 인구감소 문제에 대한 효율적인 정책과 견해 [2021]
일반시사	언론징벌적 손해배상제도 찬반에 대해 서술하시오. [2021]

POINT 03　**[부산시] 발표개요 및 4개년 기출**

01 부산광역시 3분스피치 [일반행정]

1. 개요

작성시간	10분
발표시간	3분: 수험생은 2분~2분 30초에 맞춰 발표준비
3분스피치	• 서식 　– 주제분량: A4 약 2~3줄(1/3)이며, 제시문 분량은 3~5줄이 평균적이며 많아야 10줄 　– 작성용지: 발표문 하단 공백에 작성 • 주제 　– 과제당 1~3개의 주제가 주어지는 경향

2. 주제유형

부산광역시는 부산시정(현안·정책)에 관련된 주제가 자주 출제된다. 따라서 부산시의 시정목표 및 민선 8기 정책목표를 확인해야 한다. 일반적으로 발표과제는 한 번 출제된 기출질문을 동일하게 재출제하는 경우가 거의 없는데, 부산광역시는 반복출제되는 경향이 있기 때문에 전년도 기출주제를 꼭 검토하길 바란다.

시정 (현안·정책)	[지역현안·정책에 대한 견해 및 문제해결방안] • 시정현안: 지원시에서 다루는 행정 중 해결되지 않은 지역문제 　예 청년실업률 증가, 혐오기피시설 도민갈등 등 • 시정정책: 지원시의 주요정책 및 추진정책 관련 주제 　예 도시재생정책, 1인가구 지원정책 등

3분스피치 질문지

면접조: 1조　　　　　**응시번호: 20230408**　　　　　**성명: 김소영**

【질문】 15분 도시의 개념, 가치, 비판할 점, 개선방안

제시문 내용(1/3)

작성여백(2/3)

2023		
시정 (현안·정책)	• 08/16 [오전] 트라이포트 개념과 물류산업과의 관계 [오후] 도시브랜드 슬로건 busan is good, 심벌마크가 지향하는 가치는 무엇이며 이를 실현하기 위한 정책에 대한 비판과 대안을 제시해 보시오. • 08/17 [오후] 1. 엑스포 국내 지지세 확보를 위한 최우선 과제 　　　 2. 국내에 전략적 홍보 방안 　　　 3. 국내에 계기적 홍보 방안 　　　 4. 해외 홍보 방안 • 08/18 [오전] 부산시에서는 매력관광도시부산을 시행하면서 반려동물 친화도시 조성에 우선순위를 두고 있다. 이에 대한 필요성 및 가치와 문제 해결 방안에 대해 서술하시오. [오후] 반려동물 환경 조성에 대한 필요성과 가치 및 그를 위한 과제 • 08/21 [오후] 1. 오페라 국제 아트 센터 등 전문 공연장 설립목적 　　　 2. 효율적으로 운영하는 방안 　　　 3. 문화도시 부산의 미래상		
공직	• 08/17 [오전] 청렴의 도시가 되기 위해 부산시가 해야 할 과제 1. 청렴의 정의와 실천방안 2. 공무원이 특별히 청렴해야 하는 이유 3. 싱가포르처럼 청렴도시 부산을 만들기 위해 필요한 정책 및 제도 개선 방안		

2022		
시정 (현안·정책)	• 디지털 금융산업 지원방안 • 15분 도시의 개념, 가치, 비판할 점, 개선방안 • 2030 월드엑스포를 유치하기 위해 부산뿐만 아니라 국가 차원에서도 노력을 기울이고 있다. 2030 월드엑스포에 대해 알고 있는 것과 엑스포를 유치하고 개최하면서 기대할 수 있는 효과에 대해 말해 보시오. • 지역대학 문제원인과 활성화방안을 말하고 현재 시행 중인 부산 청년정책에 대해 말해 보시오. • 부산시 문화누리카드 이용률이 저조한 상황이다. 문화누리카드 사용처가 어디인지 말하고 이를 활성화시킬 방안을 발표하시오. • 부산시가 글로벌한 관광도시로 성장할 수 있는 방안에 대해 발표하시오.		

2021 · 2020	
시정 (현안·정책)	• 초고령화 사회를 대비하여 수요자 중심의 노인건강서비스제도를 활성화시킬 방안에 대해 말해 보시오. [2021] • 2020 엑스포 등 국제행사가 부산에서 개최되어야 하는 이유 [2021] • 최근 아동학대가 증가하고 있다. 아동학대의 사각지대 문제를 해결할 수 있는 방안에 대해 말해 보시오. [2021] • 부산시의 체류형 관광을 활성화시킬 방안 [2021] • 부산시는 일자리 문제 해결을 위해 다양한 사업들을 추진하고 있다. 부산시 일자리를 창출할 방 안에 대해 자신이 생각하는 아이디어를 말해 보아라. • 부산시의 청년인구 유출현상의 원인과 해결방안 • 부산시는 시민편의 소확행 사업을 진행하고 있다. 예비공무원으로서 부산시민이 만족할 수 있는 창의적인 소확행 사업을 제시하시오. • 안전속도 5030의 개념, 도입배경과 이유, 기대효과를 설명하시오.
공직	공무원의 성범죄 문제 등 다양한 문제이슈로 인해 국민의 신뢰도가 낮아진 상황이다. 공무원의 청 렴도를 높이는 방안에 대해 말해 보시오. [2020]
직무	• 포스트 코로나에 대비하기 위해 행정서비스 변화는 물론이고 공무원의 업무방식도 변화되고 있 다. 이에 대한 대응방안에 대해 말해 보시오. [2021] • 빅데이터는 기업이나 조직문화 개선에 기여할 뿐만 아니라 새로운 혁명을 일으키고 있다. 공직 내에서도 빅데이터를 활용하여 과제의 해결과 운영의 효율화를 기대하는 상황이다. 행정에서의 빅데이터 활용방안에 대해 발표하시오. [2021] └ 빅데이터는 기존의 데이터베이스로는 수집·저장·분석을 수행하기 어려울 만큼의 거대하고 복잡한 데이터의 집합을 나타내는 용어이다. 최근 공공 및 민간 분야에서는 빅데이터를 활용 하여 복지, 교통 등 맞춤정책을 수립하고 서비스를 제공하는 다양한 노력을 시도하고 있다. 대표적인 사례로 빅데이터 분석을 통해 복지현황을 파악하여 복지지도를 제작하고 복지기관 분석을 통한 취약지역 지원방안, 위기가정 예측모델 개발 등 다양한 맞춤형 복지정책 수립 및 서비스를 제공하고 있다.

02 [작성법] 3단계 작성전략

POINT 01 3단계 작성준비

01 3단계 작성준비

1단계: 문제조건 확인

현재 한국은 인구가 감소하고 있다. 이에 따라 각 지자체는 지자체별로 외국인 비자를 유동적으로 적용하여 외국인 유입률을 증가시키는 다양한 방법을 모색하고 있다. 이에 대해 일각에서는 외국인이 증가했을 때 외국인 혐오 등 사회적 갈등이 나타날 수 있다며 대응책이 필요하다고 말한다. 외국인 증가 시 발생하는 사회적 갈등을 어떻게 해결할 것인지 작성하시오.

→ 문제조건: 각 지자체별 외국인 유입인구 증가 시 발생하는 사회적 갈등 해결방안

▼

2단계: 구조화(목차)

• 방안구조 또는 근거구조 중 택1

제목: 지자체별 외국인 유입인구 증가 시 발생하는 사회적 갈등 해결방안
1. 현황
2. 문제점
3. 해결방안
4. 기대효과

▼

3단계: 발표문 작성

• 구조별로 구체적인 내용 키워드 작성

제목: 지자체별 외국인 유입인구 증가 시 발생하는 사회적 갈등 해결방안
1. 현황: 각 지자체별 외국인 유입률 현황
2. 문제점: 유입증가 시 발생 가능한 문제 예사회적 편견, 일자리경쟁 심화, 문화적 충돌 등
3. 해결방안: 문제점 1:1 매칭 해결방안
4. 기대효과: 긍정적 사회변화

02 구조화(스피치 목차 작성)

1. 방안구조

1단계 문제조건의 '문제해결방안'이나 '활성화방안'을 묻는 주제에 자주 사용된다.

예 노인 고독사 문제점 및 해결방안, 메타버스 행정시스템 활성화방안, 전문성 향상방안 등

5분 · 3분 스피치	성명	
	응시번호	
제목 → 주제문의 요지 및 핵심내용이 드러나도록 한다.		
1. 개요 및 추진배경		
① 개요: 주제의 핵심, 개념, 목표 기재		
② 추진배경: 배경 및 필요성 언급		
2. 현황 및 문제점 / 고려사항		
① 현황: 현재의 상황(사실에 기반을 둔 현상 분석), 추세		
② 문제점: 주제의 목적에 대한 문제점 분석		
③ 고려사항: 주제의 목적에 맞는 세부 고려사항		
3. 해결방안 / 활성화방안		
① 해결방안: 문제점과 관련된 해결책 제시		
② 활성화방안: 고려사항과 관련된 구체적 활성화방안 제시		
4. 결론 및 기대효과		
① 결론: 공직자로서의 포부 및 다짐, 향후 노력안, 실행계획 등		
② 기대효과: 해결방안의 실행효과(장·단기 이익 등)		

2. 근거구조

1단계 문제조건의 '견해'를 묻는 주제이거나 문제조건이 명확하게 드러나지 않아 임의로 구조를 작성하는 경우에 사용된다.

예 혐오표현 규제에 대한 지원자의 생각, 경기도에서 가장 좋아하는 지역과 이유, 미래세대에 이루어졌으면 하는 것들 등

5분 · 3분 스피치	성명	
	응시번호	

제목 → 주제문의 요지 및 핵심내용이 드러나도록 한다.

1. 결론 / 개념 / 필요성

　① 결론: 지원자가 전하고자 하는 메시지

　② 개념: 주제와 관련된 정의

　③ 필요성: 주제가 사회적으로 필요한 이유

2. 근거 1 / 장점

　① 근거 1: 결론을 뒷받침하는 부연설명, 사례, 경험 등

　② 장점: 주제와 관련된 장점 제시

3. 근거 2 / 단점

　① 근거 2: 결론을 뒷받침하는 부연설명, 사례, 경험 등

　② 단점: 주제와 관련된 단점 제시. 단, 해결방안까지 고려해야 함

4. 결론 및 기대효과

　① 결론: 공직자로서의 포부 및 다짐, 향후 노력안, 실행계획 등

　② 기대효과: 해결방안의 실행효과(장·단기 이익 등)

POINT 02　5분·3분스피치 작성법

제시문

기존 아동학대는 민간단체인 아동보호전문기관이 담당했으나, 민관기관이라는 이유로 학대아동 가구방문을 거부당하거나 위협을 받는 일이 다반사였다. 민간기관의 한계를 보완하기 위해 공권력을 활용할 수 있는 아동학대 전담 공무원제도가 2020년 03월 05일 '아동학대 범죄의 처벌 등에 관한 특례법(아동학대처벌법)' 개정안이 국회를 통과하여 그해 10월부터 시행되었다.

아동학대 신고건수는 2017년 34,169건, 2019년 41,389건, 2022년 53,932건으로 증가하였으며, 코로나19 기간에 집에 머무는 시간이 늘어나면서 아동학대 피해는 더욱 급증한 것으로 나타났다. 이에 대해 정부는 연간 아동학대 신고건수 50건당 전담 공무원 1명을 배치하라고 시·군·구에 권고하고 있지만, 대부분의 지자체는 인력부족으로 배치기준조차 충족하지 못해 권고 할당량의 2배 이상의 업무를 처리하고 있는 상황이다. 전문가들은 초동조치를 담당하는 아동학대 전담 공무원의 업무부담이 늘어날 경우, 물리적으로 보이지 않는 정서적 학대 등 정황을 놓치는 상황이 발생할 수 있어 인력확충이 필요하다고 지적하고 있다. 일각에서는 아동학대 전담 공무원제도 개선이 필요한 이유로 전문성 부족을 꼽는다. 일반적으로 사회복지 공무원으로 배치가 되지만 제대로 된 교육을 받지 못하거나, 경력이 있더라도 아동 관련 경험이 부족한 이들이 많아 현장에서 적절한 조치를 취하지 못하는 문제가 생기고 있다.

⇒ 다음 아동학대 전담 공무원제도의 문제점과 개선방안에 대해 작성하시오.

발표문

1. 추진배경
– 아동학대 가구방문 거부 및 위협 등 민간관리 한계 → 공권력 활용을 위한 제도 필요
2. 현황 및 문제점
– (현황) 아동학대 신고건수는 22년 기준 53,932건*
– (문제 1) 아동학대 전담 공무원 인력 배치기준 미충족(1명당 50건이 아닌 2배 이상 담당)
– (문제 2) 아동학대 전담 공무원의 전문성 부족(신규 교육, 아동학대 관련 경험 미비)
3. 해결방안
○ 제도적 측면
– (해결 1) 유관기관 협업(아동보호전문기관 인력지원**, 야간·휴일 경찰 우선출동 지원)
– (해결 2) 민관협의체 구성을 통한 현장의견 수립(경기도의 소리), '현장 사례집 발간 및 구체적 대응 매뉴얼' 확립(학대 조기발견, 신속대응, 보호조치)
– (해결 3) 신규자·경력자 직무교육 확대 및 전담공무원 – 경찰 – 아동보호기관 합동교육 (가칭 '아동학대 공공대응체계 운영', '아동학대 전담 공무원의 역할과 사회현상의 변화')
○ 인식적 측면
– (해결 4) 아동학대 주민신고 방법 및 변화체계 홍보(경기IN, 블로그, 주민센터 등)
4. 결론
– (기대효과) 아동학대 전담 공무원제도의 사각지대 개선을 통한 아동학대 예방 기여
– (사후관리) 제도보완 후 현장문제 사례 및 전문가 협의를 통한 구축방안 확립 기여
– (다짐) 지역별 아동학대 전담 공무원의 원활한 배치를 위한 노력 및 전담공무원의 업무부담 해소, 전문성 강화를 위한 실질적 방안을 모색하겠음

* ('17) 34,169건→('19) 41,389건→('22) 53,932건, 약 2배 증가
** 아동보호전문기관의 업무지원은 아동복지법에 따라 '23년 9월 30일'까지 가능

01 추진배경

기존 아동학대는 민간단체인 아동보호전문기관이 담당했으나, 민관기관이라는 이유로 학대아동 가구방문을 거부당하거나 위협을 받는 일이 다반사였다. 민간기관의 한계를 보완하기 위해 공권력을 활용할 수 있는 아동학대 전담 공무원제도가 2020년 03월 05일 '아동학대 범죄의 처벌 등에 관한 특례법(아동학대처벌법)' 개정안이 국회를 통과하여 그해 10월부터 시행되었다.

작성법

1. 개요 및 추진배경

　① 개요: 주제의 핵심, 개념, 목표

　② 추진배경: 배경(사회적 사건·사고) 및 필요성·중요성

작성예시

1. 추진배경

　– (배경) 아동학대를 담당하는 아동보호전문기관이 민관기관이라는 이유로 방문거부 및 위협

　– (필요성) 민간기관의 한계 보완 및 공권력 활용을 위한 전담 공무원제도 필요

1. 추진배경

　– 아동학대 가구방문 거부 및 위협 등 민간관리 한계 → 공권력 활용을 위한 제도 필요

02 현황 및 문제점

제시문

아동학대 신고건수는 2017년 34,169건, 2019년 41,389건, 2022년 53,932건으로 증가하였으며, 코로나19 기간에 집에 머무는 시간이 늘어나면서 아동학대 피해는 더욱 급증한 것으로 나타났다. 이에 대해 정부는 연간 아동학대 신고건수 50건당 전담 공무원 1명을 배치하라고 시·군·구에 권고하고 있지만, 대부분의 지자체는 인력부족으로 배치기준조차 충족하지 못해 권고 할당량의 2배 이상의 업무를 처리하고 있는 상황이다. 전문가들은 초동조치를 담당하는 아동학대 전담 공무원의 업무부담이 늘어날 경우, 물리적으로 보이지 않는 정서적 학대 등 정황을 놓치는 상황이 발생할 수 있어 인력확충이 필요하다고 지적하고 있다. 일각에서는 아동학대 전담 공무원제도 개선이 필요한

이유로 전문성 부족을 꼽는다. 일반적으로 사회복지 공무원으로 배치가 되지만 제대로 된 교육을 받지 못하거나, 경력이 있더라도 아동 관련 경험이 부족한 이들이 많아 현장에서 적절한 조치를 취하지 못하는 문제가 생기고 있다.

▼

작성법
2. 현황 및 문제점
① 현황: 현재의 상황(사실에 기반을 둔 현상 분석), 추세
② 문제점: 주제의 목적에 대한 문제점 분석 → 관점화·범주화 방식 선택

▼

작성예시
2. 현황 및 문제점
－ (현황) 아동학대 신고건수는 22년 기준 53,932건*
－ (문제 1) 아동학대 전담 공무원 인력 배치기준 미충족(1명당 50건이 아닌 2배 이상 담당)
－(문제 2) 아동학대 전담 공무원의 전문성 부족(신규 교육, 아동학대 관련 경험 미비)
* ('17) 34,169건→('19) 41,389건→('22) 53,932건, 약 2배 증가

■■ 현황 및 문제점 접근법

다각도로 [관점화]	[분류 및 쪼개기] 제시된 문제점이 추상적일 때 문제항목으로 나누거나 기존 문제의 원인을 정확하게 분석해야 할 경우, 다양한 관점으로 분류하고 쪼개는 작업을 의미한다.
묶어주기 [범주화]	[공통된 내용 혹은 범주로 묶어주기] 여러 문제점이 나열되어 있을 경우, 동일한 성질을 가진 정보를 묶어주는 것을 의미한다.

■■ 관점화·범주화에 활용되는 프레임

시간별	단기 - 중기 - 장기, 청년 - 중장년 - 고령, 10대 - 20대 - 30대 등 예 연령별(10대 - 20대 - 30대), 일자리문제(청년 - 중장년 - 고령)
과정·단계별	사전예방 - 중간관리 - 사후관리, 원인파악 - 문제해결 - 사후보완, 기획 - 개발 - 생산 - 판매, 인지 - 이해 - 동기부여, 1안 - 2안 - 3안 등
소재별 (대립·상호)	긍정↔부정, 순기능↔역기능, 장점↔단점, 대면↔비대면, 공적↔사적, 내부↔외부, 질적↔양적, 효율↔비효율, 협조↔비협조, 이익↔손해, 사실↔판단, 정신적↔신체적, 효율↔효과, 개인↔공동체, 물적↔인적, 제도↔인식, 제도↔인프라 등 예 아동학대(신체적↔정서적), 학교폭력(오프라인↔온라인), 청렴인식 개선(제도↔교육↔홍보)

주체별	개인 / 사회, 시민 / 정부, 시민단체 / 전문가 / 정부, 공급자 / 수요자·가해자 / 피해자 등 예 학교폭력(가해자 / 피해자), 환경문제(시민 / 정부)
가중치별 (중요도)	우선순위, 주력 / 비주력, 의무 / 선택사항, 시급성, 파급효과(사회적·경제적), 손익성, 효과성, 효율성, 타당성, 정당성, 형평성, 공정성, 접근성, 편의성 등

◎ 적용사례 예 학교폭력

시간별	고등학교(1학년 – 2학년 – 3학년)
과정·단계별	원인파악 – 문제해결 – 사후보완
소재별(대립·상호)	신체적 폭력↔정서적 폭력, 현장폭력↔사이버폭력
주체별	가해자 / 피해자 / 제3자, 개인(가해자 / 피해자) / 학교 / 학부모
가중치별(중요도)	사회적·경제적 파급력

연습문제 **스타트업 인재양성의 한계점**

1. 융·복합 전문인재 부족	2. 교육시스템 부족
3. 수도권 편중현상(지역불균형)	4. 예산지원 부족

▼

◎ 우선순위

1. 교육시스템 부족
2. 융·복합 전문인재 부족
3. 수도권 편중현상(지역불균형)
4. 예산지원 부족

◎ 주체별

□ (공급자) 수도권 편중현상, 예산지원 부족, 융·복합 전문인재 부족
□ (수요자) 교육시스템 부족
□ (정부) 수도권 편중현상, 예산지원 부족, 교육시스템 부족
□ (민간) 융·복합 전문인재 부족

◎ 소재별

□ (제도) 수도권 편중현상, 예산지원 부족
□ (시스템) 교육시스템 부족
□ (인력) 융·복합 전문인재 부족

03 해결방안

작성법
3. 해결방안 / 활성화방안
① 해결방안: 문제점과 관련된 해결책 제시
② 활성화방안: 고려사항과 관련된 구체적 활성화방안 제시

▼

작성예시
3. 해결방안
○ 제도적 측면
– (해결 1) 유관기관 협업(아동보호전문기관 인력지원**, 야간·휴일 경찰 우선출동 지원)
– (해결 2) 민관협의체 구성을 통한 현장의견 수립(경기도의 소리), '현장 사례집 발간 및
구체적 대응 매뉴얼' 확립(학대 조기발견, 신속대응, 보호조치)
– (해결 3) 신규자·경력자 직무교육 확대 및 전담공무원 – 경찰 – 아동보호기관 합동교육
(가칭 '아동학대 공공대응체계 운영', 아동학대 전담 공무원의 역할과 사회현상의 변화)
○ 인식적 측면
– (해결 4) 아동학대 주민신고 방법 및 변화체계 홍보(경기IN, 블로그, 주민센터 등)
** 아동보호전문기관의 업무지원은 아동복지법에 따라 '23년 9월 30일까지 가능

■■ 해결방안 접근법

1:1 매칭	[문제점 ↔ 해결방안] 각 문제점에 대한 해결방안을 제시할 수 있어야 한다. 예 문제점 1 ↔ 해결방안 1, 문제점 2 ↔ 해결방안 2
방향성	[NOT 즉각적, BUT 단계적·점진적·시범적] • 시범사업이란 '특정한 사업을 계획적으로 실시하여 사업에 모범이나 연구의 대상이 되는 사업'을 말한다. • 문제해결방안으로 '단계적, 점진적 제도·시스템 시행' 및 '○○시범사업 적용' 등의 표현은 '○○제도 및 시스템 즉각적 시행·도입'의 표현보다 제도도입의 타당성, 다각도적 효과분석 및 검증과정 등 체계적인 사업추진 과정을 드러냄과 동시에 사업실효성을 입증하여 시민들로부터 신뢰성을 인증받을 수 있다.
구체적 해결법	[해결안 – 구체적 실행법 – 효과] 구체적 실행법: 실무에서 활용되는 수단·방법 제시, 해외사례 및 타 지역의 벤치마킹 사례 활용방안 제시 → 특히 필요성 및 근거까지 제시하면 설득력 향상

◎ 적용사례 [구체적 해결법]

실무적으로 적용 가능한 해결책 제시
[논리구조] 해결안 – 구체적 수단 및 방법 – 효과

▼

문제점

– (문제 1) 인력부족(배치기준 미충족)으로 인한 아동학대 관리 질 저하
– (문제 2) 전문성 부족, 경찰 및 지자체 학대판단 편차 존재
– (문제 3) 지자체별 재정도 차이에 따른 복지인프라로 인한 서비스 질 저하

▼

해결방안

[1단계: 분석] 1:1매칭 [문제점 ↔ 해결방안]

– 인력부족→인력보충 및 강화
– 전문성 부족→전문성 강화
– 지자체별 재정도 차이에 따른 서비스 질 저하→재정확충을 통한 서비스 질 향상

[2단계: 구체적 해결법] ① 실무해결안

– (해결 1) 유관기관 협업(아동보호전문기관 인력지원 및 야간·휴일 경찰 우선출동 지원)
– (해결 2) 편차보완을 위한 전담 공무원 – 경찰 – 아동보호기관 합동교육 및 사례집* 발간
* (가칭) 아동학대 대응 사례집
– (해결 3) 아동복지예산 점진적 확대 및 부정수급 환수방안 고려
→ 예산확대 시 '시민참여 예산확보' 운영을 통해 재정이용 투명성 확립

[2단계: 구체적 해결법] ② 벤치마킹

– (해결1) 유관기관 협업(아동보호전문기관 인력지원 및 야간·휴일 경찰 우선출동 지원)
– (해결2) 편차보완을 위한 전담 공무원 – 경찰 – 아동보호기관 합동교육 및 사례집* 발간
* ○○시 – 아동학대 유형별 현장맞춤 직무교육 진행(전문적 판단↑)
* ○○시 – ○○경찰청 '아동학대 업무협약 체결' 사례 有(신속대처↑, 사각지대 개선)
– (해결3) 아동복지 예산 점진적 확대 및 부정수급 환수방안* 고려
* ○○시 – 업무추진비 사전 공개제도(제도투명성 및 시민신뢰도↑)

■■ 해결법 활용 키워드

◎ 해결방안 1: 사실확인

사실확인	• 사실확인: 문제원인 재확인, 장단점(장애요인 및 파생문제, 효과검토) 　예 [조사] 현장조사 　　　[자료] 관련 법규·정책 / 통계 / 관련 부처 자료 / 논문·문헌 / 유사사례 및 우수사례 검토(타 기 　　　　　관·국외) 확인 　　　[자문] 전문가 자문 • 적용사례 　－ 공장폐수 문제, 법대로 가동했는지 현장조사 진행 　－ 문제해결을 위해 선진국가의 우수 행정사례를 탐색 및 검토 　－ 타당성 검토를 위해 전문가에게 사실확인을 위한 도움 요청 　－ 상사를 설득하기 위한 객관적 데이터 확보를 위해 규정 재확인 　－ 정책변경 시 발생하는 이해관계에 따른 다양한 입장 및 반응 검토·분석 　－ 데이터 사이에 존재하는 문제 연관성 규명을 위해 전문가에게 의뢰 　－ 정책 추진과정에서 발생 가능한 문제점이나 장애요인을 다양한 관점에서 예측 　－ 각 대안의 장단점을 분석하여 각 사안의 장단기 효과를 예측

◎ 해결방안 2: 실질적 해결책 제공

외부협조 (협업·협치)	• 협조요청 및 협업강화 　예 [대상] 전문가, 지방자치단체, 관계부처, 지역주민, 사업주대표 　　　[방법] 협업요청, 공청회·간담회 구성 후 의견수렴, 전문가 상담 및 자문 • 적용사례 　－ ○○ 대상 → 간담회 / 공청회 / 위원회 / 협의체 구성 　－ 전문가 TF 구성 및 탄력적 확보 / 조정위원회·운영위원회 구성 　－ ○○ 참여를 위해 커뮤니티·게시판 활성화 　－ 유관기관, 전문가 참여 및 협력 강화 / 네트워크 설립 　－ 국민소통 및 정책제안 프로그램 진행 및 확대
혜택	• 인센티브 및 지역혜택 제공 　－ 인센티브, 공공시설(복지시설·편의시설), 문화특구·교육특구 지정 　－ 반려견 운동장 조성, 지역수입의 일부 지원, 에너지타운 조성 등
기존 문제 해결 (신설·개정· 완화·확대)	• 법·제도·규정 수립 및 조정(개정) 　－ 매뉴얼·(분기별) 시스템 구축 / 통합관리망 구축 및 개선 　－ 컨트롤타워 설치 / 스마트기기 보급 및 지원 　－ 신고센터 운영 / 테마파크 조성 　－ 법률제정 / 지원금·보증금 지원 / 임대주택 지원 　－ ○○ 수요에 적합한 모델 개발 　－ 재난안전을 위한 프로그램 가이드라인 마련 　－ 운행속도 제한법규, 반려견 운동장 조성 등 • 기술 및 시스템 지원 　－ 전자인계시스템 실시간 추적 및 관리, ○○부처 앱과 연계 　－ 앱개발, 4차 기술연계시스템 구축 / ○○ 해결을 위한 지원팀 구성 • 현장조사 강화: 정화처리 자원시설 검토, 순찰강화, 무단유출 수시점검 • 단계적 완화 및 확대: 감경사유 참작, 단계적 시행, 시기·대상 조정 　예 [변경] 담당자 문제 → 담당자 변경 　　　[완화] 도입반대 → 도입 시범운영 및 단계적 운영 　－ 투약용량 조절, 종류변경, 인원금지가 아닌 인원수 조정, 복지수혜기준 완화

기존 문제
해결
(신설·개정·
완화·확대)
	– 업무분장을 위해 업무방향 제시를 위한 체크포인트 안내(예산, 시간계획, 인력, 제약사항 등)
	– 소극적 업무행태를 방지하고 성과달성을 위한 단계적 목표 제시, 업무의 우선순위 등 구체적
	  계획 제시
	– 선정기준 강화·완화 / 수위 상향조정·하향조정 / 특혜기여
	– 복지 재정지원 확대 / 긴급보조금 지급대상 확대 / 복지 대상자 세제지원 및 확대 / 사교육비
	  단계적 경감
	– 단계별 심사제도 도입 / 즉각적 조치가 아닌, 단계적 조치를 위해 부담감경
	
	• 교육·프로그램·홍보 강화: 실무교육 및 전문능력 배양, 인식개선을 위한 노력
	– 반려동물 에티켓 교육, 산업재해 안전사고 예방 주기적 교육
	– 프로그램·서버 확충
	– 노인 디지털기기 사용·활용을 위한 프로그램 보급
	– 자체연수 실시를 통한 연수활동 강화
	
	• 설득: 객관적 자료를 바탕으로 한 설득, 과정을 투명하게 공개

◎ 해결방안 3: 재발방지

인식개선	• 카드뉴스, 블로그, 캠페인 등 실시 – 전문인력 교육, 대상자별 교육 – SNS, 배너, 포스터 확충 등 – 대국민 캠페인 강화 – 반려견 인식개선을 위한 사회분위기 조성 – 캠페인, 컨설팅, 박람회, 공모전 등 진행 – 올바른 안전의식 문화확산 추진 – 안전수칙운동 전개 – 학대피해 유형 인식을 위한 학부모 교육 실시 – 적극행정 카드뉴스, 공익포스터 제작, 포털사이트 배너 이용 – 정책알리미, 앱 활성화 – 캠페인, 박람회, 공모전 등
자료제작	• 매뉴얼화, 선례집 작업, 가이드 마련 – 우수대응·정책백서 사례집 발간 – 재난안전을 위한 프로그램 가이드라인 마련
관리강화	• 모니터링, 수시점검 및 관리 – 모니터링제도 시행 및 보완 – 주기적 모니터링 실시 후 업무수행에 필요한 자원·정보 제공 – 문제발생 시 심각성이 클 것으로 예상되는 잠재문제는 다양한 대응방안(비상계획) 수립 및 대비 – 정책 추진과정에서 발생 가능한 문제점이나 장애요인을 다양한 관점에서 예측 – 각 대안의 장단점을 분석하여 각 사안의 장단기 효과를 예측 – 수시로 점검 및 관리 – 업무추진 단계별 점검사항 점검기준 수립 및 파악 – 진행 중인 일이 더 잘 될 수 있도록 지속적 보완·개선방안 고민 및 적용 – 주변 사람들과 공유하여 피드백 받기
역량강화	• 교육 프로그램 실시 등: 전문인력 실습, 교육 프로그램 실행

04 결론 및 기대효과

작성법
4. 결론 및 기대효과
① 결론: 공직자로서의 포부 및 다짐, 향후 노력안, 실행계획 등
② 기대효과: 해결방안의 실행효과(장·단기 이익 등)

▼

작성예시
4. 결론
– (기대효과) 아동학대 전담 공무원제도의 사각지대 개선을 통한 아동학대 예방 기여
– (사후관리) 제도보완 후 현장문제 사례 및 전문가 협의를 통한 구축방안 확립 기여
– (다짐) 지역별 아동학대 전담 공무원의 원활한 배치를 위한 노력 및 전담공무원의 업무부담 해소, 전문성 강화를 위한 실질적 방안을 모색하겠음

→[기대효과] 이루고자 하는 목표에 맞춰 기재
→[사후관리] 제도의 실효성을 위한 관리법 및 전문성 향상방안
→[다짐] 공직자로서의 다짐 및 계획

03 [작성사례] 지역별 우수사례

▌POINT 01 [서울시] 우수사례

 시정정책

≪응시자 유의사항≫
- 다음 자료를 근거로 배부한 용지에 ○○분간 답안을 작성하여 주십시오.
- 발표문 작성 시 개인이 소장한 자료를 참고할 수 없습니다.
- 발표문 작성 후 별도의 면접장에 입실하여 발표하고, 면접위원 질의에 답변하여 주십시오.

【제시문 주제】 제로마켓

서울시는 쓰레기가 없는(제로웨이스트) 소비문화를 확산하기 위해 '민간제로마켓 활성화 지원사업'을 추진하고 있다. 제로마켓은 일회용품 및 플라스틱 포장재 사용을 최소화한 다양한 형태의 매장을 말한다. 소분 및 다시 채움(리필) 제품, 무포장 제품 등을 판매하는 일반적인 제로웨이스트 매장보다 폭넓은 의미를 지닌다. 2020년 제로웨이스트 유럽보고서에 따르면 제로웨이스트 매장 1곳당 평균 1톤의 포장재가 감소하여 기후위기 극복에 도움이 되며, 녹색일자리 창출에도 기여할 수 있다.

⇒ 제로마켓 확대 및 활성화를 위한 방안을 작성하시오.

<제로마켓 확대 및 활성화방안>

1. 개요

- (배경) 서울시 제로웨이스트 소비문화를 확산하기 위해 '민간 제로마켓 활성화 지원사업' 추진

- (개념) 제로마켓 = 일회용품 및 플라스틱 포장재 사용을 최소화한 매장, 제로웨이스트보다 넓은 의미

2. 장점

- 기후위기 극복, 녹색일자리 창출, 도시환경미관 개선

  → 2030 탄소 50% 감축 및 2050 탄소제로 실천 기여

3. 제로마켓 활성화방안

(1) 제도적 측면

- 제로마켓 동참기업 보조금 지급 + 세제혜택 → 제로마켓 사업참여도 ↑

- 제로마켓임을 인증하는 스티커를 가게에 부착('스마트서울앱'에 제로마켓 표시)

- '오아시스서울'과의 연계시스템 구축

  → 제로마켓과 오아시스서울 모두에 동참하는 기업은 우수 친환경기업 선정

(2) 인식적 측면

- MZ세대의 '미닝아웃' 소비심리 이용

- 제로마켓사업의 온·오프라인 홍보 확대(온라인: 서울시 공식 인스타그램, 내손 안의 서울),

  (오프라인: 친환경 종이포스터 제작)

(3) 시민참여 측면

- 유색페트병과 투명페트병 분리배출을 위해 투명페트병 모형의 수거함 따로 설치

- 모바일투표 '엠보팅'을 통해 시민들이 직접 제로마켓 활성화방안 공모하고 투표

  → 제로마켓 보안방안으로 활용

4. 기대효과

- 제로마켓 활성화를 통한 '그린서울' 실천

• 다음 자료를 근거로 배부한 용지에 ○○분간 답안을 작성하여 주십시오.

• 발표문 작성 시 개인이 소장한 자료를 참고할 수 없습니다.

• 발표문 작성 후 별도의 면접장에 입실하여 발표하고, 면접위원 질의에 답변하여 주십시오.

【제시문 주제】 서울시 트램사업

최근 친환경정책이 강조되며 서울시는 친환경교통수단인 '트램사업' 부활을 준비 중이다.

전기배터리를 이용해 옛 전차의 전선을 설치하지 않아 친환경적이며, 심미성을 훼손시키지 않는 장점이 있고, 일정 철로를 이용해 연착이 적어 대중교통의 불편함을 해소하며, 이동의 편리성으로 지역상권이 활성화된다는 이점이 있다. 무엇보다 건설비용도 상대적으로 저렴한 편이다. 하지만 이미 도로가 놓인 상태에서 건설할 경우 자칫 기존 교통체계를 엉망으로 만들어 교통체증을 가중시킨다는 우려가 많은 상황이다. 특히, 트램의 장점을 살리기 위해선 도시에서 차를 타지 않고 걸어 다니는 문화가 정착되어야 하는데, 트램 활용도가 높은 유럽의 경우 보행이 위주이지만 서울은 그렇지 않아 서울에 맞지 않는 사업이라는 지적이 잇따르고 있다.

⇒ 서울시 '트램'사업 활성화를 위한 필요성과 반대입장을 설득하기 위한 방안에 대해 발표하시오.

1. 개념 및 특성

- (개념): '트램'은 전기배터리를 이용하므로 전선을 설치하지 않은 친환경 교통수단

- (특성): 친환경적, 심미적, 연착이 적어 대중교통 불편해소 등

  but 보행문화가 정착된 곳에서의 활용도가 높아 현재 서울시에는 맞지 않다는 우려

2. 서울시 트램사업 활성화의 필요성

- (환경): 트램은 전기를 이용한 교통수단으로, 미세먼지 탄소배출 감소

- (편의성): 도로가 아닌 철로를 이용해 연착이 적어 출퇴근시간 등 시민의 불편함 해소

- (관광명소화): 57년만의 트램 부활을 통해 정거장 인근 관광명소화 가능

- (비용절감): 트램의 저렴한 건설비용 → 현 교통 분야에 쓰이는 예산을 다른 분야에 사용 가능

3. 반대입장 설득방안

(1) 환경적 측면

- 서울시는 2030년까지 탄소배출 40% 절감, 2050년까지 탄소중립 달성목표를 밝힘

  → 목표와 연계하여 미세먼지 없는 서울 만들기 캠페인에 동참할 것을 설득

(2) 관광홍보적 측면

- 서울시는 트램 정거장의 지상을 녹지공원, 시민편의공간으로 만들겠다는 계획

  → 유원지 형태로 관광명소화 가능 → 인근의 경제활성화 강조

- 트램체험관 '(가칭) Try Tram'을 설치하여 체험관 내에서 트램을 직접 경험해 보고 의견수렴

  → 개선점 찾고 동시에 자연스러운 홍보효과

- 트램 디자인 공모전을 개최, 시민의 아이디어 직접 반영(서울시 모바일투표 '엠보팅' 활용)

(3) 제도적 측면

- 트램의 정기적인 점검·보수에 관한 법률 및 서울시 조례안 발의

  → 시민의 안전성 고취 및 불안감 해소

4. 기대효과: '그린서울' 실천

• 다음 자료를 근거로 배부한 용지에 ○○분간 답안을 작성하여 주십시오.
• 발표문 작성 시 개인이 소장한 자료를 참고할 수 없습니다.
• 발표문 작성 후 별도의 면접장에 입실하여 발표하고, 면접위원 질의에 답변하여 주십시오.

【제시문 주제】 디지털 트윈기술

디지털 트윈기술이 주목받고 있다. 디지털 트윈은 현실세계의 기계나 장비, 사물 등을 컴퓨터 속 가상세계에 똑같이 쌍둥이(트윈)처럼 구현한 것으로, 메타버스보다 실용적인 기술로 평가받는다. 즉, 가상공간에 실물과 똑같은 객체(쌍둥이)를 만들어 다양한 가상실험(시뮬레이션)을 하고 이를 통해 검증 및 미래변화를 분석, 예측, 최적화하는 기술이다. 미국 제너럴일렉트릭(GE)이 주창한 개념이다. 2000년대 들어 제조업에 도입되기 시작했고, 이어 항공과 건설, 헬스케어, 에너지, 국방, 도시설계 등 다양한 분야에 활용되고 있다.

최근 환경부는 지난 8월 23일 '도시침수 및 하천홍수 방지대책'을 발표하고 서울시 도림천 유역에 디지털 트윈 기반 인공지능(AI) 홍수예보 시범사업을 추진 중이다. 또한 서울시는 가 보지 않아도 현장을 생생하게 느낄 수 있는 초실감형 디지털 3차원 지도서비스를 시범공개하기도 하였다. 기존 민간포털을 통해 제공되는 지도서비스는 도면이나 사진으로 구성돼 사용자가 자유롭게 이동할 수 없는 불편함이 있었지만, 서울시는 초실감형 디지털 트윈(복제)을 기반으로 실제와 똑같은 공간에서 걷고, 뛰고 자유롭게 이동할 수 있는 서비스를 구현했다. 아바타를 활용해 청와대 공간 투어 기능, 자유로운 도보 관람, 시설에 대한 알림창 설명 그리고 낮, 저녁 시간 이동 시뮬레이션 등 다양한 사용자 경험을 제공한다. 현재 초실감형 실내지도 시민서비스는 금천구와 협업을 통해 홈페이지(누리집) 연계 서비스, 보행약자 길안내 서비스, 3D 좌석확인 서비스 등 시민들이 필요한 서비스를 S-Map을 통해 제공하고 있다.

⇒ 행정 분야에서의 디지털 트윈기술 활용방안에 대해 작성 후 발표하시오.

1. 개념 및 특징
− (개념) 현실세계의 기계, 장비, 사물 등을 컴퓨터 속 가상세계에 쌍둥이처럼 구현
− (특징) 다양한 시뮬레이션을 통해 검증, 분석, 예측 → 실제와 같은 공간에서 걷고 뛰기 가능
2. 디지털 트윈기술 활용방안
(1) 관광 분야
− 소실되거나 개방되지 않은 문화재, 유적지 체험 가능(예 경복궁 미개방 공간)
− 이동이 불편한 교통약자를 위한 VR 도보 해설관광 서비스 제공
(서울시에서 운영 중인 장애인 도보 해설관광에 디지털 트윈기술 접목 → 생생한 관광)
− 지역 간 이동 불가 상황(전염병 등) → 타 지자체 협업, 알려지지 않은 지역 홍보 & 체험
(2) 행정 분야
− '민주주의 서울' → 시민 희망사업 시뮬레이션 후 활용도 및 위험요소 예측
− 디지털 트윈의 가상세계 속 '초실감 공청회' 개최 → 시민들의 폭넓은 의견수렴
'서울런'의 온라인 학습기능 가상세계 구현 → 교육취약계층에게 생생한 실무교육 제공
(3) 안전 분야
− 가상세계 적합성 시행 → 붕괴, 침수 등 사고방지
예 건물안전 점검, 대규모 행사 혼잡도 예측
− 스마트서울맵 'S−map'에 3D 길찾기 서비스 제공
예 휠체어 등 교통약자용 배리어프리 3차원 지도
3. 장애요인
− (교육) 교사 초상권, 인격권 침해* 우려
− (관광) 디지털 트윈 관광 활성화로 인해 관광명소 현장의 인근상권 침체 우려
4. 기대효과
디지털 트윈기술로 관광, 안전 등 행정 분야의 사각지대 보충 및 스마트도시 서울로 도약

* 수업 중 교사 얼굴을 캡처하여 중고거래 사이트에 올린 사건

≪응시자 유의사항≫

- 다음 자료를 근거로 배부한 용지에 ○○분간 답안을 작성하여 주십시오.
- 발표문 작성 시 개인이 소장한 자료를 참고할 수 없습니다.
- 발표문 작성 후 별도의 면접장에 입실하여 발표하고, 면접위원 질의에 답변하여 주십시오.

【제시문 주제】 가짜뉴스

2016년 옥스포드사전은 세계의 단어로 '탈진실(post - truth)'을 선정하며 탈진실화가 국지적 현상이 아닌 세계적으로 나타나는 시대의 특성이라고 진단했다. 탈진실의 시대가 시작된 것을 방증하기라도 하듯 '가짜뉴스'(Fake News)가 사회적 논란으로 떠올랐다.

최근 일본의 한 피겨스케이팅 스타가 한국에서 극단적 선택을 했다는 루머가 유튜브를 통해 확산되었으나, 사실이 아닌 것으로 밝혀졌다. 이렇듯 온라인 공간에서 유명인들의 불확실한 사생활 정보를 이용하여 가짜뉴스를 만들어내는 유튜버들을 '사이버렉카(cyber wrecker)'라고 부른다. 이들은 신뢰성이 있는 내용이 아니더라도 기존 언론보다 더 큰 영향력으로 시청층을 증가시키고 인기를 끌어 높은 수요를 낼 수 있기 때문에, 이러한 악의적인 활동을 반복하는 양상을 보인다.

⇒ 아래 내용을 참고하여 가짜뉴스의 문제점과 원인, 이에 따른 대응방안을 말해보시오.

<제목: 가짜뉴스의 문제점과 원인 그리고 해결책>
1. 가짜뉴스
정치적·경제적 목적으로 뉴스 형식을 차용하여 만들어 낸 허위 및 거짓정보
예 작년 한강공원에서 실종된 대학생 손모 씨 사건
2. 문제점
– 처벌규정 미비: 가짜뉴스라는 이유만으로 처벌 시 표현의 자유 위축 우려
– 가짜뉴스는 민주주의 사회의 위협으로 간주됨 예 선거
– 코로나19 괴담 → 우리 사회 전반의 신뢰도가 하락
3. 원인
– 언론매체의 대부분을 영리기업이 소유 → 공정성 손상
– 소셜미디어의 보급으로 빠르게 잘못된 정보를 확산시킬 수 있다는 문제점
– 인플루언서 현상: 무비판적 수용
3. 해결방안
(1) 팩트체크의 확대: 가짜뉴스와 사회적 심각성에 대한 인식이 증가할 것 → 인력과 시간의 제한
→ 언론과 플랫폼, 공공영역의 협력 필요
– '사실은 이렇습니다' 공공 플랫폼 확대 및 홍보
– '글로벌팩트 10' 활용 → '서울시팩트 10' 행사 진행
(2) 가짜뉴스 식별법과 뉴스와 미디어의 특성 교육프로그램 제작
– '학교폭력 멈춰' 표어와 같은 강력한 문구를 통한 SNS 챌린지 홍보
→ 언론매체 및 포털관리자에게 가짜뉴스 확산에 대한 경각심 교육(도덕적 인식 함양)
– 교육청 연계 뉴스리터러쉬(진실된 뉴스를 고르는 능력) 교육 활성화
4. 마무리
국민의 알권리를 존중하되 시민이 올바른 정보를 함양할 수 있는 사회문화 형성 기여

PART
04

• 다음 자료를 근거로 배부한 용지에 ○○분간 답안을 작성하여 주십시오.

• 발표문 작성 시 개인이 소장한 자료를 참고할 수 없습니다.

• 발표문 작성 후 별도의 면접장에 입실하여 발표하고, 면접위원 질의에 답변하여 주십시오.

【제시문 주제】 1인가구

2022년 우리나라 1인가구는 716만 5,788가구로 전체 가구 중 33.4%의 가장 높은 비율을 차지한다. 1인가구 비중은 2017년 24.4%(112.5만 명)에서 2022년 29.2%(154.3만 명)으로 증가하였다. 최근 개인의 독립된 생활을 선호하는 젊은 층이 늘어나면서 1인가구가 더욱 증가하게 되었다. 1인가구는 주거·식생활 등의 경제가 약하고, 범죄와 질병 등 비상시 대처능력이 떨어지며, 정서상으로는 고독문제가 발견되고 있다. 이에 따라 1인가구 증가에 따른 경제, 사회 시스템 구축을 위한 지역사회와 국가의 적극적인 노력이 요구된다.

⇒ 1인가구 증가에 따른 문제점 및 개선방안에 대해 발표하시오.

<제목: 1인가구 증가에 따른 문제, 해결방안>
□ 개요
○ 1인가구 증가
− 국내 1인가구 약 716만 명(전체 가구의 33.4%), ('17) 24.4% → ('22) 29.2%
□ 원인
○ 청년층: 나홀로족 부상(개인의 독립된 생활 선호, 여가활동), 취업난 장기화
○ 중장년층 '고령화': 만혼, 비혼, 황혼이혼, 사별 등 문제 및 경제적 문제(취약계층)
□ 문제점
− (사회관계망) 소통부족, 경제취약 등 사회적 단절문제 → 우울증, 고독사
− (안전) 건강문제 등 응급상황 시 도움을 요청할 가족 부재
− (생활안전) 범죄 등 위험상황 노출위험 향상 ⓔ스토킹 문제
□ 해결방안
1. 1인가구 정책협의체 구성 및 '1인가구 자유주제' 사업
− 민간전문가, 도·시·군·구 정책담당자 → 제도적 기반 마련
− 1인가구 자유주제 사업을 통해 지역별 1인가구 시민의견 청취
→ '서울시 안심이 앱' 1인가구 지원정책, 참여방법 서비스 실행
2. '소통·상담' 커뮤니티 확대를 통한 사회관계망 강화
− (중장년) '수다살롱', '(가칭) 시간화폐' 프로그램 육성: 퇴직교사, 수의사 등 품앗이
− (청년) 홀로서기 프로젝트: 물품 공유서비스, 취·창업 멘토링, 문화프로그램 조성
− (전 연령) '1인가구 상담헬퍼': '서울시 안심이 앱'을 통해 신청, 월 1회 제한
3. 찾아가는 생활안전
서울시 '반려견 순찰대' → 범죄 사각지대 및 생활·의료물품 제공을 통해 생활 및 안전문제
수시진단

• 다음 자료를 근거로 배부한 용지에 ○○분간 답안을 작성하여 주십시오.
• 발표문 작성 시 개인이 소장한 자료를 참고할 수 없습니다.
• 발표문 작성 후 별도의 면접장에 입실하여 발표하고, 면접위원 질의에 답변하여 주십시오.

【제시문 주제】 디지털 성범죄

'n번방 방지법(전기통신사업법 및 정보통신망법 개정안)'이 시행됐지만, 소셜 네트워크 서비스(SNS)와 포털사이트 등에 게시된 디지털 성범죄 게시물 10건 중 7건은 신고 후에도 삭제 등 후속조치가 이뤄지지 않은 것으로 나타났다.

29일 서울시에 따르면 시민 801명으로 구성된 '디지털 성범죄 시민감시단'은 지난해 7~10월 35개 온라인 플랫폼에서 디지털 성범죄 게시물 1만 6455건을 신고했다. 이 중 33.9%(5584건)만 삭제 등 조치가 이뤄졌을 뿐 나머지 66.1%(1만 871건)는 별다른 조치가 없었던 것으로 나타났다. 신고해도 달라지지 않은 것은 온라인 플랫폼별로 디지털 성범죄에 대한 정의가 상이하고, 신고된 게시물을 디지털 성범죄 게시물로 볼 것인지에 대한 기준이 불분명한 것이 원인으로 분석된다.

신고한 게시물이 조치되는 데까지 소요된 시간은 '7일 이상'이 42.5%(2374건)로 제일 많았다. '1일 이내'는 20.1%(1127건)에 불과했다. 복제·전파가 쉬운 디지털 성범죄 게시물 특성을 고려하면 빠른 처리가 필요해 보인다.

현재 서울시는 디지털 성범죄 예방을 위해 '디지털 성범죄 시민감시단' 및 '서울 디지털 성범죄 안심지원센터'를 통해 성범죄 피해자를 통합 지원하고 있지만, 피해자들이 지원기능의 존재 자체를 모른 채 유포영상의 삭제를 지원받지 못하는 경우가 많아 센터기능 홍보를 강화해야 한다는 지적이 나온다. 서울시 여성가족정책실장은 "디지털 성범죄 특성상 데이트폭력, 스토킹범죄 등과 복합적인 양상을 보이고, 범죄방식 역시 다양해지고 있어 피해예방과 피해자 지원을 위한 법률, 수사 등 다양한 협력체계 마련이 중요하다"고 말했다.

⇒ 서울시 내 디지털 성범죄 문제 예방을 위한 문제점과 개선방안에 대해 작성 후 발표하시오.

<제목: 서울시 내 디지털성범죄 문제점 및 개선방안 >

1. 현황 및 문제점

- (현황) 전기통신사업법 및 정보통신망법 개정안, 디지털 성범죄 글 삭제 ×(10개 중 7개)

- (문제점 1) 온라인 플랫폼별로 디지털 성범죄의 정의와 기준 불명확

- (문제점 2) 신고 게시물이 삭제되기까지 많은 시간 소요 → 복제·전파 막기 어려움

- (문제점 3) 성범죄 피해자들이 지원기능의 존재를 알지 못해 유포영상 삭제 지원받지 못함

2. 해결방안

(1) 제도적 측면

- 통합적 규율 가능한 법, 제도 마련 → 정의, 기준, 범죄양상 등 일의적 분류기준 확립

- 피해자가 신고 → 지원절차 → 사후관리까지 논스톱으로 해결하는 논스톱 프로세스

  (+ 동행안심상담사 1인이 처음부터 끝까지 동행 → 피해자의 심적 부담 완화)

- 협력체 구성(디지털 성범죄 시민감시단, 서울 디지털 성범죄 안심지원센터, 경찰수사, 법률기관)

- 피해자 본인이 아니어도 지인, 목격자가 신고할 수 있는 '익명신고 수리함' 운영

- AI기술을 통한 암호화 채팅방(예 텔레그렘, 오픈카톡방 등)의 사진·영상 검열시스템 강화

(2) 인식적 측면

- 서울시 정신건강 통합플랫폼 '블루터치'에서 종합적인 정신건강 진단 + 상담 + 자활

- '서울 디지털 성범죄 안심지원센터'의 지원기능을 적극적으로 홍보

  (온라인: 서울시 공식 홈페이지 팝업창, 챗봇 '서울톡' / 오프라인: 주민센터, 우체국 포스터)

- 디지털 성범죄 예방과 근절을 위한 '(가칭) 찾아가는 디지털 윤리교육' 시행

  (학생 대상: 서울시 '서울런', 전 시민 대상: 디지털 배움터)

3. 기대효과

서울시 내 디지털 성범죄 문제를 근절하고 올바른 디지털 사용문화 확산

03 공직조직

Q 공무원 지원율이 감소하는 원인에 대해 말하고, 그럼에도 공무원에 지원한 이유가 무엇인지?

<제목: 공무원 지원율 감소원인 및 공무원 지원동기>
가. 공무원 지원율 감소원인: 공무원 응시연령 대부분 MZ세대 → MZ세대 문화차이
1. 개념: 1981~2010년 출생(밀레니얼세대와 Z세대의 합성어)
2. 특징
(1) '우리'보다는 '나'(내가 관심 있고 내가 좋아하는 일을 찾음)
(2) 디지털 환경 익숙(인터넷을 통해 직종 간 비교 가능 예 공무원 처우 및 업무강도 등)
(3) 워라밸 문화(IT, 프리랜서처럼 자율적인 업종 증가 및 워라밸 문화 보장 희망)
나. 공무원 지원이유
1. 보건직 관심 계기

- 응급구조사에서 응급행정으로 이직 중 보건직의 업무 관심(시민건강 관리 → 응급의료)
  응급의료기금 관리업무 진행 중 상급기관과 의료기관의 다리 역할의 중요성 체감
  (보건소를 통한 재승인 → 보건소 주무관의 세심한 업무처리)

2. 응급실 행정직 재직 경험
- 방사선과 협업하여 응급구조사들도 측량계를 착용할 수 있도록 행정지원(타 병원 측량계 착용   하지 않음)
- 사전에 응급구조사들이 측량계 사용을 건의했지만 받아들여지지 않음
- 행정직 업무 외 역할이지만 관련 자료를 직접 찾아 건의
다. 마무리
응급구조사, 응급행정실 업무 등의 경험은 서울시 보건직으로서 시민건강 관리 외 응급의료체계 업무지원에 기여

04 경험형

Q 지원자의 좋은 습관, 나쁜 습관에 대해 말해 보시오.

<제목: 끈기와 유연한 사고로 민원 만족 향상 기여 >
1. 좋은 습관
○ 정의: 잘 모르거나 미숙한 부분을 완전히 숙지할 때까지 계속해서 공부하는 습관
○ 경험
– 주방보조 아르바이트 → 음식 메뉴가 많고, 포스기계와 배달어플 등 암기내용 다수
– 자진하여 30분 일찍 출근 → 음식조리 연습 및 기계사용법 숙지
(소스가 다양하여 헷갈리기 쉬우며, 사람이 몰리는 점심시간에 근무 → 빠른 숙지 필요)
○ 공직적용
– 공무원은 한 가지 업무만이 아닌 다양한 업무 수행(민원, 홍보, 신고·허가 등)
→ 민원응대 매뉴얼, 편람사례집·문답집, 다양한 신고·허가 업무과정 숙지 필요
– 배우고자 하는 자세는 업무수행능력 향상은 물론 성실성을 보일 수 있다고 생각
2. 나쁜 습관
○ 정의: 정해진 절차대로 일을 진행하려고 하는 습관
○ 경험
– 학회활동 → 기존 관행: 소수 프로그램으로 학회활동 구성
– 일부 학생들이 프로그램이 적다는 민원제기 → 기존 관행유지를 위해 반대표
– 비효율적 운영방식에 대한 불만 → 다수의 학회원 탈퇴
– 변화하는 환경 및 요구에 맞춰 유연한 사고를 할 필요성 체감
→ 이후 기존에 없던 대학생 연합합창 프로그램, 멘토링 봉사활동 프로그램 등 추진
3. 공직적용
– 민원처리 업무: 주민의 요구사항 정확하게 파악해야 함
→ 도움 요청 시 제도 확인 및 관련 규정이 없다면 개선방안* 모색(적극행정)
* 코로나19 프리랜서 지원금 확대지원

01　시정(현안·정책)

Q1 2022 화성시 외국인 증가로 발생하는 사회적 갈등을 해결할 방안에 대해 발표하시오.

> 올해 한국 인구는 전년 대비 약 9만 명 감소하였다. 저출산이 이어지고 있는 상황에서 코로나19의 대확산으로 사망자가 예년보다 늘어난 결과이다. 이에 따라 각 지방자치단체에서는 지방자치단체별로 외국인 비자를 유동적으로 적용하여 외국인 유입률을 증가시키는 다양한 방법을 모색하고 있다. 이에 대해 일각에서는 외국인이 증가했을 때 외국인 혐오 등 사회적 갈등이 나타날 수 있다며 대응책이 필요하다고 말한다. 화성시 외국인 증가로 발생하는 사회적 갈등을 해결할 방안에 대해 발표하시오.

◎ 응시지역: 경기도 화성시

1. 외국인 유입배경
   - 한국은 저출산 등의 문제로 인구감소가 두드러짐(전년 대비 약 9만 명 감소)
   - 국가경제 동력 확보의 어려움 초래, 고령층 대비 부양청년 인구비율 하락, 미래세대 부담
   - 지방자치단체에서 외국인 비자 유동적 적용 및 유입률 증가방안 모색
2. 화성시 현황 및 문제점
   - 현재 화성시 전체 인구 95만 명 중 63,000명이 외국인으로 구성
   - 동쪽(삼성전자를 중심으로 반도체 외국인 인력 다수), 서쪽(단순노동 외국인 다수)
   - 외국인 혐오(최근 관내 우즈베키스탄 노동자 → 동포 살해로 인한 부정적 인식 향상)
3. 화성시의 외국인정책
   - 외국인 주민지원체계 강화정책: 외국인 복지센터 운영(통역지원, 한국어 교육 및 노무, 인권, 출입국 상담지원 등 병행)
   - 문화더함공간 [서로] 운영: 외국인 주민들의 주체적 소모임 공동체 활성화 목적(국가별 명절행사, 문화행사, 자국영화 상영 행사지원)
4. 외국인 사회적 갈등 해결방안
   (1) 외국인에 대한 인식개선(막연한 외국인에 대한 편견 개선)
      - 화성시에 거주 중인 외국인의 역할, 화성시에의 기여도 등에 대한 공유 필요
      - 시민들 대상 집체교육은 쉽지 않으므로 카톡, 유튜브 등 홍보자료 제공
   (2) [서로]의 문화활동 확장 → 하나의 문화콘텐츠로 자리매김
      - 시민들이 행사에 참여하여 그들의 음식과 음악을 느끼고 이해하는 환경 구성. 이때 화성시 특산물도 동시 홍보
      - 서울의 이태원 세계음식 문화거리 → 그들의 문화를 화성시의 한 축으로 삼는 작업
   (3) 관광 Item 개발 및 홍보
      - 현재 화성시는 100만 특례시를 앞둔 상황 → 수원시처럼 관광특구 지정권한 이양 예상

- 정명근 시장님(화성시의 서쪽 '도농복합 + 관광지' 발전계획) → 관광 Item 필요
- 앞서 두 제안을 합하여 화성시만의 특색 있는 외국인 문화체험 관광 Item 개발 및 홍보
- 예 메타버스 시스템과 화성시 캐릭터 '코리오' 접목 → 관광프로그램을 코리오가 설명

02 일반시사

Q1 아래 내용을 참고하여 가짜뉴스의 문제점과 원인, 이에 따른 대응방안을 말해 보시오.

> 2016년 옥스포드사전은 세계의 단어로 '탈진실(post-truth)'을 선정하며, 탈진실화가 국지적 현상이 아닌 세계적으로 나타나는 시대의 특성이라고 진단했다. 탈진실의 시대가 시작된 것을 방증하기라도 하듯 '가짜뉴스'(Fake News)가 사회적 논란으로 떠올랐다.
> 최근 일본의 한 피겨스케이팅 스타가 한국에서 극단적 선택을 했다는 루머가 유튜브를 통해 확산되었으나, 사실이 아닌 것으로 밝혀졌다. 이렇듯 온라인 공간에서 유명인들의 불확실한 사생활 정보를 이용하여 가짜뉴스를 만들어 내는 유튜버들을 '사이버 렉카(cyber wrecker)'라고 부른다. 이들은 신뢰성이 있는 내용이 아니더라도 기존 언론보다 더 큰 영향력으로 시청층을 증가시키고 인기를 끌어 높은 수요를 낼 수 있기 때문에, 이러한 악의적인 활동을 반복하는 양상을 보인다.

◎ 응시지역: 경기도

> 제목: 가짜뉴스의 문제점과 원인, 그리고 해결책
> 1. 가짜뉴스
>   정치적·경제적 목적으로 뉴스 형식을 차용하여 만들어 낸 허위 및 거짓정보
>   예 작년 한강공원에서 실종된 대학생 손모씨 사건
> 2. 문제점
>   - 처벌규정 미비: 가짜뉴스라는 이유만으로 처벌 시 표현의 자유 위축 우려
>   - 가짜뉴스는 민주주의 사회의 위협으로 간주됨 예 선거
>   - 코로나19 괴담 → 우리 사회 전반의 신뢰도가 하락
> 3. 원인
>   - 언론매체의 대부분을 영리기업이 소유 → 공정성 손상
>   - 소셜미디어의 보급으로 빠르게 잘못된 정보를 확산시킬 수 있다는 문제점
>   - 인플루언서 현상: 무비판적 수용
> 4. 해결방안
>   (1) 팩트체크의 확대: 가짜뉴스와 사회적 심각성에 대한 인식이 증가할 것 → 인력과 시간의 제한 → 언론과 플랫폼, 공공영역의 협력 필요
>   - '사실은 이렇습니다' 공공 플랫폼 확대 및 홍보
>   - '글로벌팩트 10' 활용 → '경기도팩트 10' 행사 진행

(2) 가짜뉴스 식별법과 뉴스와 미디어의 특성 교육프로그램 제작
- '학교폭력 멈춰' 표어와 같은 강력한 문구를 통한 SNS 챌린지 홍보
→ 언론매체 및 포털관리자에게 가짜뉴스 확산에 대한 경각심 교육(도덕적 인식 함양)
- 교육청 연계 뉴스리터러쉬(진실된 뉴스를 고르는 능력) 교육 활성화
5. 마무리
국민의 알권리를 존중하되 도민이 올바른 정보를 함양할 수 있는 사회문화 형성 기여

Q2 1인가구 증가에 따른 문제점 및 개선방안에 대해 발표하시오.

2022년 우리나라 1인가구는 716만 5,788가구로 전체 가구 중 33.4%의 가장 많은 비율을 차지한다. 경기도의 경우 도내 전체 가구 중 1인가구 비중은 2017년 24.4%(112.5만 명)에서 2022년 29.2%(154.3만 명)로 증가하였다. 최근 개인의 독립된 생활을 선호하는 젊은 층이 늘어나면서 1인가구가 더욱 증가하게 되었다. 1인가구는 주거·식생활 등의 경제가 약하고, 범죄와 질병 등 비상시 대처능력이 떨어지며, 정서상으로는 고독문제가 발견되고 있다. 이에 따라 1인가구 증가에 따른 경제, 사회 시스템 구축을 위한 지역사회와 국가의 적극적인 노력이 요구된다.

◎ 응시지역: 경기도

제목: 1인가구 증가 따른 문제, 해결방안
□ 개요
　○ 1인가구 증가
　　- 국내 1인가구 약 716만 명(전체 가구의 33.4%),
　　- 경기도 1인가구 ('17) 24.4% → ('22) 29.2%

□ 원인
　○ 청년층: 나홀로족 트랜드 부상(개인의 독립된 생활 선호, 여가활동), 저성장 시대 취업난 장기화
　○ 중장년층 '고령화': 만혼, 비혼, 황혼이혼, 사별 등 문제 및 경제적 문제(취약계층)

□ 문제점
　- (사회관계망) 소통부족, 경제취약 등 사회적 단절문제 → 우울증, 고독사
　- (안전) 건강문제 등 응급상황 시 도움을 요청할 가족 부재
　- (생활안전) 범죄 등 위험상황 노출위험 향상 예 스토킹 문제

□ 해결방안
　1. 1인가구 정책협의체 구성 및 '1인가구 자유주제' 사업
　　- 민간전문가, 도·시·군·구 정책담당자 → 제도적 기반 마련
　　- 1인가구 자유주제 사업을 통해 지역별 1인가구 시민의견 청취
　　　→ 추진된 제도는 '(가칭) 경기e음' 어플리케이션: 1인가구 지원정책, 참여방법 서비스 실행

2. '소통·상담' 커뮤니티 확대를 통한 사회관계망 강화
   - (중장년) '수다살롱', '(가칭) 시간화폐' 프로그램 육성: 퇴직교사, 수의사 등 품앗이
   - (청년) 홀로서기 프로젝트: 물품 공유서비스, 취·창업 멘토링, 문화프로그램 조성
   - (전 연령) '1인가구 상담헬퍼': 경기e음을 통해 신청, 월 1회 제한
3. 찾아가는 생활안전
   서울시 '반려견 순찰대' 경기도 확대시행 → 범죄 사각지대 및 생활·의료물품 제공을 통해 생활 및 안전문제 수시진단

03 공직

Q1 2022 공무원 지원율이 감소하는 원인에 대해 말하고, 그럼에도 공무원에 지원한 이유가 무엇인지?
◎ 응시지역: 경기도

가. 공무원 지원율 감소원인: 공무원 응시연령 대부분 MZ세대 → MZ세대 문화 차이
   1. 개념: 1981~2010년 출생(밀레니얼세대와 Z세대의 합성어)
   2. 특징
   (1) '우리'보다는 '나'(내가 관심 있고 내가 좋아하는 일을 찾음)
   (2) 디지털 환경 익숙(인터넷을 통해 직종 간 비교 가능 예 공무원 처우 및 업무강도 등)
   (3) 워라밸 문화(IT, 프리랜서처럼 자율적인 업종 증가 및 워라밸 문화 보장 희망)
나. 공무원 지원이유
   1. 보건직 관심 계기
   - 응급구조사에서 응급행정으로 이직 중 보건직의 상세 업무 관심(시민건강관리 → 응급의료)
   - 응급의료기금 관리업무 진행 중 상급기관과 의료기관의 다리 역할의 중요성 체감(보건소를 통한 재승인 → 보건소 주무관의 세심한 업무처리)
   2. 응급실 행정직 재직 경험
   - 방사선과 협업하여 응급구조사들도 측량계를 착용할 수 있도록 행정지원(타 병원 측량계 착용하지 않음)
   - 사전에 응급구조사들이 측량계 사용을 건의했지만 받아들여지지 않음
   - 행정직 업무 외 역할이지만 관련 자료를 직접 찾아 건의
다. 마무리
   응급구조사, 응급행정실 업무 등의 경험은 경기도 보건직으로서 시민건강 관리 외 응급의료체계 업무지원에 기여

Q2 2022 미래세대에 이루어졌으면 하는 것들(꿈, 과학기술 등)을 자유롭게 발표하시오.

◎ 응시지역: 경기도

제목: 미래세대에게 필요한 식품정책

□ 알레르기 의무표시정책
1. 현황
   - 포장식품: 22개 품목의 가공식품 의무표시(2003년도 알레르기 유발물질 의무표시제)
   - 비포장식품: 어린이 기호식품 5가지(제과, 제빵, 피자, 햄버거, 아이스크림)를 100개 이상의 점포를 가진 가게에서 의무표시 시행
2. 필요성
   최근 알레르기 피해자의 약 30%가 비포장식품(외식) 때문에 발생. 아나필락시스의 경우 사망가능성 有
3. 활성화방안
   - 일반음식점과 배달음식점으로 의무표시정책 확대
   - 일반음식점 표시 필수화 및 알레르기 약 배치 → 미국, 유럽의 경우 배달음식점은 메뉴판, 영수증, 홈페이지, 배달앱에 표시

□ G드림카드정책
1. 현황
   - 어린이 급식시설 알레르기 의무표시 시행
   - 경기도 내 기초생활수급자 가정 18세 미만 아이들(일정 금액 사용한도로 지급)
2. 문제점: 가맹점 정보에 대한 낮은 접근성과 정확성
   - 가맹점 위치 직관적 파악 불가, 현재 위치에서 가까운 가맹점 확인 불가
   - 다수의 가맹점이 실제와 다른 주소와 상호지로 기재되어 있음
3. 해결방안
   - 지자체 공공데이터 활성화. 코로나19 - 공공데이터로 주변 약국 및 마스크 찾기
   - 정확성 향상을 위한 현장조사 관리감독관 파견

□ 식품리콜정책
1. 현황
   현재 식품안전나라, 행복드림 열린소비자포털 등 홈페이지에 공지
2. 필요성
   소비자가 매번 홈페이지를 방문하여 확인하지 않는 이상 자신의 제품이 리콜 대상인지 확인하기 어려움, 리콜 식품의 회수율은 20%에도 미치지 못함
3. 개선안안
   - 리콜 내역정보 접근을 쉽게 변경
   - 미국, 유럽처럼 리콜 발생 시 해당 판매업자, 영업자가 홈페이지나 오프라인 가게에 기재: 적극적인 위해상품 판매차단시스템 사용

04 경험

Q 지원자의 좋은 습관과 나쁜 습관에 대해 말해 보시오.

◎ 응시지역: 경기도

1. 좋은 습관
   ○ 정의
   잘 모르거나 미숙한 부분을 완전히 숙지할 때까지 계속해서 공부하는 습관
   ○ 경험
   주방보조 아르바이트를 할 때 음식메뉴가 많고, 포스기계와 배달어플 등 외울 사항이 많았음. 이에 자진하여 매일 30분 일찍 출근해서 음식조리를 연습하고, 기계사용법을 배웠음. 소스 종류가 다양하여 헷갈리기 쉬웠으며, 바쁜 점심시간 아르바이트였기 때문에 빠른 숙지가 필요했기 때문.
   ○ 공직적용
   - 공무원은 한 가지 업무만 담당하는 것이 아닌 다양한 업무 수행(민원, 홍보, 신고·허가 등)
     → 민원응대 매뉴얼, 편람사례집·문답집, 다양한 신고·허가 업무과정 숙지 필요
   - 배우고자 하는 자세는 업무수행능력 향상은 물론 성실성을 보일 수 있다고 생각
2. 나쁜 습관
   ○ 정의
   정해진 절차대로 일을 진행하려고 하는 습관
   ○ 경험
   학회에 들어갔을 때 과거부터 관행처럼 유지된 소수의 프로그램으로 구성되어 있었음. 몇몇이 프로그램이 적다고 이의를 제기했지만 저는 기존 관행을 유지하는 것이 맞다고 생각하여 투표 때 반대표를 던졌음. 하는 활동이 많지 않다고 생각하여 다수의 학회원들이 탈퇴
   → 무조건 절차대로 하는 것이 옳은 것이 아니고, 변화하는 환경에 맞춰 유연한 사고를 갖는 것이 중요함을 알게 됨. 다음 해 동아리 임원단이 되었을 때 깨달은 점을 바탕으로 기존에 없던 대학생 연합합창 프로그램, 멘토링 봉사활동 등을 추진하여 다양함을 모색함
   ○ 공직적용
   - 민원처리팀의 업무: 주민들의 요구사항 및 현재 상황을 정확하게 이해해야 함
   - 도움이 필요한 상황에서 관련 제도가 없을 경우, 없다고 그치지 않고 개선방안 모색(129 복지 콜센터, 지자체 콜센터 연결 후 현장문제 확인, 제도의 실행화 고려)
     예 코로나19 초기 지원금 4대 보험 직장인에게만 적용 But 문화예술인과 학원강사 등 프리랜서 지원금 지원확대 지원

04 [발표 & 질의] 발표법·후속질문 패턴

▌POINT 01 발표법 & 스크립트

01 발표법

소개	[인사 및 발표시작] "지금부터 5분·3분스피치를 시작하겠습니다."
제목· 발표 순서	[발표제목] "발표제목은 ○○입니다." [발표순서] "발표는 ○○순으로 말씀드리겠습니다."
발표 진행	[작성한 목차 순으로 발표진행] • 배경 　- "개요 및 배경을 말씀드리겠습니다." 　- "○○이란 (개념) / ○○사건을 통해 ⋯ 중요성이 강조되고 있습니다." [배경] • 현황: "최근 ○○도·시의 ○○추이를 보면 ⋯ 합니다." [현황] • 문제점 및 해결(개선)방안 　- "다음으로 문제점 2가지를 말씀드리겠습니다." [문제점] 　　"첫째, ⋯ 입니다." 　　"둘째, ⋯ 입니다." 　　"문제에 대한 개선방안 2가지를 말씀드리겠습니다." [해결방안] 　　"첫째, ⋯ 입니다." 　　"둘째, ⋯ 입니다. • 마무리(다짐, 기대효과 및 실천계획) 　- "이와 관련해서 ⋯ 한 공직생활을 이어나가겠습니다." [다짐] 　- "⋯ 한 효과가 예상됩니다." [기대효과] 　- "○○○을 ⋯ 하게 실천해 나가겠습니다." [실천계획] • 마무리인사: "이상으로 5분 발표를 마치겠습니다."

02 스크립트

발표를 시작하겠습니다.

발표주제는 노후된 상수도관으로 인한 사회적 문제와 해결방안입니다.

노후된 상수도관으로 인해 적수발생, 지반침하 등의 문제가 발생할 수 있어 심각성을 인식하고 해결방안을
모색해 보았습니다.

발표순서는 1. 현황과 배경, 2. 문제점 및 원인분석 3. 해결방안 및 기대효과 마지막으로 결론입니다.

1. 현황과 배경입니다. 크게 2가지로 말씀드리겠습니다.

첫째, 서울시 문래동, 인천 서구 등의 지역에서 적수현상 발생으로 인해 많은 시민들에게 피해가 발생하였습니다. 지난 3월부터 문래동에 이와 관련된 민원이 있었으나 반영되지 않았고, 이렇게 큰 피해가 발생하게 되었습니다.

둘째, 그로 인해 피해 발생지역 주변 학교에서 급식이 중단되고, 아리수·급수차 등을 동원하여 식수를 공급하였으며, 아토피같은 피부질환 문제로 시민들의 불편함을 야기하였습니다.

2. 문제점 및 원인분석입니다. 크게 2가지로 분석해 보았습니다.

첫째, 가장 큰 문제점인 내구연한이 지난 노후관 사용입니다.

○○시의 경우 노후배관과 관할지역의 퇴적물이 수질변동을 유발하는 교란요인으로 작용하여 혼탁수가 발생하게 되어 적수현상이 일어나게 되었습니다. 또한 노후 하수관로의 경우에는 땅꺼짐현상의 원인이 될 수 있으므로 더 큰 문제가 발생할 수 있습니다.

둘째, 직원들의 초기대응 미흡 및 업무숙지가 부족했던 점이 있습니다.

매뉴얼절차에 따라 업무가 진행되지 않았고, 심지어 탁도계가 꺼져 있었다고 합니다. 이렇게 사고 초기에 적절한 대처가 이뤄지지 않아 고탁수 수치의 물이 계속 공급되어 많은 시민들이 피해를 입게 되었습니다.

3. 이에 대한 해결방안 및 기대효과입니다.

첫째, 내구연한이 지난 노후 상수도관으로 인한 문제해결방안으로 적수사태의 근본적인 문제인 노후 상수도관을 교체해야 합니다.

○○시는 2022년까지 교체하기로 하였던 상수도관을 빠르면 내년을 목표로 교체 중이며 약 98%가 교체되었다고 합니다. 시에서 철저하게 수돗물을 공급하더라도 가정에서 보유하고 있는 배수지 등에 의하여 오염이 되는 경우도 있습니다. 이를 대비하기 위해 저수조를 없애고, 직결급수사업을 추진하여 유지·보수비용을 저감할 수 있으며, 더욱 안전한 수돗물을 공급할 수 있습니다.

둘째, 직원들의 초기대응 미흡 및 업무숙지 부족을 위한 해결방안으로서 업무 관련 매뉴얼을 재정비하고 물기술 산업개발에 힘써야 합니다.

사고상황 관련하여 적어도 연 1회 이상 불시훈련 등을 실시하고, 매뉴얼을 재·개정하여 발생할 상황을 대비하는 자세가 필요합니다. 또한 관할지역에 대한 전수조사를 실시하고, 빅데이터 분석을 통해 수질 취약구역을 확인하여 선제적으로 대응해야 합니다. 수돗물 수질을 24시간 모니터링하여 수질 신뢰도 향상에 기여할 수 있으며, 훈련 등의 과정에서 퇴직공무원 등 민간전문가를 모집하여 일자리 창출효과도 기대할 수 있습니다.

마지막으로 결론입니다.

제가 환경연구사가 된다면 위 해결방안 외에도, 초소형 내시경카메라 등을 사용하여 주기적인 상하수도관 점검을 통해 사전예방에 힘써 서울시민을 위한 깨끗한 수돗물을 만들도록 노력하겠습니다. 이상으로 발표를 마치겠습니다. 감사합니다.

POINT 02 | 5분·3분스피치 후속질문 패턴

01 제시문 관련 후속질문

필요성	• 플랫폼을 제재해야 하는 필요성은? • 메타버스가 필요한 이유
기능	• 메타버스의 장단점은? • 메타버스의 순기능과 역기능 • 유기동물 안락사의 장점 및 문제점
개념 및 특징	• 메타버스의 개념 • 식중독 종류 • 메타버스와 가상현실 / VR / AR의 차이 • 기존 돌봄센터와 돌봄후견인제도의 차이점은?

02 발표문 관련 후속질문

체크**포인트**

> 출제빈도
> 근거제시 > 경험·사례 및 업무적용 > 관리방안
> ① [근거제시] 판단기준 > 내용확인 > 2차 문제 > 효과 및 장애요인
> ② [경험·사례 및 업무적용] 경험·사례 > 업무적용
> ③ [관리방안] 내부 자원관리 > 내부 홍보관리 > 외부설득·갈등관리

1. 문제점

근거제시 (원인·이유)	• 정보를 가진 업체들이 공유가 안되는 이유는 무엇이라고 생각하는지? • 지금까지 돌봄서비스 문제가 증가한 근본적인 원인은 무엇이라고 생각하는지? • 사회적 고립문제의 원인이 코로나뿐인지?(그것 말고 없는지?) • 사회적 고립문제가 발생한 원인 • 기존 제도가 효용성이 없는 이유 • 플랫폼노동자들이 권익을 인정받지 못하는 이유에 대해 생각해 봤는지?

2. 해결(개선)방안

① 근거제시

판단기준 (우선순위)	• 서울시에서 ○○을 가장 잘 활용할 수 있는 분야 • 사회적 고립의 1인가구 중 어느 연령부터 해결해야 한다고 생각하는지? • 자발적 고립과 비자발적 고립 중 무엇이 더 문제라고 생각하는지? • 여러 가지 해결책을 제시했는데, 이 중에서 시급하게 해결해야 할 우선순위는? • 여러 분야를 작성했는데, 입직 후 가장 해 보고 싶은 분야 • 지원자가 작성한 해결책 중 한 가지 정책을 실행한다면 어떤 정책을 실행할 것인지? • 작성한 내용 중 단기적으로 실시해야 하는 것과 장기적으로 실시해야 하는 것을 나눈다면? • 해결책 중 가장 효과적인 대안책은? 그 이유는? • 법규제도의 필요성
근거제시 (이유, 방안)	• 지원자가 제시한 해결책을 서울시에서 굳이 해야 하는 이유는 무엇인지? • 기존 상인들의 폐업률이 높은데 그럼에도 청년들을 지원해야 하는 이유 • 지원자가 제시한 청년몰 홍보만으로 전통시장 활성화 문제를 해결할 수 있는지? • 자격증을 만든다고 했는데, 자격증에는 어떤 내용이 들어가야 하나? • 메타버스 인식 확산문제를 위한 서울시의 역할 및 해야 할 일은? • 디지털 사각지대 해소를 해야 한다고 했는데, 현재 서울시에서 노력하는 점 아는지? • 인식교육을 구체적으로 어떻게 할 것인지? • 사회적 고립 예방방안으로 실업문제를 해결한다고 했는데, 구체적으로 어떻게 해결 가능한지? • 고립된 사람을 이끄는 구체적인 방법 • 지원자가 데이터 수집을 한다고 했는데, 어떻게 수집하고 어떤방식으로 실행할 것인지? • 어플을 사용한다고 했는데, 구체적으로 어떤 어플을 말하는 건지? • 청년층의 소셜 참여를 활성화시키는 방법을 구체적으로 말해 보아라. • 1인가구 지원을 많이 하는 자치구는 어디인지?
2차 문제	[추가문제] • 청년층의 사회적 고립 외 40~50대의 고립문제는 어떻게 해결해야 하는지? • 메타버스 해결을 해도 노인분들이 활용을 못하는 경우가 많다. 어떻게 해야 할까? • 플랫폼 규제가 자유로운 이윤추구와 기업성장을 막는 것은 아닌지? • 사회적 고립문제의 원인이 코로나뿐인지?(그것 말고 없는지?) [추가대안책] • 인구밀집도 해소방안이 잘 진행되지 않는다면? • 인식개선프로그램 진행 시 2차 피해 발생문제를 어떻게 해결할 것인지? • 부정수급 신고는 기업보다 국민신고를 하는 게 더 낫지 않나? • 지원자의 전공과 관련해서 생각해 본 아이디어는 없는지?
기대효과 장애요인	• 지원자가 작성한 해결방안이 어떤 이유에서 효과가 있을 것이라고 생각하는지? • 작성한 대책을 통해 얻을 수 있는 효과는? • 지원자가 제시한 해결책을 실행할 경우 생길 수 있는 문제(파생문제) • 컨트롤타워를 만들 때 가장 큰 어려움은 무엇이라고 생각하는지? • 미혼모·미혼부의 사회적 차별 및 낙인에 대해 해결할 방안은? • 지원자가 제시한 돌봄후견인제도를 도입할 경우 처우개선은 어떻게 해야 하는지?

② 경험·사례 및 업무적용

경험·사례	• 메타버스 활용안을 작성했는데, 메타버스 경험 있는지? • 플랫폼 기업의 부작용 사례를 본 적이 있는지? • 플랫폼 경제가 소비자에게 부정적인 영향을 끼친 구체적 사례에 대해 말하라.
업무적용	• 메타버스를 ○○직렬에 어떻게 활용(적용)할 수 있는지? • 메타버스 시행 시 기술적인 부분에서 유의사항 [기술]

③ 관리방안

내부	
자원관리	[시적·물적(예산 포함)·인적 등] • 작성한 해결방안은 예산이 많이 드는데, 예산문제 어떻게 해결할 것인지? • 전문인력을 양성한다고 했는데, 어떻게 확보할 것인지? • 신규인력을 새로 양성하는 것도 좋지만, 기존인력을 전환하는 방법도 있을 텐데 어떻게 생각하는지? • 지원자의 대응방안을 집행하기 위한 예산은 어떻게 확보할 것인지? • 편의시설을 다른 지역에 옮긴다고 했는데, 생각보다 비용이 많이 든다면? • B업체로 선정했는데, 처음 기획했던 것보다 공사비용이 추가되었다면 어떻게 할 것인가?
성과관리	[피드백·인센티브·패널티 등] 개선대책의 진행 여부는 어떤 식으로 확인할 것인지?
홍보관리	[홍보방법·홍보수단 등] • 지원자가 작성한 해결책의 홍보방안 • 코로나 상황에서 메타버스를 이용한 홍보는 어떤 식으로 해야 할지? • 홍보대상은 누구인지? 구체적으로 어떤 방식으로 홍보할 것인지? • 홍보수단은 무엇이 있나?

외부	
설득·갈등관리	[이해관계자·시민·타 지역 등] • 지원자가 제시한 해결안을 상인들이 탐탁지 않아 한다면?(여전히 설득이 안 된다면?) • 개인정보 제공에 반대하는 국민이 많을 텐데 어떻게 설득할 것인지? • 개인정보 유출방지를 위해 국민들을 어떻게 설득할 것인지? • 지원금을 늘리면 예산의 문제가 생기는데, 예산담당공무원을 어떤 방식으로 설득할 것인지? • 정책에 대한 해결책으로 업종별 매출액 규모를 언급했는데, 차등을 둘 경우 형평성 논란이 있다. 어떻게 해결할 것인지? • 제안한 내용은 현장에서 여러 단체의 갈등이 생길 수 있다. 그럼에도 고용지원제도 확대의 필요성을 느끼는가?
협조방안	• 청년과 상인의 문제를 어떻게 협업해야 하는지? • 부정수급 관련하여 개인정보 서비스는 협조를 구해야 한다. 어떻게 협조를 얻겠는가? • 예산 감소방안으로 지자체와 협력하여 사회보험료 부담을 감소시킨다고 했는데, 협력 시 고려사항은? • 교육의 협조를 어떻게 할 것인지?

memo

독서발표 [충남]

POINT 01 독서발표

01 개요

1. 독서발표

독서발표는 충청남도 지방직 채용에서만 진행되며 면접 전 독서 소양능력 평가를 위해 지정도서를 읽고 사전에 미리 발표문을 준비하는 것이다. 필기시험 합격자 발표 후 면접 시행계획 공고에서 지정도서 3권을 확인할 수 있으며, 지원자는 3권 중 1권을 선택하여 책을 읽고 발표를 미리 준비하면 된다. 발표주제가 사전에 미리 제시되어 있는 만큼 지원자는 책 내용을 꼼꼼하게 검토해야 하며, 발표 분량은 3분 30초에서 4분 사이(5분 이내)로 준비해야 한다.

"한 장의 독서감상문"

누구나 학창시절 독서감상문(독후감)을 써본 경험은 한 번쯤 있을 것이다. 독서발표는 독서감상문, 독서평의 형태와 유사한 발표라고 생각하면 된다. 독서발표의 장점을 꼽자면 다른 지역의 5분스피치 및 3분스피치와 달리 사전에 발표를 위한 지정도서가 제시되기 때문에 발표에 대한 두려움이 큰 지원자들에게는 충분히 연습할 시간이 주어진다는 것이다. 반대로 단점은 발표에 대한 후속질문이 꽤 많이 나온다는 것이다. 최근 후속질문은 줄어든 편이지만 지정도서가 사전에 제시되는 만큼 '책을 선택한 이유', '책에서 배운 점', '공직활용방안' 등 도서와 충청남도에 관련한 구체적인 질문을 받게 된다. 따라서 지원자는 책을 읽고 발표를 준비하는 것에 그치지 말고, 자신이 준비한 발표문에 대한 후속질문도 함께 준비해야 한다.

① 충청남도 독서발표

발표시간	5분: 수험생은 3분 30초~4분에 맞춰 발표준비
독서발표	•특징 – 사전에 제시된 도서 3권 중 1권의 발표문을 준비한다(암기 필수). – 지원자가 준비한 발표문은 면접관에게 별도로 제출하지 않는다. – 면접 당일 암기한 내용을 3분 30초~4분가량 발표한다.

② 독서발표 vs 5분스피치

구분	독서발표	5분 스피치
발표주제	사전제시(도서)	면접 당일 제시(시정 등)
발표방식	암기발표	발표문 보며 발표

2. 직무수행계획서 발표

직무수행계획서 발표란 **충청남도 지방직 7급, 연구사 및 지도사 직렬 채용에 한하여 진행되는 면접유형**이다. 지원자가 사전에 제출한 직무수행계획서를 기반으로 3분가량 발표를 진행하며, 면접 당일 지원자가 발표한 내용에 대한 후속질문을 받게 된다.

02 독서발표 진행절차

지정도서 3권 안내
• 충청남도 지방직 면접 시행계획 공고문에서 지정도서 3권을 미리 안내

독서발표 준비
• 지원자는 지정도서 3권 중 1권을 선택하여 면접 전까지 완독한 후 독서발표를 준비 • 발표문은 제출하지 않으며, 면접 당일까지 암기 필수

대면면접
• 면접 당일 대면면접 시작 전 독서발표 먼저 진행 • 독서발표 후 이에 대한 후속질문과 대면면접 진행 • 면접관에 따라 후속질문이 없는 경우도 있지만, 독서발표 후 3~4개의 후속질문 진행

03 지정도서 목록(2022년)

지정도서는 매년 달라지므로 반드시 해당 면접시험의 공고문을 확인해야 한다.

1. 제1회(간호·속기·수의직)

NO	도서명	출판사	저자
1	대한민국 인구 트렌드 2022~2027	블랙피쉬	전영수
2	동물은 어떻게 슬퍼하는가	서해문집	바버라 J. 킹
3	마음의 법칙	포레스트북스	폴커 키츠, 마누엘 투쉬

2. 제2회(간호·속기·수의직 이외의 직렬)

NO	도서명	출판사	저자
1	최재붕의 메타버스 이야기	북인어박스	최재붕
2	무엇이 옳은가	세계사	후안 엔리케스
3	심리학이 불안에 답하다	미디어숲	황양밍, 장린린

3. 제3·4회(7급 행정, 연구사·지도사, 9급 공업·시설·농업·해양수산직)

NO	도서명	출판사	저자
1	40일간의 산업일주	어바웃어북	남혁진
2	한국인 이야기: 너 어떻게 살래	파람북	이어령
3	심리학이 분노에 답하다	미디어숲	충페이충

※ 본인이 읽은 도서(1권)에 대한 독서발표 및 관련 내용을 토대로 한 면접질문 있음
※ 도서목록 및 독서감상문은 별도로 제출하지 않음

CHAPTER 02

[작성법] 독서발표 작성전략 및 우수사례

POINT 01 3단계 작성전략

01 3단계 작성준비

1단계: 책 선정

[책 선정의 기준]
독서발표는 3권의 지정도서 중 한 권을 선택하여 책을 읽고 발표하는 면접이다. 3권 중 끌리는 1권을 선택해도 무방하나, 발표 시 인상적인 내용이 공직에 필요한 이유를 중심으로 풀어 나가야 하므로, 책을 고를 때 공직이나 직무와 관련성이 높은 책을 선정하는 것이 좋다.

▼

2단계: 책 리딩

[인상적인 내용]
• 공직: 공직자 혹은 조직구성원으로서 갖춰야 할 태도
• 직무: 직무수행에 있어 도움이 되는 부분
→ 책을 읽으며 인상적인 내용이 무엇인지 살펴본다.

▼

3단계: 발표문 작성

3분 30초~4분 정도 분량의 발표문을 작성한 후 암기하도록 한다.

02 독서발표 구조화

제목 → 주제문의 요지 및 핵심내용이 드러나도록 한다.
1. 도입
① 3권 중에서 해당 도서를 선정한 이유 예 공직자로서 사회현상에 대한 이해 필요 등
② 개요: 줄거리
2. 전개
① 전개 1: 인상적인 내용+사례 / 필요성
② 전개 2: 인상적인 내용+사례 / 필요성
③ 전개 3: 인상적인 내용+사례 / 필요성
3. 의견 및 마무리
① 의견: 느낀 점 혹은 아쉬웠던 점
② 마무리: 공무원으로서의 다짐, 향후 목표, 적용방안

03 독서발표 해설

제가 선택한 책은 〈펭수의 시대〉입니다. 이 책을 선택한 이유는 책을 통해 젠더 뉴트럴, 환경과 기후변화, 꼰대와 이로 인한 세대갈등 등 한국 사회가 직면한 쟁점이자 사회문화적 트렌드를 분석할 수 있기 때문입니다.

→ [책 선정이유] 한국사회의 쟁점 및 트렌드 분석 용이

〈펭수의 시대〉는 이제까지의 펭수 세계관은 어떻게 형성되었으며, 앞으로 펭수가 대한민국 사회에 어떠한 영향을 줄 것인지를 트렌드 인사이트의 관점에서 분석하고, 여기서 한발 더 나아가 펭수 신드롬이 일시적인 트렌드를 넘어 문화 그 자체로 자리 잡아 가기 위해서는 어떻게 해야 하는지를 제시하고 있습니다.

→ [개요] 책의 줄거리

책의 내용 중 흥미를 끄는 대목은 '꼰대와 세대갈등' 부분이었습니다. 저자는 꼰대문제가 비단 직장에 국한된 것이 아니라 우리 사회 구성원 전체적으로 겪고 있는 공통이슈라고 하면서 한국 사회가 나이

로 서열과 권력을 구분하는 사회라는 것에 대해 비판합니다. 그러면서 적어도 일할 때만큼은 위아래의 개념 없이 모두가 수평적이어야 더 좋은 답을 찾는 데 효과적이라는 의견을 제시하기도 합니다.

최근 충청남도 일부 시·군은 '혁신주니어보드'를 출범하였습니다. 이는 입문 5년 차 이하 공무원 20명으로 구성되어 조직의 문제점과 개선방안에 대해 자유롭게 토론하고, 조직문화 개선 또는 시정발전을 위한 아이디어를 제안하는 의사결정기구입니다. 시민들에게 고품질의 행정서비스를 제공하기 위해서는 공직자의 목소리에 귀를 귀울이고 소통할 때 건강한 조직문화가 형성되고, 질 높은 행정서비스가 실현될 수 있다고 생각합니다.

→ [인상적인 부분 1] 나이로 서열과 권력을 구분하는 꼰대문화 및 수평적인 문화의 중요성 + 충청남도 사례(수평적인 문화를 만들기 위한 시의 노력)

또 한 가지, 저의 눈길을 끌었던 부분은 바로 '환경과 기후변화' 부분이었습니다. 저자는 Z세대이자 지금의 10대가 가장 민감하게 받아들이는 것 중 하나가 기후변화문제라며, 이들은 환경과 기후변화 문제를 일으켜 놓고 책임감 없이 다음 세대에 떠넘기는 기성시대에 저항하고 있다고 말했습니다. 최근 보령시에서는 자동차의 대기오염물질 배출량을 낮춰 쾌적한 대기환경을 조성하기 위해 노후 경유차 조기폐차 및 LPG 화물차 신차구입 지원사업을 추진한다는 내용의 뉴스를 본 적이 있습니다. 미래세대에게 좋은 환경조건을 조성해 주기 위한 노력이라고 생각하니 저 또한 시민의 한 사람으로서 큰 감동을 받았습니다.

PART
05

→ [인상적인 부분 2] 환경과 기후변화 문제에 민감한 Z세대와 10대 + 충청남도 보령시 사례(환경보호를 위해 노력하는 시의 사례)

이 책을 읽으면서 우리 사회가 가진 불평등, 환경, 윤리, 젠더와 각종 차별의 문제는 아직도 심각하다는 사실을 깨달았고, 사회복지직 공무원이 된다면 이러한 문제로 인해 도움이 필요한 분들에게 차별 없는 복지서비스를 제공하고 싶다는 생각을 했습니다. 또한 이슬예나 PD를 비롯해 20~30대가 주축을 이룬 〈자이언트 펭TV〉 제작진이 펭수 캐릭터로 위기의 EBS를 구했듯이, 코로나 사태로 인해 움츠러든 지역정세가 바뀔 수 있도록 지역에 도움이 될 수 있는 창의적인 아이디어를 많이 생각하고 고민해 봐야겠다는 마음도 가져 보았습니다.

→ [의견] 사회복지직 공무원으로서 느낀 점

마지막으로 책을 읽으면서 한 가지 아쉬웠던 점은, 꼰대와 관련된 내용에서 기성세대의 단점만 부각시켰을 뿐 그들에게서 배울 점에 대한 내용은 부족했다는 것입니다. 저는 기성세대의 연륜에서 묻어나오는 지혜 또한 있다고 생각하며, 이는 충분히 존중받아야 마땅하다고 생각합니다.

꼰대문제에 대한 비판은 하되, '세대가 문제가 아니라 시대가 문제였다'는 책의 문구처럼 서로의 시대를 존중하며 조금 더 넓은 마음으로 이해하고, 소통의 기회를 넓혀 갔으면 좋겠습니다.

→ [의견] 아쉬운 점 및 마무리

01 CASE ①

제가 선택한 책은 〈지브리의 천재들〉입니다. 이 책을 선택한 이유는 녹지직 공무원의 일원으로서 가져야 할 자세와 조직적인 작업에 따른 문제의 극복과정 등을 배울 수 있다고 생각했기 때문입니다. 〈지브리의 천재들〉은 스즈키 도시오와 미야자키 하야오의 만남을 통해 시작된 애니메이션의 제작 도중 일어난 문제, 시대의 변화에 대응하는 방법과 애니메이션을 성공시키기 위한 홍보과정 등의 내용을 담고 있습니다.

책의 내용 중에 흥미를 끄는 대목은 〈추억은 방울방울〉의 제작과정이었습니다. 미야자키는 영화의 배경을 오가 가즈오의 고향 근처로 설정하여 오가가 멋진 그림을 마음껏 그릴 수 있도록 배려했습니다. 저자의 설명에 따르면 풍경을 그릴 때에는 나고 자란 고향의 영향을 많이 받기 때문입니다.

당진시는 2016년부터 작년까지 산림사업에서 발생한 임목을 땔감으로 만들어 추위에 시달리는 취약계층 10가구에게 전달했습니다. 산림사업을 실행하면서 발생하는 임목의 부산물을 필요한 사람에게 연료로 나눠준다는 창의적인 발상으로 취약계층을 배려하는 모습에 임학 전공자로서 큰 감동을 받았습니다.

또 한 가지, 저의 눈길을 끌었던 부분은 〈벼랑 위의 포뇨〉의 제작과정이었습니다. 저자는 미야자키가 어머니에 대한 그리움으로 인해 특정 파트의 콘티를 길게 그린 것을 보았고, 이대로 가면 영화의 균형이 깨진다고 판단하여 그에게 해당 콘티작업의 중단을 요청했습니다. 미야자키는 이에 동의하여 콘티를 수정했고, 이를 통해 저자는 방향성이 어긋난다고 판단되면 거침없이 의견을 말하는 것이 중요하다고 강조했습니다.

산림녹지과의 올바른 업무적 방향 중 하나는 산불 예방 · 방지 역할을 하는 것입니다. 이를 위해 산불방지 시 시골에서 농업 부산물을 태우는 노인들이 많아 녹지직 공무원은 이들을 설득해야 하는 것으로 알고 있습니다. 산불이라는 재해를 방지한다는 측면에서 노인분들을 과감히 설득한다면 이로 인한 산불을 예방할 수 있을 것이라 생각합니다.

책의 제목만 보면 단순히 지브리의 천재들이 얼마나 뛰어난지를 소개하는 것으로 보이겠지만, 사실이 책은 천재뿐만 아니라 사회인이 가져야 할 기본소양을 보여 줍니다. 저는 이 책을 읽으면서 영화를 한 편 만들 때에도 조직적인 계획과 홍보가 필요하고, 남을 배려하는 자세와 방향이 어긋난 사람들을 설득하는 것이 매우 중요하다는 것을 깨달았습니다. 특히 남을 배려하는 자세와 필요에 따라 사람을 설득하는 능력 등은 어떤 일을 하더라도 사회인의 필수소양이며, 이를 공무원 집단에도 적용할 수 있다고 생각합니다.

녹지직 공무원은 기술적인 업무뿐만 아니라 녹지시설 이용자, 산지 주변의 농민, 산주 등과 끊임없이 대화해야 합니다. 저는 산림을 사랑하는 녹지직 공무원으로서 맡은 계획을 성실히 수행하고 남들을 배려하며 시민들을 설득할 수 있도록 최선을 다하겠습니다.

CASE ②

저는 황투시안의 〈모든 관계는 나에게 달려 있다〉라는 책을 선정하게 되었습니다. 앞으로 건축직 업무를 수행하며 맞게 될 여러 이해관계 속에서 유발되는 갈등과, 사업을 진행하여 다른 기관 및 부서로부터 협력을 요구해야 하는 상황 속에서 좋은 관계를 이끌어 내는 방법을 배우고 싶어 이 책을 선정하게 되었습니다.

저는 이 책을 통해 관계에 대한 2가지를 배울 수 있었습니다.

첫 번째는 다른 사람의 삶을 조정하면 안 된다는 것입니다. 모든 사람들은 착한 마음을 가지고 상대를 위한다는 이유로 상대방에게 통제를 가하려 합니다. 하지만 통제와 조정은 구분되어야 합니다. 통제는 다른 사람들의 자유를 침해하지 않는 범위에서 모든 사람들이 일정 자유를 보장받을 수 있는 규칙을 선정하는 것이지만, 조정은 개인의 뜻대로 상대방을 행동하게 만들기 위해 힘을 가하는 것이기 때문입니다.

사람들이 통제를 가하려는 근본적인 원인에는 자신도 모르는 사이에 자기 자신에 대한 안전을 추구하고자 하는 자세가 숨어 있습니다. 때문에 상대방을 위한다는 것은 상대방을 조정하는 것에 해당하므로, 결국 상대의 고통의 원인이 된다고 작가는 말하고 있습니다. 최근에 태안군에서는 도시재생 활성화 계획수립을 위해 주민공청회를 실시하여 주민들의 다양한 의견을 수렴하였습니다. 이는 주민들에게 사업을 강요하여 통제하는 대신, 주민들과 의견을 나누며 개선하려는 노력이 반영된 행정이라고 생각합니다. 공무원은 공익을 추구하고 실현하는 자임을 인식하고, 진행하는 업무가 통제인지 조정인지를 판단하여 중립적인 자세를 유지하려는 적극적인 행정을 실시해야 한다고 생각하였습니다.

두 번째는 자신에 대해 인정할 줄 알아야 한다는 것입니다. 책에서 타인과의 소통이 어려운 이유는 자신이 옳다는 것을 증명하기 위해 상대방을 부정하기 때문입니다. 이를 통해 나를 둘러싼 관계와 상황들을 되돌아보니 나를 인정하고 바꾸는 것만으로 해결되는 문제들이 많다는 것을 느끼게 되었습니다. 앞으로 태안군에서는 '신해양 광개토사업'을 진행하며 많은 갈등과 협업을 요구하는 상황이 발생할 것으로 생각합니다. 이때 저는 이 책에서 배웠던 자세들을 통해 해당 사업을 성공적으로 진행할 수 있도록 노력해 나가겠습니다.

CASE ③

제가 선택한 책은 〈꿈꾸는 구둣방〉입니다.

이 책은 청각장애인들이 자립할 수 1있는 일자리를 만들고, 소수자에 대한 사회적 편견을 깨기 위한 과정을 다룬 책입니다.

공직가치 중 하나는 '다양성'입니다. 다양성이란 다양한 사고와 문화를 존중하는 태도를 의미하는데, 사회적 약자, 소수자인 장애인들을 위한 사회적 기반시설이 마련되어 있지 않아 공직자로서 사회적 문제를 개선하는 데 도움이 될 수 있는 책이기에 읽게 되었습니다.

다음으로 책의 인상적인 점을 3가지 측면에서 말씀드리겠습니다.

작가는 기업을 운영하면서 여러 가지 문제가 있었습니다. 그중 하나는 의사소통의 오류였습니다. 구두제작을 가르치는 장인과 청각장애인들인 직원들 사이에서 구두 제작방법에 대한 의사소통의 부재로 많은 갈등이 있었습니다. 이에 수어통역사를 고용해 상충되는 말을 들어 주고 객관적으로 갈등을 해결하려 했습니다.

현재 당진시에서는 찾아가는 보건복지 서비스사업을 하고 있습니다. 타 부서 간의 협력이 크게 중요한 사업인 만큼 의견이 서로 상충될 때 중간관리자로서 갈등을 중재하는 역할을 해야 함을 책을 통해 알게 되었습니다.

두 번째 문제는 실측할 인력이 부족한 문제였습니다.

아지오를 다시 열었을 당시에는 실측하는 사람이 한 명뿐이었습니다. 그래서 밀려들어 오는 수요를 감당하지 못했습니다. 본업은 특수교사이지만 주말 쉬는 날에 시간을 쪼개면서 보탬이 되고자 많은 노력을 하였고, 많은 것을 느끼게 해 주었습니다.

현재 코로나19로 인해 간호직 공무원분들이 인력부족난으로 많이 힘들어 하는데, 비번인 날에도 최대한 동료들에게 보탬이 될 수 있도록 희생하는 태도를 가져야겠다는 생각을 하게 되었습니다.

마지막으로 작가는 정직을 지키는 것이 아지오의 큰 장점이라고 하면서 상품에 문제가 생겼을 때 실수를 인정하고 고객에게 충분한 사과를 하며 제작공정의 문제를 개선해야 한다고 말했습니다.

공무원이 국민의 신뢰를 잃지 않기 위해선 '정직'이 기반되어야 한다고 생각합니다. 얼마 전 플로리다 아파트 붕괴사태에서 건물의 노후화를 간과해 재난사고가 일어난 것처럼, 공직사회에서 이런 문제가 발생할 경우 과오를 인정하고 신속·정확하게 문제를 개선해 나갈 때 신뢰의 기반이 만들어질 수 있다고 생각합니다.

이 책을 통해 작가가 지역사회에 나가 사회적 고립이나 다양한 고객의 요구에 쓴소리를 들으며 열정과 사명을 다해 일하시는 것처럼, 저도 지역사회 주민들의 건강요구를 들어 주고 문제를 해결해 나갈 수 있도록 적극성을 보여서 주민들의 신뢰를 쌓아야겠다고 생각했습니다.

04 CASE ④

제가 읽은 책은 윤홍균 작가의 〈사랑수업〉입니다. 이 책을 고른 이유는 따뜻하고 안전한 공동체를 지향하는 충남의 도정목표에 부합하기 때문입니다.

정신과 의사이기도 한 작가는, 건강한 인간관계의 시작은 타인을 제대로 사랑하는 것부터라고 말했습니다. 인간관계는 다른 말로 애착이라고 합니다. 한 번 형성된 애착은 오랜 기간 삶에 영향을 주기 때문에 올바른 애착관계 형성을 위해 사랑하는 방법을 배우고 실천해야 한다고 합니다.

저는 사랑수업에서 두 가지 큰 배움을 얻었습니다.

하나는, "세상과 자신에 대해 어떤 인식과 태도를 가지느냐에 따라 인간관계는 달라진다"입니다. 저자는 긍정적인 인식과 태도는 안정된 애착을 만들어 자신을 믿고 인내할 줄 알며, 자신의 원칙을 따를 수 있고, 이와 반대로 부정적인 인식과 태도는 애정결핍 상태에 빠지기 쉬우며, 의존적이거나 감정적으로 치우친 태도를 보이게 될 수 있다고 합니다. 그러면서 자신의 애착유형을 알고 안정적 애착 유형으로 갈 수 있도록 훈련하는 방법을 알려 줍니다.

보건연구사는 공동 팀 업무가 많은 것으로 알고 있습니다. 이때 팀원에게 감정적인 태도로 대하지 않으며 건강한 인간관계를 만드는 것이 중요하다고 생각했습니다. 또한 애착관계는 업무에도 적용됩니다. 특히 정확하고 높은 신뢰도를 요하는 분석업무를 할 때는 원칙을 따라야 하기 때문에 업무에 대한 인식과 태도를 안정되도록 하는 것이 직무수행에 꼭 필요하다고 생각했습니다.

두 번째는, "나와 타인 사이에 다리를 건설하고 유지하며 교류하는 것이 곧 건강한 인간관계"라는 것입니다. 타인에게 친밀하게 다가가고 대화를 나누며 지속적으로 애착관계를 견고하게 하는 것이 사랑방법이고, 이것이 건강한 인간관계라고 합니다.

저는 공직자에게 다양성의 가치가 중요하다고 생각합니다. 다양성을 수용하는 자세는 곧 타인을 존중하고 포용할 수 있기 때문입니다. 조사를 통해 충남은 저출산·고령화 가속화 현상에 대처하기 위해 포용적 복지정책을 시행하고 있는 것을 알게 되었습니다. 또한 충남 보건환경연구원에서는 '아이 키우기 좋은 충남' 실현을 위해 중부권 지하수 사용 어린이집 대상으로 라돈오염 실태조사를 함으로써 건강취약계층 생활환경보건서비스 개선을 위해 노력하고 있는 것도 알게 되었습니다.

이 책을 읽으면서 동료와의 관계 인식과 업무에 임하는 태도에 대해 배울 수 있었고, 앞으로 보건연구사가 되어 건강취약계층에 보건서비스를 제공하여 포용적 복지정책을 실현하는 것을 목표로 삼게 되었습니다. 윤홍균 작가의 사랑수업에서 배운 안정된 애착 조성 그리고 건강한 인간관계를 통해 '도민 모두가 더불어 잘 사는 충남'을 만들어 나가는 데 기여하겠습니다.

PART

06

토론면접 [인천]

CHAPTER **01** [개요] 토론면접 개요

| POINT 01 토론면접

① 개요

독서발표는 인천시 지방직 채용에서만 진행되며 면접 당일 주어지는 토론주제를 10분간 검토한 후 20분 동안 지원자의 생각을 자유롭게 발언하는 면접유형이다. 2017년 첫 시행 이후 2020~2022년까지 코로나 방역을 위해 잠시 중단하였으며 2023년에 부활한 면접전형이다.

※ 옹진군·강화군 제외

자료검토장	• 검토시간: 10분 　– 10분간 자료 검토 시 제시문과 클립보드가 주어지며 제시문 내 메모 가능(별도 메모지×) 　– 제시문은 A4 가로형 자료이며 총 3~5장의 제시문 • 검토 후, 조별로 토론면접장으로 이동
토론면접장	• 토론시간: 20분 　– 토론면접장에 제시문 들고 들어갈 수 있음 　– 책상은 없으며 원형으로 앉아 집단 토의 진행 　– 개인당 2번씩 발언 기회가 주어짐 • 조별인원: 9~12명 　– 면접 당일 면접대상표에 조별 인원수 확인 가능 　　예 43명이 4조일 경우 조별로 10명~11명이며 5개조일 경우 8~9명 • 토론 진행시 유의사항 　– 자료검토장과 토론면접장의 거리는 1분. 사회자를 별도로 고를 시간 주어지지 않음 　– 본인이 발언하고 싶은 사람부터 손들고 진행하며 순서가 겹칠 경우 양보할 것 　– 첫 발언 시 1분정도 사회자를 정하고 진행순서 리드해도 됨

▪▪ 토론면접장 도면

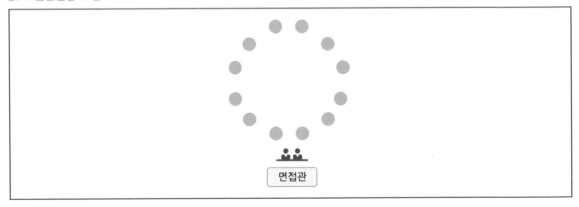

면접관

② 제시문 및 서식

인천 토론 제시문

<응시자유의사항>

- 다음 자료를 근거로 10분간 자료를 검토해 주십시오.
- 작성 시 개인이 소장한 자료를 참고할 수 없습니다.
- 작성 후 별도의 면접장에 입실하여 자유롭게 토론하여 주십시오.

< 문제 >

최근 고령화 및 1인 가구 증가의 영향으로 홀로 죽음을 맞는 이른바 '고독사' 사례가 늘어나고 있습니다.

현행 고독사 예방정책의 문제점과 개선방안을 제시하시오

[자료 2] 문제점

○ 고독사의 주된 원인으로 사회관계망의 약화가 거론되고 있다. 양로원, 노인정 등의 사회복지시설의 경우 연 3회 미만으로 이용하는 가구가 46.7%에 달하는 것으로 나타났으며, 이웃 및 가족과의 교류도 많지 않은 것으로 나타났다. 1인 은둔형 가구의 경우 우울증 등 정신질환이 동반되는 경우도 많은 것으로 드러났다. 사회관계가 부족한 노인층의 경우 주변의 도움으로 쉽게 극복할 수 있는 작은 질병도 치명적으로 작용할 수 있어 사회관계망의 강화가 시급하나, 현 정책은 바우처 제공 등 경제적인 지원에 치우쳐 대처가 미흡한 실정이다.

<1인 은둔형 가구 사회관계망 이용 현황>

	주 1회 이상	월 1회 이상	분기 1회 이상	연 1회 미만
사회복지시설 (%)	13.7	15.4	24.2	46.7
이웃과의 교류 (%)	20.3	25.3	31.5	22.9
가족과의 교류 (%)	21.3	21.2	30.8	26.7

○ 고독사 문제가 지속적으로 커져가고 있음에도 불구하고 정부는 근본적인 토대도 마련하지 못하고 있다는 지적이 나오고 있다. 정부는 지난해 '고독사 예방 추진단'을 구성해 고독사 원인, 특성분석, 통계 수집을 착수했지만 현재 '고독사'의 명확한 개념조차 정의 내리지 못한 실정이다. 지방자치단체에서 조례 제정을 통해 은둔형 가구 지원을 실시하려 해도 통계 자료 및 국가적인 법체계가 확립되지 않아 어려움을 겪는 상황이 계속되고 있으며, 중앙과 지방간의 정책 공조가 이루어지지 않는 문제도 지속되고 있다.
일부 관계자는 "고독사를 판단하는 기준인 '사회적 고립'이 애매한 경우가 많다"면서 "개인정보보호법 등의 이유로 경찰 수사 결과를 공유 받지 못하는 것도 한계"라며 고독사에 대한 정확한 실정 파악을 위한 제도·법령 정비가 시급함을 꼬집었다.

○ 정부와 각 지자체의 고독사 대책은 현재 60세 이상 노령층에만 초점이 맞춰져 있다. 보건복지부와 지자체의 고독사 예방 사업들은 대부분 60세 이상 홀몸노인을 위한 것들이다. 노인돌봄서비스, 독거노인 친구 만들기 사업 등에 중장년층을 위한 공간은 없다. 각 지자체도 고독사 예방조례 제정에 나섰지만 65세 이상만을 대상으로 하거나, 고독사 위험군 전수조사도 65세 이하는 제외하는 경우가 대부분이다.

○ 우리나라의 고독사 대책은 대부분 노인의 안전 확인에만 치중하고 있다. 이는 노인에게 건강이 확인된 경우에 그 이후의 사후적인 대책이 존재하지 않는다. 노인에게 진정으로 원하는 사회적연결망에 대한 정책이 부족하다를 의미한다. 즉, 고독사 정책이 수요자 중심의 정책으로서 성격을 지니고 있지 않음이 지적되고 있다.

[자료 1] 정의 및 통계

○ 고독사의 사전적 의미는 '주변 사람들과 단절된 채 홀로 살다 고독한 죽음에 이르는 것'을 의미한다. 최근 1인 은둔형 가구가 증가하면서 고독사가 심각한 사회 문제로 대두되고 있으나, 정부차원에서는 고독사에 대한 명확한 정의가 내려져 있지 않아 공식적인 통계가 부재하는 실정이다.현재는 가족 등 시신을 인수할 수가 없는 '무연고사망자' 통계를 통해 이를 추산하고 있다.

○ 무연고 사망자는 매년 꾸준히 증가하는 추세이며, 2018년 전년대비 27.5% 증가한 2,549명에 이른다. 2018년 기준 노년층의 비중은 60.37%로 가장 높게 나타나며, 중장년층(40대 및 50대)의 비율 역시 30%에 달하는 것으로 나타난다. 이는 고독사의 문제가 비단 노년층만의 문제가 아님을 보여준다.

[그림 1] 우리나라 무연고 사망자 수 추이

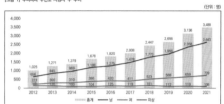

(단위: 명)

주: 이상 및 기타는 주민등록번호 또는 성별 파악이 불가능한 신원불상자(자)(남을 등 하나)인 불분명해도 '미상'으로 취급.
자료: 보건복지부, 각 연도, 윤재옥 의원실(2022).

○ 한국은 사회적 고립도가 OECD 회원국들 중 취상위권
2016년 기준 한국의 사회적 고립도는 24.1%로, OECD 국가들 중 가장 높았을 뿐만 아니라 OECD 평균(11.4%)보다 현격이 높은 상황이다. 프랑스 (11.6%), 일본(10.3%), 미국(10.1%) 등이 높은 편에 속하나 한국과 비교할 때 절반에도 못 미치는 수치이다. 특히 50대 이상에서 OECD 평균 사회적 고립도는 12.8%인 데 반해, 한국의 사회적 고립도는 36.9%로 매우 높은 수치가 확인되고 있다.

무연고 사망의 경우 주로 남성에게 발생하고 있으며, 이는 50대 이후 비자발적 조기 퇴직에 따른 경제적 빈곤과 가족의 해체, 사회적 고립에 따른 것으로 파악되며 향후 늘어나는 무연고 사망을 줄이기 위해 고위험군인 실직자, 일용직 근로자, 장애인, 만성질환자 등을 대상으로 비의료적 서비스인 사회적처방(Social Prescribing)을 도입하고 1인 가구 지원센터를 운영하여 적극적으로 구직활동과 의료서비스를 동시에 지원할 필요가 있다고 전문가는 말한다.

[자료 3] 국내 및 해외정책

<국내 정책>

A 부처	▶ A 부처는 독거노인이 긴급한 상황에서 간편하게 도움을 받을 수 있도록 감지센터를 설치, 위급상황 시 관내 소방서에 독거노인의 인적사항을 알리는 정책을 시행하였다. ▶ 1인 가구에는 사물인터넷(IoT)을 이용해 움직임을 감지하는 '안부확인서비스'를 펼친다. 특히 병원의 내원 환자가 다시 찾지 않거나, 관리비를 오랜 기간 밀리는 경우 등 이상 징후를 파악하면 동주민센터로 연락하는 역할을 맡는다.
C 지방단체	▶ C 지방단체는 우선 지역주민이 혼자 사는 주민을 찾아가 살피고 이들이 세상 밖으로 나와 이웃을 만들고 다양한 모임에 참여하며 사회관계망을 형성할 수 있도록 돕기로 했다. 지역에서 오래 거주한 주민이 참여하는 '이웃 살피미' 주민모임이 주축이다. ▶ C 지방단체는 스스로 고장여부를 점검하고 IoT 통신망으로 관리업체에 신고까지 하는 '맞춤형 스마트 보안등' 설치도 추진한다.
D 지방단체	▶ D 지방단체는 홀몸어르신의 고독사를 막기 위해 '모바일안심케어시스템'을 시작했다. 안심케어시스템은 홀몸어르신이 휴대전화를 일정 기간 쓰지 않으면 사회복지 공무원이 안부를 확인할 수 있도록 돕는 시스템이다. ▶ D 지방단체는 중장년층의 고독사 방지를 위해 의료와 복지단체간의 연계시스템을 구축하고 있다. 이는 복지상담 및 복지자원 연계가 이뤄진 대상자는 통합정보시스템 입력에서부터 지역사회보장협의체를 활용해 지속적인 사후관리가 가능하다.

<해외정책>
- 호주
-1인 가구와 시민을 연결하는 웹사이트 개설
- 3~4인의 공동체 형성 지원
- 노인과 가족에게 노인돌봄 제공자 선택의 폭을 넓혀 주고, 서비스 운영에 대한 재량을 확대하는 소비자 중심 돌봄
- 미국
- 한 읍에 65세 이상 은퇴자가 50% 이상인 경우에 '은퇴노인공동체'로 지정하여 사회적 관계성을 형성
-은퇴노인공동체는 회원들이 다양한 서비스 혜택을 누릴 수 있도록 하기 위해 지역 내 상점·병원·공공기관과 민간 종교단체 등과 긴밀한 파트너 관계망을
- 핀란드
- 노인들이 직접 디자인하고 식사, 청소, 빨래 등 생활규칙까지 정해 함께 살아가는 노인 자활공동체
-노인들이 시설주택조합을 만들어 건강한 노인이 허약한 노인을 챙기며 공동체를 이루는 '노노케어(老老-care)' 시스템 도입

	2023
8 / 16 일반행정	• [오전] 도시연담화 • [오후] RE100으로 인해 무역적자가 우려되는 상황, 어떤 정책을 내놓을 수 있는가?
8 / 18 지방세, 운전, 일반기계(기계시 설, 방재안전, 일반전기)	• [오전] 탄소중립화를 위해 전기차를 이용하는데 친환경자동차 주차장 설치 시 주차문제 해결방안 • [오후] 도시재생과 외국인문제 개선방안
8 / 21 간호, 보건, 사복, 일반농업, 축산	• [오전] 공유형 개인형 이동수단(PM) 규제 강화 찬성 및 반대, 지자체에서 할 수 있는 방안 • [오후] 서해와 한강을 잇는 유람선 관광계획에 대해 섬 관광이 미치는 점과 지역 활성화 방안
8 / 22 산림자원, 일반환경, 일반토목, 건축, 수산, 지적	• [오전] 과밀학급 현황, 문제점, 해결방안

	2017~2019
2019	• 인천 여러 섬지역의 지속가능한 관광자원 개발을 위해 어떠한 정책 과제가 있는지(지속가능한 관광 자원 활성화 방안) • 인천시 해양자원 현황과 문제점 및 활성화 방안 • 인천시 관광산업 발전 방안
2018	• 주민이 참여하는 도시재생사업의 의미와 지속적으로 진행할 수 있는 방안

2017	• 인천시 부정적 이미지 개선 방안
	  – [자료] 인천시 하면 생각나는 이미지 설문조사 결과, 국내외 이미지 메이킹 성공사례 등 언론기사
	    위주 9장
	• 고령화 문제 심각한 상황, 인천시 노인 일자리 창출 방안
	  – [자료] 국내외 노인고용 사례 등 신문 스크랩 기사 모음

02 [토론법] 3단계 토론전략

CHAPTER

POINT 01 3단계 답변전략

모두발언	
순서 ○	• 1번부터 순차대로 발언(인당 1분) ⇨ 9명 × 1분 = 약 9~10분
순서 ×	• 약 1분간 사회자 선정 후, 토론 진행 순서 리드 → 1번부터 차례대로 진행 • 발언하고 싶은 사람부터 손들고 진행(순서가 겹칠 경우 양보할 것)

반론 / 제안
[손들기] ⇨ [반론 지원자 번호] ⇨ [반론 의견 제시]

마무리발언
1번부터 순차대로 발언(인당 30초)

POINT 02 [실전] 3단계 답변전략

01 모두발언

모두발언	
1번부터 순차대로 발언(인당 1분 내외)	

◎ 답변 Point

결론	필요성 / 현황 / 주장
부연설명 / 근거	제시문 근거
근거	배경지식 근거
의견 정리	의견정리

▼

	1번 모두발언
주장	1번 지원자입니다. 고독사란 주변 사람들과 단절된 채 홀로살다 고독한 죽음에 이르는 것을 의미합니다. 최근 1인 가구가 증가하면서 고독사는 심각한 사회문제로 대두되고 있으며 이에 대한 대비책이 필요한 상황입니다. 제가 생각하는 고독사의 문제점은 현행 대책이 노인의 안전 확인에만 치중하고 있어, 안전 문제 확인 이후 사회적 연결망의 단절 등 노인분들의 사회적 단절 문제를 해결하지 못하는 것입니다.
근거	이에 대한 해결을 위해 D지방자단체가 제시하는 복지단체 간의 연계시스템이 필요하다고 생각합니다. 현재 D지방자치단체에서는 복지상담 및 복지지원 연계가 이뤄진 대상자의 경우 지역사회보장협의체를 활용해 지속적인 사후관리를 진행하고 있습니다.
근거	–
의견 정리	이처럼 노인의 고독사 문제 해결을 위해 인천시는 사회관계망 형성에 기여해야 한다고 생각합니다.

▼

	2번 모두발언
주장	2번 지원자입니다. 저 역시 1번 지원자 의견에 동의합니다. (1번 지원자가 이야기한 … 주장에 동의합니다.) 따라서 (사회관계망 형성안)에 대해 의견을 덧붙여 말씀드리겠습니다.
근거	핀란드 사례에 따르면 노인들이 직접 식사, 청소, 빨래 등 생활규칙까지 정해 함께 살아가는 노인 자활공동체를 정해 사회적 단절에서 벗어나 사회관계망을 이뤄내고 있습니다.
근거	저는 노인복지센터에서 봉사를 꾸준히 한 경험이 있습니다. 당시 저는 어르신들에게 말벗이 되어드리고, 그분들의 도시락을 배달하는 역할을 했습니다. 그때 … 느꼈습니다.
의견 정리	–

02 반론 / 제안

반론/제안

[손들기] ⇨ [반론 지원자 번호] ⇨ [반론 의견 제시]

◎ 반론 Point

1	상대의 주장을 직접적으로 반박하지 않음
2	부분적으로 동의하고 부분적으로 반론 제시
3	반론의 근거를 논리적으로 제시(의견 - 이유 - 재주장)

※ 절대로, 무조건, 반드시, 100%와 같은 단정적 단어는 X

◎ 답변 Point

주장	1번 지원자입니다. 2번 지원자께서 말씀한 내용 중 ~~한 내용에는 동의합니다. 하지만 … 부분에 대해서는 다른 관점에서 말씀 드리고 싶습니다. … 부분에 있어 … 한 점이 보완되어야 한다고 생각합니다.
근거	왜냐하면 … 한 부분의 피해(손상, 훼손 등 마이너스요소)가 우려되기 때문입니다.
	예를 들어 … 하게 생각을 하였습니다.
의견정리	따라서 저는 … 관점에서 심사숙고해야 한다고 봅니다.

▼

1번 반론

주장	1번 지원자입니다. 4번 지원자께서 말씀한 내용 중 사회적 단절 개선을 위한 사회 관계망 형성에 대한 내용에 동의합니다. <center>or</center>사회적 단절 개선을 위해 복지단체와 연계해 사회복지사가 홀로 사는 노인을 찾아가 소통을 하는 점에 대해서는 필요한 서비스라고 생각합니다. 다만, 형식적인 소통이라 느껴질 수 있어 이에 대한 추적 보완이 필요하다고 생각합니다.
근거	그 이유는 사회복지사가 노인분들을 찾아오는 시간, 요일은 매일 반복되지 않고, 횟수제한이 있어 어르신들이 겪는 근본적인 외로움인 사회관계망 단절 문제를 해소할 수 없다고 판단됩니다.
근거	저는 호주사례처럼 1인가구와 시민을 직접 연계해주는 시스템을 만들어 3~4인의 사회공동체를 형성하는 게 필요하다고 생각합니다. 예를 들어, 청년 - 노인 / 노인취미프로그램반 운영 등이 있습니다.
의견 정리	—

03 마무리 발언

마무리 발언

1번부터 순차대로 발언(인당 20초 내외)

◎ 마무리 발언 Point

1	30초 이내로 짧게 답변할 것
2	토론을 통해 배운 점(현안, 제도, 공직 등)
3	경청의 태도를 보일 것

◎ 답변 Point

오늘 ○○주제를 통해 다양한 ○○, ○○의 의견을 들어보며 공직자로서 넓은 시민들의 의견을 수용하는 자세에 대해 배우게 되었습니다.
오늘 ○○주제를 통해 사회적 현안인 문제의 ○○, ○○을 알게 되었습니다.
○○주제는 국내에만 국한된 것이 아닌 해외 및 타 지역의 문제에도 해당된다고 생각합니다. 올바른 정책을 위해서는 다양한 자료를 참고하는 게 공직자의 전문성이라고 생각합니다.

memo